◇现代经济与管理类系列教材

# 管理会计学

## （第 4 版）

赵健梅　邢　颖　主编

清华大学出版社
北京交通大学出版社
·北京·

## 内 容 简 介

本书主要阐述管理会计人员如何运用有关的概念和技术为管理者决策提供有用的信息。企业的管理过程由计划与控制循环中的一系列活动组成，全书的内容也是围绕这一主题展开讨论的。全书分为5篇：导论、成本费用的归集与计算、决策、计划与控制、成本管理——战略视角。

本书主要使用对象为高等院校会计专业本科生，也可供高等院校经济与工商管理专业教学使用，同时也可作为企业从业人员的学习参考用书。

## 图书在版编目（CIP）数据

管理会计学/赵健梅，邢颖主编. —4 版. —北京：北京交通大学出版社：清华大学出版社，2022.9

ISBN 978–7–5121–4791–1

Ⅰ. ①管…　Ⅱ. ①赵…　②邢…　Ⅲ. ①管理会计 – 高等学校 – 教材　Ⅳ. ①F234. 3

中国版本图书馆 CIP 数据核字（2022）第 156637 号

**管理会计学**

GUANLI KUAIJIXUE

策划编辑：吴嫦娥

责任编辑：刘　蕊

出版发行：清 华 大 学 出 版 社　　邮编：100084　　电话：010 – 62776969

　　　　　北京交通大学出版社　　邮编：100044　　电话：010 – 51686414

印 刷 者：北京鑫海金澳胶印有限公司

经　　销：全国新华书店

开　　本：185 mm × 260 mm　　印张：15.75　　字数：393 千字

版 印 次：2006 年 8 月第 1 版　　2022 年 9 月第 4 版　　2022 年 9 月第 1 次印刷

印　　数：1 ～ 2 000 册　　定价：49.00 元

本书如有质量问题，请向北京交通大学出版社质监组反映。对您的意见和批评，我们表示欢迎和感谢。

投诉电话：010 – 51686043，51686008；传真：010 – 62225406；E-mail：press@bjtu. edu. cn。

# 前　言

本书已经出版三版，承蒙读者厚爱，经几次印刷已经全部售出。近年来，国家高度重视管理会计工作，财政部相继出台了推进管理会计体系建设的指导意见、管理会计基本指引及34个管理会计应用指引，大力推进管理会计在中国企业的落地。另外，"大智移云物区"等数字技术深刻改变着每个传统领域，新的商业模式不断涌现，企业的财务管理工作处于变革转型的关口。越来越多的大型企业集团启动了财务共享服务的建设，以重构财务职能，推动财务组织转型，以财务共享和智能分析为核心的新时代管理会计体系正在形成。在这种背景下，编者对第3版教材内容进行了适当的修订。

本版在保留了前一版主要特色的同时，主要进行了以下补充、完善和修订。

第一，突出价值引领。根据习近平总书记"办好中国特色社会主义大学，要坚持立德树人，把培育和践行社会主义核心价值观融入教书育人全过程"的理念，在每章相关知识点处增加了课程思政元素。

第二，关注现实问题。为使内容与实际结合得更加紧密，学生能够基于企业真实情境深入地进行理论学习，在本版中增加了编者原创的教学案例，这些案例均入选相关教指委案例库，且部分为获奖案例。这些案例均以真实公司的经营活动作为研究背景，紧扣企业实践中典型管理会计问题，聚焦相关经营痛点及新经济体发展中遇到的新热点问题。

第三，紧跟研究前沿。充分借鉴财政部颁布的管理会计应用指引，梳理各章节的内容，将各章节相关概念和理论方法与指引中要求的内容深度融合。为此，在第7章增加了"管理会计报告"一节，并将应用指引对应到相应章节，作为延伸阅读材料。此外，结合目前新经济业态发展趋势及实际经营环境的变化，对各章节的引言、思考题、练习题及案例分析进行了修订和完善。

第四，配套资料丰富。本书是一部立体化教材，充分运用二维码技术，在提供纸质教材的基础上，在每个章节增加延伸阅读、重要知识点视频和学习案例等模块，为读者提供丰富的学习资源。读者可以通过扫描二维码，方便地获取上述资源。另外，编者团队也为使用本书的教师提供教学PPT。

第4版对内容及章节的安排进行了调整和完善，全书分5篇，共9章，由赵健梅、邢颖主编。第1、2、3、4、5章由邢颖编写；第6、7、8、9章由赵健梅编写。在本次修订过程中，得到了北京交通大学出版社吴嫦娥、刘蕊两位编辑的大力支持，在此表示感谢！

本书经过此次修订，内容夯实了理论基础体系，实现了与理论前沿和最新实务的对接，既适用于会计专业本科生教学，也适用于研究生教学，同时也可作为经济与工商管理等其他专业学生及对管理会计感兴趣的企业从业人员的学习参考用书。

由于时间仓促，加之编者水平有限，书中不足之处在所难免，敬请广大同仁和读者不吝赐教。

编　者

2022 年 7 月

# 目　录

## 第 1 篇　导　　论

## 第 2 篇　成本费用的归集与计算

## 第 3 篇　决　　策

## 第 4 篇　计划与控制

## 第 5 篇　成本管理——战略视角

# 第1篇　导　　论

## 第1章　管理会计概论

1. 解释企业为何需要管理会计信息；
2. 理解管理会计与财务会计的差异；
3. 描述管理会计的发展简史；
4. 解释道德行为对经理人员和管理会计师的重要性。

## 本章知识结构

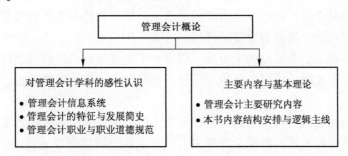

## 引言

一提起会计，人们总是情不自禁地想到记账、算账、编制报表的工作，或想到出纳、记账、现金、保险柜、发票账本、单据等，似乎这就是会计的全部。事实上，这些只不过是会计世界的半边天——财务会计，这些工作主要是为满足投资者、债权人、税务机关等企业外部有关方面的要求而提供的财务信息。这些信息对于管理者从事经营管理固然很重要，但远不能满足他们的要求。因此，在半个世纪以前产生了会计世界的另外半边天——管理会计，专门为企业内部管理者提供经营管理所需的有关会计信息。

随着企业组织形式、经营环境和管理思路的不断发展和变化，会计的职能不断丰富，管理会计的重要性在现代会计体系中愈发凸显出来。在复杂、多层次企业组织的规划和控制活动中，管理会计系统为协助企业管理者制定决策发挥了重要作用。当企业没有好的产品、生产效率低下、市场销售不景气时，一个完整的管理会计系统无法保证企业能在竞争中处于优势；然而，一个提供无效、歪曲、滞后、过于抽象信息的管理会计系统，却会很容易使一个具备产品、生产、市场优势的企业陷入困境。事实上，国内外许多知名公司一直十分注重利用管理会计的先进方法来加强企业的管理。例如，宝钢全面预算管理的应用、海尔"人单合一"模式的应用、HP 公司作业成本法的应用等，正因为如此，这些企业才具有较高的管理水平，从而在激烈的市场竞争中取得竞争优势。本章主要讨论管理会计信息的重要性及管理会计的特征。

# 1.1　管理会计信息系统

## 1.1.1　对会计信息的认识

不论是营利组织还是非营利组织，也不论组织从事何种业务活动，所有的组织结构都需要会计信息，会计信息系统能帮助所有类型的组织机构的经理们更好地解决事关成败的重大问题。

从本质上说，所有会计信息都是为了帮助有关人员作出决策。这里所说的有关人员可能是公司总裁、生产经理、医院或学校的行政管理人员、股东及政府官员等，任何组织的管理者只要掌握了恰当的会计信息，就能更好地履行职责。如银行信贷部门决定是否向企业提供贷款时，只有掌握企业相关的会计信息，才能对要求提供贷款企业的还款能力有个正确的评价，进而才能作出是否应提供给企业贷款的决策。一项有关经理人员的调查研究将会计列为未来经理人员要学习的一项最为重要的课程。

总之，会计信息是企业经营的记分牌，它将一个企业分散的经营活动转化成一组客观的数据，提供企业有关业绩、问题、远景等信息，不懂得会计信息的管理者，就好比一个不能得分的球员。

现代金融市场和现代公司制度的产生和发展，使得会计信息的使用者多元化。概括起来分为两大类：内部管理人员和外部企业相关人员（主要包括投资者、政府管理人员等）。内部管理人员利用信息制订长短期计划、控制日常经营决策和非日常决策（如购置重要设备的长期投资决策）。外部的相关人员如投资者、债权人、政府机构和其他外部使用者利用会计信息进行投资决策、评价受托责任、监控行为和衡量规章的遵守程度。

显然，这两类人虽然均使用会计信息，但目的各异，二者信息需求重点、详细程度、提供方式和依据均存在差异。由于那些与企业存在经济利益关系的外部人员都不直接参与企业的经营管理活动，他们只能从企业定期提供的财务报表获得有关企业经营结果和财务状况的间接材料。为了保障他们的经济利益，他们自然要求财务会计系统站在"公证人"的位置，客观地反映情况，以保证有关资料的真实、可靠。同时，为了加强会计信息的可理解性和可比性，对外报告信息要求遵循严格的行业规范，因此，从一定意义上说，财务会计是一种社会化的会计系统，其提供的信息是一种社会化的公共产品。财务会计系统为了符合这些规范的要求，往往忽略了企业内部管理决策的信息需求。例如，会计准则要求公司利用历史成本反映公司的资产价值，而实际上公司的内部管理者需要运用现行价值对经济资源进行评估。当企业以历史成本为基础定价时，若产品进货的市场价格上涨，则显然企业吃亏，企业应用市场价格来定价。因而为了满足对内管理需要，企业需要一种新的会计系统——管理会计系统。如果说财务会计系统是以财务报表为中心的"会计观"，那么管理会计系统就是以经营管理为中心的"会计观"。如果说财务会计系统是社会化的会计系统，那么管理会计就是个性化的会计系统。它只为特定的信息使用者提供相关信息，即所谓的"相关信息适时地提供给相关的人"。

综上所述，会计作为一种商业语言，向信息使用者传递财务信息与非财务信息，供其决策所用。由于信息的使用者与企业的关系不同，导致其信息需求不同，为了满足不同需求，会计有财务会计与管理会计之分。财务会计主要向企业外部的使用者提供信息，而管理会计主要关注为企业内部的使用者提供信息，以帮助他们更好地作出决策，提高经营活动的效率和效果。

**小提示** 管理会计是为了满足企业内部管理决策信息需求而从财务会计中独立出来的，与财务会计共同形成现代会计的两大分支。它的独立突出了会计的管理作用，在管理会计的产生与发展的整个轨迹中，我们也无处不感受到它是"管理"与"会计"的结晶。

## 1.1.2 管理过程与会计

管理过程是由计划、控制和决策的一系列活动组成的。其中决策即在若干个可能或可行方案中选择一个最佳方案，是管理过程的核心。而事实上，这些内容也正是管理会计所要研究的核心内容。

### 1. 计划

计划回答的是要达到的具体目标及何时和怎样达到目标，同时对达到特定目标的行动加以详细描述。例如，一家公司的目标是通过改善产品的总体质量来提高其短期和长期获利能力。通过改善产品质量，公司应能减少废品和返工，减少顾客投诉次数和产品保修工作量，减少目前用于产品检验的资源等，这样便可提高获利能力。但如何做到呢？管理当局必须制定一些特定的方法，当这些方法实施时，将能达到预想的目标。管理会计中全面预算的内容就是对企业经营管理中所涉及的有关计划决策内容的系统整合。

### 2. 控制

计划仅仅是开始。一旦制订出一项计划就必须加以实施。管理者必须监控其实施的过程，以确保计划目标的实现。监控计划的实施并在必要时采取纠正措施的这样一种管理活动称为控制。控制常常通过运用反馈来实现。反馈是那些可用于评价或纠正实施计划所需步骤的信息。根据反馈管理者便可决定让计划继续实施或采取某种纠正措施使行动和原先的计划保持一致，或者中途修改计划。

反馈是控制职能的重要方面。计划决定行动，行动产生反馈，反馈影响下一步计划。反馈的信息既可以是财务性的，也可以是非财务性的。例如，某机械冲压公司通过滑道的重新设计而每年节省成本14万元——这就是财务性反馈；同时重新设计还消除了机器停工时间，增加了每小时生产的产品数——非财务性的营运性反馈。这两类指标都可以提供重要信息。这两类反馈信息是通过将实际数据和计划数据相比较而反映在正式的报告——业绩报告中。而有效的反馈主要来源于内部会计系统即管理会计系统提供的及时、系统的报告。

### 3. 决策

如果没有决策，管理者就无法制订计划。管理者必须在各个相互竞争的目标中加以选择，而一旦选择了目标，又需要选择实现该目标的方法。众多相互竞争的计划中，只有一个脱颖而出。对控制职能而言，情况也类似。

如果管理者能得到有关备选方案的信息，决策就可得到改善。管理会计信息系统的一项主要作用就是提供便于决策的各项信息。例如，某航空公司目前由于激烈的竞争，利润正在下滑，营销人员提议降低票价20%，同时增加广告支出500 000元，预计乘客人数会增加20%。作为该公司的营销副总裁就需要对相关信息进行分析，明确由于降价和打广告所增加的收入是否大于所增加的成本，并在此基础上作出决策。

管理过程与会计系统可以用图1-1概括。

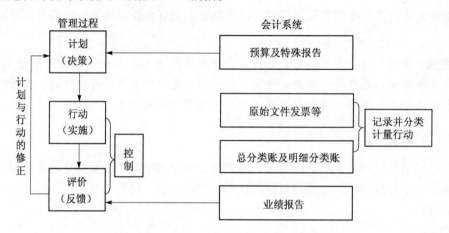

图1-1    管理过程与会计系统

# 1.2    管理会计的特征与发展简史

## 1.2.1    管理会计的特征

如前所述，为了满足不同信息需求者的要求，一个组织内的会计系统可分为两个主要的子系统：管理会计系统和财务会计系统。两大会计分支各司其职，服务于现代企业经营管理。

国际会计师联合会1989年发布的《管理会计概念框架》中指出，管理会计可以定义为：为帮助管理当局在组织内部进行计划、评价和控制及履行对企业资源的经营责任，而对信息（包括财务和经营信息）进行确认、计量、归集、分析、编报解释和传递的过程。随着管理会计的发展以及企业经营环境的变化，管理会计的定义也有所变化。美国注册会计师协会和英国皇家特许管理会计师公会在2012年年初联合推出全球特许管理会计师（CGMA）时指出：管理会计就是为组织创造价值和保值而收集、分析、传递和使用与决策相关的财务和非财务信息。《财政部关于全面推进管理会计体系建设的指导意见》（财会〔2014〕27号）指出，管理会计是会计的重要分支，主要服务于单位（包括企业和行政事业单位）内部管理需要，是通过利用相关信息，有机融合财务与业务活动，在单位规划、决策、控制和评价等方面发挥重要作用的管理活动。可见，管理会计是受管理驱动的，通过在动态和竞争性的环境下实现资源的有效利用，是增加组织价值的管理流程和方法。

将管理会计与财务会计相比较，可以发现两者既存在明显的差异，又有许多相互联系的方面。

教学视频：
管理会计的概念

1. 两者的不同之处

事实上，服务对象的不同导致了各个会计子系统在目标、输入数据的性质和处理过程等方面存在显著差异。财务会计信息系统主要是为外部使用者提供信息，为了增强会计信息的可理解性和可比性，能提供出较为客观和可验证性的财务信息，各国的财务会计信息都是根据一定的会计规则提供出来的，在美国，证券交易委员会和财务会计准则委员会规范了数据输入的性质和有关处理过程的规则和惯例；在我国，由财政部统一公布相关的会计准则。财务会计的总目标是为投资者、债权人、政府机构和其他外部使用者编制对外报告（财务报表）。此类信息主要被用于进行投资决策，评价受托责任，监控行为和衡量规章的遵守程度。

管理会计系统是为诸如经理、部门主管和一线生产工人等内部使用者提供信息。经理可以自由选择他们所需要的任何信息，只要信息的获取符合成本效益原则即可。这些信息不需要与其他企业相对比，只要满足自身企业的需要就可以，因而没有任何官方团体规范其输入数据的性质和有关处理过程的规则和惯例。两者之间的一些重要差异见表1-1。

表1-1　管理会计与财务会计的比较

| | 财务会计 | 管理会计 |
| --- | --- | --- |
| 服务对象 | 对外报告会计：<br>企业外界和企业有经济利害关系的团体和个人 | 对内报告会计：<br>企业内部各级管理人员 |
| 信息生成依据 | 遵循会计准则 | 无强制性规定，只要对决策有用，即仅考虑管理决策的改进所带来收益与花费的成本 |
| 信息内容 | 过去的信息，仅提供客观的财务信息 | 更多涉及关于未来的预测信息，有财务和非财务信息，也有主观的信息 |
| 信息形式 | 规范、统一 | 依内容自主设计 |
| 信息强制性程度 | 强制性 | 非强制性 |
| 信息频度 | 固定、定期 | 不固定、可定期、不定期，强调及时性 |

由此可见，财务会计信息系统的设计和运作都要遵循公认会计原则的要求，提供规范统一的会计报告，信息生成依据、内容、频度、形式等均具有强制性，是一种强制性信息系统，是共性特征较为明显、单纯提供客观财务信息的信息系统。

而管理会计信息系统的设计、运作及具体方法的选择均不具有强制性，信息生成依据、内容、频度、形式等均具有多样性特点，服从于企业决策有用性和成本效益原则。因而管理会计系统具有较强个性特征，既提供财务信息又提供非财务信息，相对于会计信息系统而言也主观得多。而且，不同企业具有不同的规模和管理模式，处于不同的发展阶段，面对不同产品市场及具有不同的文化氛围，必然具有不同的信息需求，从而使管理会计在不同企业的应用具有各不相同的系统模式。例如，较大规模的企业往往需要科学完善的管理会计系统，而较小规模的企业应用的往往是较为零散的管理会计方法。对同一企业而言，其经营所面临的内外环境总是处于不断变化中，相应地，管理会计系统也是一个动态系统。

**小讨论**　从对信息质量的要求来看，管理会计信息和财务会计信息哪个更强调相关性？哪个更强调准确性？并阐述理由。

2. 两者的联系

作为现代会计的两大分支，管理会计和财务会计纵然有千差万别，却依然存在千丝万缕的联系。首先，两者的信息同源，若企业管理水平比较高，应用较先进的信息技术，两系统有着较高的信息共享程度；若在较落后的企业管理环境中，管理会计系统运作的独立性强，但它至少可以利用财务会计的核算资料。

其次，两者的结合点落在成本会计上。成本计算从单独进行，发展到并入财务会计的复式簿记体系，并成为资产计价和收益确认的重要依据，构成财务会计的一个重要方面，其重点在于核算。而成本计算与成本控制的结合，促成了管理会计的形成。并且，管理会计创造性地发展了成本会计，从管理控制的角度将成本会计纳入了管理会计体系中。

最后，两者的终极目标归一，两个系统是相互渗透的。例如，两者服务对象的不同是相对的，而不是绝对的。财务会计报告也为内部管理会计人员所需要，管理会计的报告一般是对内报告会计，但不意味着企业外部利益相关的团体或个人不需要这种信息。而且，从发展来看，企业管理的系统化要求越来越强烈，管理会计和财务会计的交融也必然会越来越紧密。

教学视频：
管理会计与财务
会计的区别与联系

## 1.2.2　管理会计的演进

管理与会计有着非常密切的联系，而且古今中外的史料表明会计原本就是因管理经济的需要而出现的。随着经济的发展，会计的工作也越来越重要，但初期由于企业规模较小，所有权与经营权合一，债权、债务关系简单，因此，尽管这种核算要求来自企业内部，但会计对企业资产、负债及经营成果的确定和表述主要根据直接的市场交易而进行，核算方法相当简单，没有必要产生现在这么复杂的管理会计理论和方法，会计的管理作用主要体现在事后的监督作用。随着经济的发展，市场竞争程度及企业组织形式的发展，管理会计逐渐从传统会计中派生出来，并发展成为一门新兴的独立学科。管理会计的形成和发展分为4个阶段。

1. 萌芽阶段：19世纪初期至20世纪初期

19世纪初期，企业家发现将直接的外部市场交易内部化，扩大企业规模可以提高企业生产效率，降低产品成本，于是出现了包含多个生产经营环节、有较多长期雇员的较大规模的纵向一体化企业。对于这样的企业，企业的效益不仅取决于外部的交易价格，还取决于内部加工和交易过程的效率。为满足这种需求，以Taylor为首的工程师们所倡导的科学管理运动使成本的核算和控制有了更为重要的意义，并且产生了标准成本计算、预算控制、经营分析等方法，这些方法通常被看作管理会计的萌芽。

这一时期由于公司制的出现，导致所有权与经营权分离，产生了外界投资者对会计信息的需求，所以总的来说，以财务报表为核心的财务会计的理论方法得以迅速发展。而管理会计方法并未得到普遍重视，仅作为局部的零星的管理辅助手段而存在，刚刚萌芽了以成本管理为核心的管理会计思想。

2. 形成阶段：20世纪初期至20世纪五六十年代

在这段时期，企业组织的扩大不仅表现在单一经营领域的规模扩大，而且表现为跨领域、跨国界投资的增加，公司向多角化的跨国经营发展。这种发展一方面使外部投资的不确定性增加，另一方面使内部控制更为重要，也更为复杂，企业的决策和控制更加依赖于内部会计信息系统。因而成本分析和控制的方法在企业得到了更大程度的应用，整个管理会计的理论和方法逐步发展和完善，使管理会计作为独立分支的地位得以确立。具体表现在两个方面：第一个方面，业绩评价与内部控制系统得以完善——形成了系统的管理会计内部控制体系；第二个方面，决策分析技术的发展和应用——提供决策所需的相关信息。

总之，在此阶段管理会计在提供各个管理层次所需要的决策相关信息、帮助管理者有效决策方面发挥了重要作用。1952年，国际会计师联合会年会上正式采用了"管理会计"这一专门词汇，意味着现代会计分为财务会计和管理会计两大分支。

3. 发展期：20世纪60年代至20世纪70年代

在此阶段，一方面电子计算机的广泛应用使得信息处理变得容易和快捷，同时也大大降低了信息处理成本。这使得在管理会计研究和应用中，各种数学模型得以发展和深化。例如，美国一些大的石油公司开始在长期投资决策中考虑货币时间价值，采用较为复杂的折现方法。

另一方面，西方管理会计学者将信息经济学、组织行为学、代理人理论等相关学科理论引入管理会计研究，拓宽了管理会计研究的领域，使管理会计的发展进入了全盛时期，表现在：学术刊物上出现大量管理会计的研究论文；建立了管理会计职业组织，产生了管理会计师职业。这种职业化和专业化既是管理会计发展的结果，反过来也极大地推动了管理会计的进一步发展。

4. 面临新的突破：20世纪80年代后期至今

20世纪五六十年代管理会计基本形成学科体系后，在80年代和90年代面临着高新技术发展所带来的新的挑战，许多企业已经对其经营方式做出了重大变革。这些变革为管理会计创造了一种新的环境。此时，传统的管理会计系统可能不再适用，管理会计师需要更准确的产品成本计算法和更详细有用的数据以帮助经理们改善产品质量、提高生产效率和降低成本。影响管理会计发展的环境因素主要包括以下4个方面。

（1）经济从生产制造为主转向以服务为主

服务性组织是指除了制造商、批发商和零售商以外的组织，即不生产和销售有形商品的组织，如会计师事务所、律师事务所等；还包括所有非营利性组织，如医院、学校、图书馆等。这类组织区别于制造业的特点主要有三个方面：一是劳动密集型，其突出特点表现在其成本构成中是人工成本而不是使用机器设备及固定设施占主要部分；二是很难定义此类组织的产出；三是主要投入与产出不能被储存，如飞机多余的机位不能储存下来用于下一航班。目前，我国从事服务业人员已经占全部就业人数的48%，预计到2035年将达到59%。而管理会计的基本思想是从制造企业发展而来的，这些思想经过一些演进才能推广到其他类型的组织中。

（2）全球竞争加剧

近年来，通信和交通的飞速发展如同为所有公司插上了翅膀，许多企业都开辟了全球大市场。同时国际贸易壁垒如关税和进口税的降低，使全球经济一体化的趋势越来越明显。这对企业的冲击主要表现在：以前市场被极远的地理距离所阻隔，外国公司并不构成竞争对手；而现在，日本制造的汽车两星期内就能在美国市场上见到，投资银行家和管理咨询人员能迅速同国外的办公室取得联系。因而一个公司与其处于同一市场的本国公司竞争的同时，也在与其他国家的公司在竞争。国际竞争的压力迫使公司在商品质量和服务上比以往更加追求完美。

但是，企业应意识到：竞争更加惨烈的同时，企业的机会也增多了，企业应把拓展多元化的国际市场作为自己追求的目标，企业应开阔眼界，注意搜集相关信息，并了解国际上常用的做法，以免丧失良机。

总之，由于激烈的竞争，基于低质量的信息而导致错误决策的成本大大增加，因此日趋增加的全球竞争需要高质量的管理会计信息。

（3）技术进步

对管理会计最具影响力的是技术进步，它的变化影响着生产的进行和会计信息的使用。计算机性能越来越好，成本越来越低，使得会计人员收集、存储、处理和上报数据的方式有很大变化，许多会计系统甚至小规模的会计系统都已实现了自动化。另外，计算机使管理者可以直接获取数据，在很多情况下他们可以利用电子表格软件和图形软件包做出自己的分析报告，即将会计信息直接用于决策过程中。因此，所有的管理者比过去任何时候更加需要对会计信息有更清楚的了解。另外，会计人员也需要建立使管理人员更容易理解的数据库。

技术上的变化也使得许多公司的生产制造环境发生了显著的改变，生产制造过程的自动化程度在提高，直接人工正在被自动化设备所取代。间接成本在总成本中所占的比重越来越大，人工成本所占比重越来越小。许多早期的会计系统是为人工成本费的计量和报告而设计的，显然已无法适应当今的环境。提供的可能是错误的成本信息，这必将给企业带来巨大的损失。例如，高估产品成本而失去投标的机会，低估产品成本带来的隐性损失更是无法估量。同时技术的飞速发展，缩短了产品的生命周期，使得公司即使发现了成本计算错误，也没有时间作出价格或成本计算的调整，因而拥有正确成本计算系统的公司具有更大的竞争优势。

（4）市场需求的变化

由于社会富裕程度的增加，消费者的需求逐渐由大众化的、能满足基本需求的产品转向更加多样化和更具有个性特征的产品。这种市场需求的变化相应地要求企业由传统的大批量生产模式转向能对顾客多元化、日新月异的需求作出及时反应的"顾客化生产"。显然，在这种新的环境下，以大规模、大批量生产为基础的管理会计理论和方法势必不能适应新的生产与管理组织的需要，而必须有相应的变革。

通过对传统管理会计的理论和方法的反思，20世纪90年代管理会计的研究热点主要集中在以下5个方面：一是关于代理人理论的研究及其在内部控制和考评系统中的应用；二是应用行为科学所进行的关于组织行为、个人行为等方面的研究；三是关于作业成本会计的实地研究；四是关于包括战略成本分析、目标成本、产品寿命周期成本法、平衡财务与非财务绩效表的战略管理会计研究；五是关于不同国家文化因素影响的研究。

## 1.2.3 战略管理会计的发展

随着现代科学技术的迅速发展，全球性竞争日益激烈，现代企业不仅需要科学精细的日常管理，更需要有高瞻远瞩的战略眼光和战略思想。为适应管理理念从"职能管理"向"战略管理"的转变，国内外许多管理会计学者提出了"战略管理会计"这一新的研究领域，试图从管理会计视角，为企业战略管理提供有效的信息支持。

关于战略管理会计，最早是由英国学者 Simmonds 提出来的，他将战略管理会计定义为："用于构建与监督企业战略的有关企业及其竞争对手的管理会计数据的提供与分析。"他强调了管理会计与企业战略结合的重要性，特别是企业相对竞争者的成本竞争地位。Wilson 等人在《战略管理会计》一书中，更加明确地将其定义为："战略管理会计是明确强调战略问题和所关切重点的一种管理会计方法。它通过运用财务信息来发展卓越的战略，以取得持久的竞争优势，从而更加拓展了管理会计的范围。"

战略管理会计从战略的高度，围绕本企业、顾客和竞争对手组成的"战略三角"，既提供顾客和竞争对手具有战略相关性的外向性信息，也对本企业的内部信息进行战略审视，帮助企业的领导者知彼、知己，进行高屋建瓴式的战略思考，进而据以进行竞争战略的制定和实施。战略管理会计作为一门新兴的分支学科具有丰富的内容，具有以下几个明显的特点。

（1）战略管理会计具有明显的外向性

战略管理会计跳出了单一企业这一狭小的空间范围，将视角更多地投向了影响企业的外部环境。它不再满足于企业内部的零敲碎打式的管理方式，而是从根本上抓住主要矛盾，密切关注整个市场和竞争对手的动向，通过与对手的比较来发现问题，并适当调整和改变自己的战略战术。因此，战略管理会计特别强调各类相对指标或比较指标的计算和分析，如相对价格、相对成本、相对现金流量，以及相对市场份额等。在应用其他管理会计方法时，如量本利分析，也应结合竞争对手进行。

（2）战略管理会计更注重长期、持续的发展战略

现代企业非常重视自身健康的可持续发展。战略管理会计超越了单一期间的界限，着重从多期竞争地位的变化中把握企业未来的发展方向，面向国际大市场，以为企业全面、长期地提高竞争力、发展能力奠定牢固基础为基本出发点，而不拘泥于一时的、短暂的得失，更注重企业持久竞争优势的取得和保持。因此，在进行决策分析时，不仅考虑财务指标，而且同时考虑非财务指标，在进行定量分析的同时辅之以定性分析手段。企业为了长远利益，会牺牲短期利益；为了整体利益，会放弃某个成员企业的利益。战略管理会计对企业效益的评价将从狭隘的财务效益转向全方位的综合性效益，经营成果计算的重点将从利润计算向企业价值增值计算转变。

（3）战略管理会计能够提供更多的与战略有关的非财务信息

企业管理层在进行战略决策时，仅靠财务指标是远远不够的，它还必须借助于众多的非财务指标，而战略管理会计能够提供与战略有关的财务与非财务信息，帮助管理层获得更广泛、更深层次的信息，全面分析企业的相对竞争优势，从而作出正确的战略决策，以保持企业持续的竞争优势。这些非财务信息具体包括：前瞻性信息，包括揭示机会和风险、比较管理部门的计划与实际业绩，寻找影响成功的战略因素；背景信息，包括企业的广泛目标和战

略、企业经营业务、企业资产的范围和内容、产业结构对企业的影响；竞争对手信息，包括竞争对手是谁、竞争对手的目标和所采取的战略措施及其成功的可能性、竞争对手的竞争优势和劣势、面临外部企业的挑战，竞争对手是如何反应的。

（4）战略管理会计是一种全面性、综合性的风险管理

战略管理会计既重视主要生产经营活动，也重视辅助活动；既重视生产制造，也重视其他价值链活动，如人力资源管理、技术管理、后勤服务等活动；既重视现有的经营范围内的活动，也重视各种可能的活动。因此，战略管理会计的视野更加开阔，可以高瞻远瞩地把握各种潜在的机会，回避可能的风险——包括从事多种经营而导致的风险，由于行业产业结构发生变化导致的风险，由于资产、客户、供应商等过分集中而产生的风险，由于流动性差导致的风险等，以便从战略的角度最大限度地增加企业的获利能力和价值创造能力。

（5）战略管理会计更加注重会计信息的相关性和及时性

由于未来企业的竞争充满风险，信息使用者更关注企业的未来信息，因此，会计信息的相关性就成为保证会计信息质量的首要因素，即对那些相对不太可靠但又相关的信息，只要在披露的同时披露其计量方法和假设即可，这样，信息用户可据此评价信息风险，调整其战略决策。同时，随着高级制造技术（AMT）、计算机辅助设计与制造（CAD/CAM）、弹性制造系统（FMS）、计算机集成制造系统（CZMS）等先进、自动化生产技术的日趋普及，以及适时生产管理系统、零存货管理系统、全面质量管理等先进的管理观念和技术的广泛运用，迫切需要战略管理会计提供实时信息，而信息技术的迅猛发展则为此解决了技术上的难题。

**小提示**　管理会计作为与财务会计并列的会计分支，不是某一项科学发明的产物，不是某一天突然出现的，而是会计适应内外环境的变化不断发展的产物，也是企业内部管理分工发展的产物。科学技术和市场的发展使企业组织经历了由简单到复杂的变化，而管理会计的发展和完善过程正是对企业组织发展与变化的适应过程。从社会发展的角度看，企业的外部环境和内部组织的发展变化是无止境的，因此管理会计的发展也是无止境的。在学习本课程时要切记：会计系统随着世界的变化而变化。本书中介绍的技术方法正在今天现实组织机构中得到应用，但明天也许是另一番景象。为了适应各种变化，必须掌握为什么要使用这些原理和技术，而不是仅仅知道是怎样使用它们的，要极力避免仅仅是生硬地记住某些规则与技术方法，而应提高对基本概念和原理的理解。

# 1.3　管理会计职业与职业道德规范

管理会计的发展和管理会计在管理中的作用，促进了管理会计职业化的发展。在一些发达国家，如美国，管理会计师同注册会计师一样，已发展为专业化的职业队伍。

## 1.3.1　管理会计师的职业发展

由于管理会计在管理中的重要作用，管理会计人员的专业地位得到了会计职业界的重视。1972 年，美国全国会计师联合会（National Association of Accountants，NAA），后改名为

管理会计师协会（Institute of Management Accountants，IMA），设立了管理会计证书项目，并建立了职业管理会计师协会（Institute of Certified Management Accountants，ICMA）负责实施。同年由管理会计师协会主持，举行了美国第一次执业管理会计师（Certified Management Accountants，CMA）的资格考试。

自管理会计证书项目实施以来，在管理会计的教育、研究、培训和职业化发展中都取得了显著成果，职业管理会计师同注册会计师一样得到了社会的认可，报考人数逐年增多，获取管理会计证书已成为一些企业聘用员工的优先条件。

除美国以外，其他发达国家的管理会计也向职业化和专业化方向发展。1980年4月，美国、澳大利亚和欧洲等10个国家和地区的会计人员联合会在法国巴黎举行了一次国际性会议，第一次探讨如何推广和应用管理会计，表明管理会计的应用得到了世界的关注和认可。现在英国、澳大利亚、加拿大和日本等国都有类似美国管理会计的资格考试和职业组织。例如，加拿大的管理会计师协会（Society of Management Accountants，SMA）、英国的特许管理会计师协会（Chartered Institute of Management Accountants，CIMA）等，这些会计职业组织在管理会计教育、推广应用和职业化发展方面起着重要的推动和促进作用。美国注册会计师协会（AICPA）与CIMA在2012年联合推出全球特许管理会计师（CGMA）专业头衔，与CMA都是全球认可的证书。这也说明管理会计的职业化越来越普及。

## 1.3.2　管理会计师的道德行为准则

实际上所有的管理会计实务，其最初的发展目的都是帮助经理们达到利润最大化，但经理们和管理会计师们必须注意应通过合乎法律和职业道德的手段来提高利润。尽管谎言和欺骗偶尔能得逞，但这样的胜利往往是短暂的。安然、世通、安达信等公司的财务丑闻引发人们对企业道德的深层关注。

道德行为是保持经济运行的润滑剂。如果没有这个润滑剂，经济运行效率就会下降。假如，不道德的农民、经销商和水果店老板故意把生虫的水果当作好水果卖，并且拒绝退货，你怎么办？去另一家水果店？但是如果所有水果店老板都这样做呢？你可能不再买水果或在买之前花很多时间检查。最终，水果的销售会下降，那些买水果的人会浪费大量时间细心检查。人人都有损失，农民、经销商和水果店的老板赚的钱少了，顾客吃到的水果少了，还要浪费时间找虫子。因此，企业在一个道德框架内构筑和维持诚信是非常重要的。

企业通常会为其经理和员工订立一些行为准则，而职业团体也会订立职业道德准则。"管理会计师协会"为管理会计师制定了职业道德准则。1983年6月1日，IMA的管理会计实务委员会（Mangement Accounting Practices Committee，MAPC）发表了一份公告，概括了管理会计师的道德行为准则。在这份报告中，管理会计师被告诫，"他们不应该有违反这些准则的行为，也不应宽恕其企业中其他人员的此类行为"。表1-2列示了道德行为标准和道德冲突的建议解决办法。

表1-2 管理会计师职业道德准则

| 道德行为标准 | 课程思政元素 |
|---|---|
| **I 能力**<br>■ 通过不断地丰富知识技能，以保持其适应其职业要求的专业能力水平；<br>■ 严格遵照有关法规、制度和专业标准完成职责；<br>■ 对相关、可靠的信息进行恰当分析后，能编制完整清晰的报告并提出建议 | 社会主义核心价值观之敬业、法治 |
| **II 保密性**<br>■ 禁止泄露工作中获取的机密信息，除非得到同意或法律上要求这样做；<br>■ 通过下级对那些工作中获取的机密文件予以保密，并监督他们的活动以确保无泄露；<br>■ 禁止个人或通过第三方使用或试图使用工作中获得的机密信息去谋求不道德或非法的利益 | 社会主义核心价值观之法治、诚信 |
| **III 正直性**<br>■ 避免实际或显见的冲突，通知有关各方任何潜在的冲突；<br>■ 不从事任何可能危及其合乎道德的履行职责的能力的那些活动；<br>■ 拒绝任何可能会影响其行动的礼物、优惠或接待；<br>■ 不予积极或消极地破坏企业实现合乎法律与道德的目标；<br>■ 承认并告知任何可能妨碍负责地进行判断或成功地开展活动的职业局限或其他限制；<br>■ 告知有利和不利的信息以及职业判断或意见；<br>■ 不参与或支持任何可能诋毁本职业的活动 | 社会主义核心价值观之敬业、公正 |
| **IV 客观性**<br>■ 公允、客观地告知信息；<br>■ 充分披露那些可以合理地预计到的将影响用户理解所呈报的报告、意见和建议书的所有相关信息 | 社会主义核心价值观之敬业、公正 |
| **道德冲突的建议解决办法**<br>　　在运用道德准则时，管理会计师可能会遇到有关辨认不道德行为或解决道德冲突的问题。面对重大道德问题时，管理会计师必须遵循企业中有关解决此类冲突的既定政策。如果这些政策不能解决道德冲突，管理会计师必须考虑如下行为。<br>■ 除非有迹象表明直接主管已卷入冲突，否则应和他讨论这个问题。在主管卷入的情况下，将问题首先报送给高一级的管理者；如果无法圆满解决，应将这些事件再报送给更高一级的管理层。<br>■ 如果直接主管是首席执行官或与其相当的职位，可接受的审核机构为诸如审计委员会、执行委员会、董事会、理事会或所有者之类的团体；假设直接主管没有卷入道德冲突，那么与其上级的接触只有在该主管知晓的情况下才能进行。<br>■ 与客观的咨询人员进行秘密会谈，澄清相关概念以获得相对可能的各项行动的理解。<br>■ 在重大问题上如果尝试过内部的各级审核后，道德冲突仍然存在，管理会计师除了辞职并递交一份便函给组织的某位合适代表外，没有其他更好的办法。<br>■ 除非法律有规定，否则和不受该组织雇佣的机构和个人商谈此类问题是不恰当的 | 社会主义核心价值观之和谐、平等、公正、敬业、诚信、友善 |

　　职业道德准则为管理会计人员和管理人员提供了正确、实用的建议。如果这些规则在企业中不被普遍遵循，那么经济和所有人都会受到伤害。比如，如果不相信员工会保守机密信息，高层经理就不愿意在公司内公布机密信息，从而导致基于不完整信息进行决策；如果公司常在财务报告中造假，理性的投资者将减少证券的购买量并可能不再愿意投资，从而可作为生产性投资的资金减少，许多公司可能完全无法筹集到资金，最终导致经济增长缓慢，商品和服务减少，价格上涨。从以上例子可以看出，如果道德准则不能普遍被遵守，任何人都

会受到伤害，无论是企业还是顾客。遵守职业道德准则对市场经济的顺利运行是不可或缺的。

## 1.3.3　本书内容结构安排与逻辑主线

管理会计是为了适应企业内部经营管理的需要而产生和不断发展的，企业的管理过程是由计划与控制循环中一系列活动组成的，所以全书的内容也是围绕这一主题展开讨论的。

全书共分为5篇。第1篇是导论，即第1章管理会计概论。本部分内容主要是明确企业为何需要管理会计信息，管理会计与财务会计的区别与联系，简单介绍管理会计的发展简史，最后强调管理会计师应遵循的职业道德。

第2篇是成本费用的归集与计算，包括第2章成本性态和两种类型的损益表、第3章作业成本法。成本信息是管理会计最基本的信息，本部分分两章来介绍不同环境下的成本计算系统，第2章介绍的是传统成本计算系统，第3章介绍的是新制造环境下的作业成本计算系统。

第3篇是决策，包括第4章本量利分析、第5章短期经营决策分析。

第4篇是计划与控制，包括第6章全面预算系统、第7章责任会计系统和第8章管理层激励与业绩评价。

第5篇为成本管理——战略视角，即第9章战略成本管理，从战略视角，基于目前经营环境的成本管理研究发展趋势进行简单介绍。

全书整体内容框架图如图1-2所示。

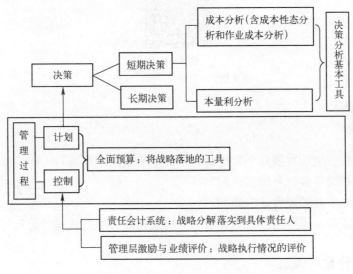

图1-2　全书整体内容框架图

## 本 章 小 结

会计作为一种商业语言，旨在向信息使用者传递财务和非财务信息，供其决策所用。使用会计信息的人员可以分为两大类：与企业相关的外部人员及企业内部管理人员。由于这两类人使用会计信息目的各异，所以他们对信息的需求重点、详细程度、提供方式和依据均存在差异，管理会计就是为满足企业内部管理者的需要而产生的。企业的管理过程是由计划与控制循环中一系列活动组成的，而管理会计的研究内容也是围绕这些内容展开讨论的。

管理会计和财务会计在许多方面存在差异。管理会计不受为财务报告所制定的规则限制，管理会计的主观性更大，并同时利用财务和非财务信息，而财务会计主要提供经过审计的客观财务信息。管理会计提供比财务会计更详细的信息，同时其涉及面广，跨多门学科。

20世纪所使用的产品成本计算法和内部会计程序，绝大多数是在1880—1925年间发展起来的；到了1925年，由于强调对外报告，管理会计程序的重点变成了存货成本计算。在20世纪五六十年代，人们采取多种措施来改善传统成本制度在管理方面的有用性。20世纪80年代以来，为了适应竞争环境的剧烈变化，管理会计正面临新的挑战，相关学者倾注了很大的精力以彻底改变管理会计的性质和实务。

管理会计师帮助经理们提高企业的业绩，但一些经理过分强调了经济因素并参与了不道德和非法的活动。而致力于长期经营的企业一定应该是具有强烈道德感的企业。所以，管理会计人员应遵守管理会计师的道德行为标准。同时值得注意的是，许多道德上的两难问题需要价值判断，而不是简单地照搬标准。

## 延伸阅读

**管理会计**
**基本指引**（财会〔2016〕10号）

## 思考题

1. 如何理解企业组织发展对于管理会计的形成与发展的影响？
2. 管理会计和财务会计有哪些区别？
3. 解释技术进步对管理会计的影响。
4. 管理会计师的道德行为标准是什么？解决道德冲突的办法是什么？

## 案例分析

康寿公司是一家大型医药保健公司，公司出于战略发展的需要，打算出售旗下某一保健品分部。康寿公司的总会计师李珍的朋友赵鹏得知这一消息，对这笔业务非常感兴趣，向李珍打听这一分部的具体情况。李珍与赵鹏是多年好友，李珍到康寿公司工作也是经过赵鹏介绍的。如果你是李珍，面对这种情形，你会如何处理这件事情？请结合管理会计师道德行为标准及社会主义核心价值观进行分析。

# ➡️ 第2篇　成本费用的归集与计算

## 第2章　成本性态和两种类型的损益表

1. 理解管理会计中成本的概念；
2. 明确成本的不同分类及意义；
3. 定义且描述变动成本、固定成本等成本概念，并解释成本动因的变化对以上成本的影响；
4. 理解成本性态分析的前提条件和局限性；
5. 掌握混合成本分解的方法；
6. 明确管理会计中可能应用到的不同收益概念及其意义；
7. 理解贡献毛益的含义并掌握相关计算；
8. 领会完全成本法和变动成本法的含义，并能根据决策目标相应地选择合适的成本计算方法。

## 本章知识结构

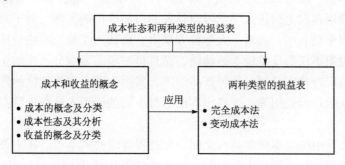

## 引言

现代会计学分为财务会计和管理会计两大分支。在财务会计中，成本是根据财务报表的需要定义的，它们由会计准则或会计制度来规范，因此可以称之为"报表成本""制度成本"或"法定成本"。而在管理会计中，成本一词在不同的情况下有不同的含义。成本计算要兼顾财务会计和管理会计的需要，涉及多种成本概念，成了连接财务会计和管理会计的桥梁。作为管理会计主要研究对象的成本，对企业有着非常重大的意义，既可以利用成本信息来指导改善其经营行为，也可以利用成本信息来评价经营业绩。本章主要围绕产品成本展开对其基本概念的介绍，并由此引出完全成本法和变动成本法。

# 2.1　成本的概念及分类

## 2.1.1　成本的概念

一般来讲，成本是指经济活动中为了达到某个特定的目的或进行某种活动所投入或耗费的资源。在财务会计中，成本是指取得资产或劳务的支出。主要从核算角度需要确定每个会计期间产品的制造成本，包括已售产品成本和期末存货成本，因此在财务会计中主要是以产品为计算对象来确定各项资源耗费。而在企业管理中需要利用成本信息编制预算，实施控制，进行各项经营决策，为提升企业内部管理效率服务，因此管理会计中成本概念的内涵比财务会计中成本概念的内涵有了极大的拓展。

美国会计学会于1951年给出的管理会计中的成本概念是"成本是指为达到特定目的而发生或可能发生的、可以用货币计量的牺牲"。这一成本概念不局限于产品成本，具有更广泛的意义。

首先，管理会计中的成本概念在时间和空间上被扩大。在企业进行决策时，不仅需要各种历史成本信息而且更需要各种未来信息以便进行决策活动。从成本计算对象来看，既要考虑企业整体层次上的产品成本，也要考虑内部各个组织层次上的成本。成本计算对象由实物产品扩大到某项服务、某个顾客、某个项目。

其次，在管理会计中要按照"针对特定决策确定特定的成本对象、计算特定内涵的成本"的思想确定成本。例如，大学生一年的费用可能为：①学费和膳宿费；②学费、膳宿费、书籍费；③学费、膳宿费、书籍费、零用钱；④学费、膳宿费、书籍费、零用钱、路费；⑤上述所有费用再加上因进大学学习而损失的可能挣得的工资。对于家长在考虑子女的上学支出时，④似乎最有用；而对于大学校方来讲，则认为①能反映收费标准。

再次，成本对象不仅要反映成本的性质，而且可按照需要细分。比如企业的广告费用可以分为整个企业的广告费用总额、某种产品的广告费用、某个销售地区的广告费用、某种产品在各个销售地区的广告费用等，这些成本概念对不同的管理人员在进行不同的决策时都是有用的。

最后，管理会计中的成本概念具有全面、全过程管理的成本观。在决策时，对相关的将要发生的成本要有充分的认识；在执行时，对成本的发生要进行监控；在经济活动结束后，要对成本进行计量，以确定经济效益，进行业绩评价。成本问题贯穿于企业管理的各个环节，因此是企业管理的核心问题。

## 2.1.2　成本的分类

由于使用的目的和用途不同，成本可按不同标准进行分类。理解这些分类和概念使管理会计师能为管理者提供适当的决策信息。

1. 成本按费用要素分类

在实务中，为了便于分析和利用，生产经营成本按费用要素分为以下几类。

① 外购材料，是指耗用的一切从外部购入的原材料及主要材料、半成品、辅助材料、包装物、修理用备件、低值易耗品和外购商品等。

② 外购燃料，是指耗用的一切从外部购入的各种燃料。

③ 外购动力，是指耗用的从外部购入的各种动力。

④ 工资，是指企业应计入生产经营成本的职工工资。

⑤ 提取的职工福利费，是指企业按照工资总额的一定比例提取的职工福利费。

⑥ 折旧费，是指企业提取的固定资产折旧。

⑦ 税金，是指应计入生产经营成本的各项税金。例如，土地使用税、房产税、印花税、车船税等。

⑧ 其他支出，是指不属于以上各要素的耗费。例如，邮电通信费、差旅费、租赁费、外部加工费等。

按照费用要素分类反映的成本信息，可以反映企业在一定时期内发生了哪些生产经营耗费，数额各是多少，用以分析企业耗费的结构和水平；还可以反映物质消耗和非物质消耗的结构和水平，有助于统计工业净产值和国民收入。

2. 成本按经济职能分类

在实务中，按照现行财务会计制度规定，生产经营成本按其经济职能可分为制造成本和非制造成本。制造成本又称为生产成本，非制造成本又称为非生产成本。

1）制造成本

制造成本即生产成本，是指产品制造过程中所发生的有关耗费，包括以下成本项目。

（1）直接材料

直接材料指直接用于产品生产、构成产品实体的原料及主要材料、外购半成品、有助于产品形成的辅助材料及其他直接材料。

（2）直接人工

直接人工指参加产品生产的工人工资及按生产工人工资总额和规定的比例计算提取的职工福利费。

（3）制造费用

制造费用指为生产产品和提供服务所发生的各项间接费用，包括间接材料、间接人工和其他制造费用。

间接材料，是指在产品制造过程中发生，但难以直接归属于某一特定产品的有关材料的成本，如机物料消耗等。

间接人工，是指在产品制造过程中发生，但不直接进行产品加工的有关人员的工资，如生产管理人员、辅助工人、机修工人的工资等。

其他制造费用，是指除上述两个项目以外的其他制造费，如机器设备的折旧、生产用水电费、照明费、取暖费、办公费等。

2）非制造成本

非制造成本即非生产成本，是指在非产品制造或提供服务过程中发生的支出，包括以下成本项目。

（1）营业费用

营业费用也称推销成本，是指在销售产品和提供劳务等过程中发生的各项费用，包括营销成本、配送成本和客户服务成本。

（2）管理费用

管理费用也称管理成本，是指企业行政管理部门为管理和组织生产经营所发生的各项费用，包括研究与开发成本、设计成本和行政管理成本。

成本按经济职能的分类，反映了企业不同职能的耗费。这种分类有利于企业按收益与费用配比原则划分产品成本与期间费用、直接费用与间接费用的界限，既反映了产品的构成，也适应了财务会计核算的要求，对企业经济核算具有重要意义。

### 3. 成本按转化为费用的方式分类

为了贯彻成本与收益配比原则，生产经营成本按其转化为费用的不同方式分为产品成本和期间成本。

#### 1）产品成本

产品成本是指可计入存货价值的成本，包括按特定目的分配给一项产品的成本总和，是"可储存的成本"。按照配比原则的要求，只有在产品出售时才能与当期收入配比，将出售存货的成本转为费用。

"产品"在这里是广义的，不仅指工业企业的产成品，还包括提供的劳务，实际上是指企业的产出物即最终的成本计算对象。

分配给产品的成本可能是全部生产经营成本，也可能是其中的一部分。将哪些生产经营成本分配给这些产品，取决于成本计算的目的和对信息的利用方法。

对内报告使用的产品成本，其范围因目的而异。为短期决策和本量利分析计算的产品成本，仅包括生产成本中随产量变动的部分即变动制造成本；为政府订货（如军用品订货）确定价格计算的产品成本，不仅包括生产成本，还包括政府允许补偿的部分研究与开发成本和设计成本；为定价和选择产品线等决策计算的产品成本，应包括从研究与开发成本到行政管理成本的全部成本。

对外财务报告使用的产品成本内容，由统一的会计制度规定。

#### 2）期间成本

期间成本是指不计入产品成本的生产经营成本，包括除产品成本以外的一切生产经营成本。期间成本不能经济合理地归属于特定产品，因此只能在发生当期立即转为费用，是"不可储存的成本"，直接从当期收入中减除，通常也称为期间费用。

按照我国目前的财务会计制度规定，属于期间成本的是"营业费用""管理费用"和"财务费用"。

### 4. 成本按其计入成本对象的方式分类

产品成本按其计入成本对象的方式分为直接成本和间接成本。这种分类的目的主要是经济合理地把成本归属于不同的成本对象。这里的成本对象，可以分为中间对象和最终对象。最终成本对象是指累积的成本不能再进一步分配的成本归集点。最终成本计算对象通常是一件产品或一项服务，是企业的最终产物。中间成本对象是指累积的成本还应进一步分配的归集点，有时称为成本中心。设置多少中间对象及中间对象之间的联系，取决于生产组织的特点和管理的要求。

1）直接成本

直接成本是指直接计入各种、类、批产品等成本对象的成本。一种成本是否属于直接成本，取决于它与成本对象之间是否存在直接关系，并且是否便于直接计入。更准确地说，直接成本就是可以用经济合理的方式追溯到成本对象并与成本对象直接相关的那部分成本。例如大部分构成产品实体的原材料的成本、某产品专用生产线的工人工资等。

2）间接成本

间接成本是相对于直接成本而言的，是指与成本对象相关联的成本不能用一种经济合理的方式追溯到成本对象的那一部分成本，例如车间辅助工人的工资、厂房的折旧等。所谓"不能用经济合理的方式追溯"，有两种情况：一种是不能合理地追溯到成本对象，例如，总经理的工资很难分辨出每种产品应分摊的数额，属于不能合理地追溯到成本对象；另一种是不能经济地追溯到成本对象，如车间用润滑油的成本可以通过单独计量追溯到个别产品，但是单独计量的成本较高，而其本身的数额不大，准确分配这部分间接成本的实际意义不大，不如将其列入间接制造费用统一进行分配更经济。

同一项成本可能是直接成本，也可能是间接成本，要根据成本对象的选择而定。例如，一个企业设有一个维修车间、若干个按生产工艺划分的生产车间，生产若干种产品，它们都是需要单独计算成本的成本对象。维修车间的工人工资直接计入维修车间成本，随后维修成本要分配给各生产车间成本，生产车间成本还要分配给各种最终产品成本。此时，维修车间工人工资对于"维修车间成本"是直接成本，而对于"生产车间成本"和"最终产品成本"是间接成本。

5. 成本按发生时态分类

按发生时态，成本可分为历史成本和未来成本。

历史成本是指过去实际发生的成本。未来成本则往往是由于某一项经营活动所引起的，在未来将要发生或可能发生的成本。前已述及，在企业进行计划、决策和控制时，不仅需要历史成本，而且更需要未来成本。

6. 成本按成本性态分类

按成本性态，成本可分为固定成本、变动成本和混合成本。2.2节将重点讨论这种分类方式。

7. 成本按决策相关性分类

按决策相关性，成本可分为相关成本和无关成本。管理会计在关于信息的诸项要求中，相关性和准确性是成本信息最为重要的两项质量要求。因为管理会计的成本信息是针对特定的决策项目和分析方法而提供的，所以其信息的相关性是花费信息成本提供该项信息的根本原因所在，只有满足了相关性的要求，成本信息的准确性才有意义。

在管理会计中，成本信息的准确性不在于是否可以稽核，而在于是否准确地反映了成本的发生原因及未来的发展趋势。这是因为：一方面，管理会计要求更多的预测成本信息，它们不可能像历史成本一样达到财务会计所要求的准确度；另一方面，成本信息能达到的准确程度受制于信息成本的高低。设计成本信息系统时必须进行信息成本与收益的权衡，符合成本效益原则。因此，管理会计成本信息的准确性是相对的，并不是绝对的。因此相关性是首要的质量要求，准确性是以相关性为前提。准确但是不相关的信息对企业决策是毫无意义的。具体的相关成本概念将在第5章中详细讨论。

**课程思政元素**　学习多元成本概念，使我们认识到建立从多角度辩证地分析企业管理问题的科学思维的重要性。

# 2.2　成本性态及其分析

**引例**　天乐公司是一家制鞋公司。根据20×1年的成本资料，在传统成本会计核算模式下，其每双鞋的成本为20元，20×1年的产量为10 000双。当时预计20×2年的产量为11 000双，那么20×2年的成本总额预计为220 000元（11 000×20）。实际情况却是：企业的生产状况没有出现任何改善，而成本发生额总计为215 000元，为什么成本总额同预计数有如此明显的差异？

企业的管理工作主要包括计划、控制和决策等方面。为了计划经营和编制预算，内联升鞋业公司的经理需要对不同生产量和销售量水平下的成本进行预测；香格里拉饭店为了控制提供服务的成本，决策层需要了解饭店在不同客流量水平下发生的成本；为了制定是否增加一台新的分拣机的决策，邮局的管理者需要预测在不同邮件量水平下机器运转的成本。这些管理工作中都包含一个共同的问题：若某一特定的业务活动水平或业务量发生波动，财务状况会受到什么影响？对这个问题的回答是分析成本性态的第一步。

## 2.2.1　成本性态的含义及分类

成本性态是指成本总额和业务量之间的依存关系，也称成本习性。这里的业务量是指企业在一定的生产经营期内投入或完成的经营工作量的统称，可以根据具体的业务性质而有所不同。相关业务量也称成本动因，是指引起成本发生或变化的事件或因素。成本动因有很多：生产量、销售量、处理的订单数量、材料采购的次数、检验产品的次数、饭店顾客的人数、邮局处理信件的数量等。不同的成本分析对象有不同的成本动因，而影响某一成本项目发生额的动因也可能会有许多种，为了对成本性态的考察不至于过分复杂，一般应选择与成本最相关且可以准确计量的动因。表2-1是有关成本项目及其对应的成本动因。

表2-1　有关成本项目及其对应的成本动因

| 成　本 | 成本动因 |
| --- | --- |
| 工人工资 | 工作的小时数 |
| 管理者薪金 | 管理的人数 |
| 维修人员工资 | 机修工时数 |
| 折旧 | 机器运转小时数 |
| 能源 | 千瓦小时数 |

一般来讲，按照成本性态可以将成本分为3类：变动成本、固定成本和混合成本。

1. 变动成本

（1）变动成本的概念及特点

变动成本是指在一定时期和一定业务量范围内其成本总额随着业务量的变动而呈正比例

变动的成本。例如，直接材料、直接人工都是和单位产品的生产直接相联系的，销售人员的提成是与销售数量直接相联系的。其总额会随着业务量的增减同比例增减，两者之间呈线性关系变动。而单位变动成本则是固定的，它一般不会随业务量的变动而变动。

**例 2 - 1** 某手机经销商为鼓励销售人员努力推销，制定一项激励政策，在基本工资的基础上，按销售量给予奖励。奖励的标准是每销售 1 部手机，提成 20 元。那么变动成本总额与业务量的关系可以用图 2 - 1 表示，而单位变动成本与业务量的关系可以用图 2 - 2 表示。

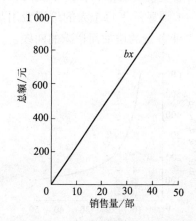

图 2 - 1　变动成本总额与业务量的关系　　图 2 - 2　单位变动成本与业务量的关系

图 2 - 1 反映了销售奖励随着销售量的增加而同比例地增加，在图中表现为一条通过原点的直线。图 2 - 2 则显示了每销售 1 部手机的奖励在相关业务量范围内不受销售量变动的影响，在图中表现为一条与横轴（业务量）平行的直线。

为了便于通过数学模型对成本性态进行分析，在此假设 $x$ 代表业务量，$b$ 代表单位变动成本，则在例 2 - 1 中，变动成本总额 $= bx = 20x$（元），单位变动成本 $= b = 20$（元）。

（2）变动成本的分类

为进一步研究方便，还可将变动成本进一步分为两大类：一类是与产量有明确的技术或实物关系的变动成本，统称为技术变动成本，如一台计算机要用一块主机板、一个硬盘、一个显示器等。这类成本的实质是利用生产能力进行生产所必然发生的成本。若企业不生产产品，那么从理论上讲，其技术成本便为零。另一类是可以通过管理当局的决策而改变的变动成本，称为酌量性变动成本，如上述的销售佣金、技术转让费等。这类成本的显著特点是其单位变动成本发生额可由企业最高管理当局决定。

2. 固定成本

（1）固定成本的概念及特点

固定成本是指在一定时期和一定业务量范围内其成本总额不随业务量的变动而变动的成本，如按直线法计提的厂房、机器设备的折旧费、广告费、租金、财产保险费、职工培训费等均属于固定成本。但是，若超过一定时期或范围，成本就可能发生变化。例如，由于企业扩大生产规模，第二年新购入一批设备，则第二年的折旧费就会比第一年高（假设原有设备没有到期或报废的）。而在第一年内，设备折旧费不受企业生产数量的影响，保持固定不变。

因为固定成本的总额是一定的，所以单位产品包含的固定成本与业务量的增减呈反比例变动关系，即随业务量的增加而减少，随业务量的减少而增加。

**例 2 - 2** 某高科技企业其产品研发速度较快，为了让员工能够及时掌握最先进的技术，企业决定开设培训班，从高校聘请教授为员工上课。不论参加培训人数有多少，教授的报酬都是 5 000 元，那么固定成本总额与业务量的关系可以用图 2 - 3 表示，而单位固定成本与业务量的关系可以用图 2 - 4 表示。

图 2 - 3 反映了培训费用（教授报酬）不受培训人数变动的影响，保持不变的特性，在图中表现为一条与横轴（业务量）平行的直线。图 2 - 4 则显示了每个人的培训费用与培训人数呈反比例变动的基本特性，在图中表现为一条随着业务量的增加而递减的曲线。

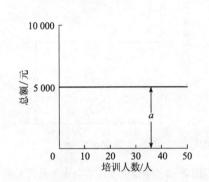
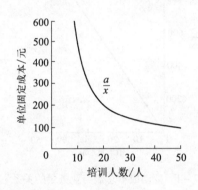

图 2 - 3　固定成本总额与业务量的关系　　　　图 2 - 4　单位固定成本与业务量的关系

为了便于通过数学模型对成本性态进行分析，在此假设 $x$ 代表业务量，$a$ 代表固定成本总额，则在例 2 - 2 中，固定成本 $a = 5\,000$（元），单位固定成本 $= \dfrac{5\,000}{x}$（元）。

（2）固定成本的分类

固定成本按其支出额是否可以在一定期间内改变而分为约束性固定成本和酌量性固定成本两类。

约束性固定成本又称经营能力成本，是指用于形成和维护经营能力，对生产经营能力有约束力的固定成本，如厂房和机器设备的折旧费、保险费、管理人员的工资、租赁费、照明费、财产税、取暖费等。约束性固定成本有以下特点。一是其支出额的大小取决于生产经营能力的规模和质量，管理当局的当前决策行动无法改变它。它在很大程度上制约着企业正常的经营活动，因此不应轻易削减此项成本。二是该项成本是企业实现长远目标的基础，因此它的预算期较长。管理者只能通过有长期影响的相对重要的决策来改变此类成本。例如，构建新的生产设备，这类决策一般将会在很长的一段时期内对成本产生影响。

酌量性固定成本又称选择性、随意性固定成本，是指为完成特定活动而支出的成本，如职工培训费、研究开发费用、广告费等。酌量性固定成本有以下特点。一是其发生额的大小取决于管理当局根据企业经营方针而作出的判断，也就是说，这种成本的数额可由当期的经营管理决策行动而改变。二是该项成本预算期较短，通常为一年。由于其预算额只在预算期内有效，因此，企业的管理当局可以根据情况的变化及时调整不同预算期内的开支数。

**课程思政元素**　既然管理当局可以决定酌量性固定成本的支出额，是不是意味着这种成本是可有可无的？非也，该项成本是一种为企业的生产经营提供良好条件的成本，关系到企业的竞争能力，如企业的研发投入、职工的培训都关系到企业的长远发展，企业管理决策应兼顾长短期利益，避免短视化决策行为。

由以上分析可知，对于约束性固定成本，不能采用降低其总额的措施，只能着眼于更为经济合理地形成和利用生产经营能力，以取得更大的经济效益；对于酌量性固定成本，在保证不影响生产经营能力的前提下可以尽量减少这部分支出。

**小提示**　发现和区分变动成本和固定成本并不容易。有些成本项目在不同的归集方法下，其性态并不一样。例如，机器的折旧费，若按照工作量法计提，则一定时期的折旧费是变动成本；若按直线法计提，则一定时期的折旧费是固定成本。另外，当产品在不同的国家之间生产和运输时，由于文化和法律制度上的差异，一些在中国属于固定成本的费用在别的国家的会计制度下被认为属于变动成本；或者在中国被认为是变动成本的费用在别国成了固定成本。例如利息费用、运输费用、产品质量保证费用等。因此，"固定"和"变动"是相对的，同一成本项目对于某些部门是固定成本，而若发生在其他部门则可能是变动成本。

### 3. 混合成本

变动成本和固定成本是现实经济活动中成本的极端表现形式，实际上，现实中大多数的成本是介于这两种成本性态之间，这类成本的基本特点是，其发生额虽受业务量变动的影响，但其变动的幅度并不同业务量的变动保持严格的正比例关系，这类成本我们称之为混合成本。

混合成本情况比较复杂，一般有以下4种形式。

#### 1）半变动成本

这类混合成本有一个不随业务量的变动而变动的成本数额作为初始量，在此基础上的成本则类似于变动成本，和业务量的变动呈比例的增减。在实际生活中，这类成本是较为常见的。例如，办公室每月电话的月租费属于固定成本，同时还有随着打电话的时间收取的话费，如果以数学模型来表示，假定月租费20元，每分钟话费0.4元，对于该办公室来讲，若用数学模型表示电话费支出，设 $y$ 为成本总额，$a$ 为其中的固定成本，$b$ 为单位变动成本，$x$ 代表成本动因的数量（即通话时间），则有 $y = a + bx = 20 + 0.4x$。关系图如图 2-5 所示。

一般地，机器设备的维护修理费、销售人员的薪金，都是这种性态的成本。

#### 2）阶梯式变动成本

阶梯式变动成本，又称半固定成本，是指在一定的业务量范围内，这种成本发生额是固定的，一旦业务量超过这一范围，成本总额就会上升到一个新的水平，然后在新的业务量范围内又保持不变，当业务量再次超过一定水平时，成本又向上达到一个新水平，从而形成了类似于阶梯形状的变化轨迹，如图 2-6 所示。

例如，质检部门质检人员工资是 3 000 元，如果产品产量增加 1 000 件，就要增加一名质检人员，这样，质检人员的工资就是阶梯式变动成本。

一般地，企业的化验员、运货员、质检员、保养工人等人员的工资等就属于阶梯式变动成本。

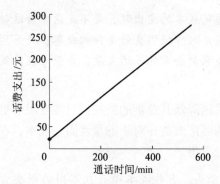

图2-5　成本总额与通话时间的关系图

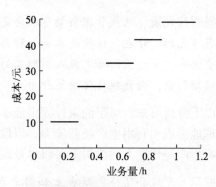

图2-6　阶梯式变动成本图

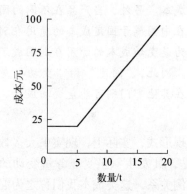

图2-7　延期变动成本的性态模型

3）延期变动成本

延期变动成本又称低坡式混合成本，是指在一定的业务量范围内成本总额保持固定不变，但超过该业务量范围后，成本则随业务量呈正比例变动，变成变动成本。

例如，在我国某些城市，在一定限额内，不管用多用少都要交一样的水费，超过了限额，就需要按超过的用水量收取水费，这样，假定用水量5 t以内，水费为20元，超过了5 t，则按超过限额再另外收取每吨5元水费，用数学表达式表示就是：水费 = 20 + 5 × 超过限额用水量。延期变动成本的性态模型如图2-7所示。

4）曲线变动成本

曲线变动成本通常有一个初始量，一般不变，相当于固定成本，但在这个初始量基础上，成本随业务量的增加而增加，两者不呈正比例的变化关系，而呈非线性关系，这类混合成本又可进一步分为以下两种类型。

（1）递增型曲线成本

这类成本的增长幅度随业务量的增加而更大幅度的上升，曲线切线的斜率是递增的。例如，各种违约金、罚金和累进计件工资等都属于这样的成本。其性态模型如图2-8所示。

（2）递减型曲线成本

这类成本的增长幅度小于业务量的增长幅度，曲线切线的斜率是递减的。如热处理使用的电炉设备的耗电成本就属于此类成本。其性态模型如图2-9所示。

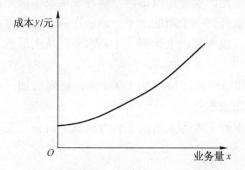

图2-8　递增型曲线成本的性态模型

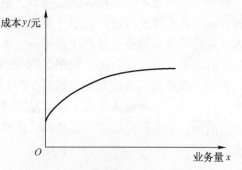

图2-9　递减型曲线成本的性态模型

变动成本、固定成本和混合成本是按成本总额随业务量（成本动因）变动的规律性联系分析成本项目所表现出来的三种性态。这一分类对于管理会计有着重要意义，对成本性态的理解能使我们更好地进行企业长期、短期经营的计划与控制，成为管理会计各项短期决策和控制分析方法的基础。

教学视频：
成本性态的
概念及分类

## 2.2.2　成本性态分析的前提条件

上述关于成本与业务量之间的性态分析都是建立在一定前提条件基础上的。这些条件包括：业务量的变动范围、时间跨度、决策环境等。大多数情况下，这些条件并不被明确列出，但如果不能意识到这些前提条件的作用，可能会导致决策上的重大失误。

1. 相关范围

变动成本和固定成本所表现出的特征受到一定条件的限制，这一"条件"称为相关范围，即成本与相关业务量（特定的成本动因）特定关系保持不变的业务量的范围，也就是说超出这个业务量范围，这种特定关系就不成立了。另外，对成本进行性态分析还需指明相关时期，也就是说在这个相关时期内，这种特定关系是成立的；但从较长时期来讲，这种特定关系就不成立了。

对于固定成本，当企业扩大经营规模、扩大厂房时，则相应的折旧费发生变化。所谓"固定"，指在一定时期内不变（通常是预算期间）。比如保险与财产税率的变动、管理人员的工资的变动，会使固定成本在不同的预算年度发生变化，但这些项目一般在某一给定年度内不会变化。固定成本的相关范围可用图 2-10 表示。

相关范围的基本原理也适用于变动成本，即在相关范围以外，一些变动成本（如燃料的消耗）会因业务量的变化有所不同。如汽车使用过度或过少，它的效率都会受到很大的影响。前面提到的销售人员的提成，当某一销售人员的业绩非常突出时，公司会相应地提高他的奖金，那么原来的提成标准就会发生变化。变动成本的相关范围可用图 2-11 表示。

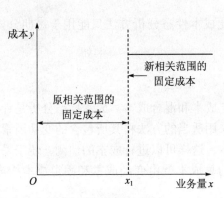

图 2-10　固定成本的相关范围

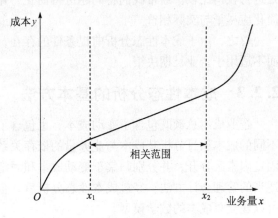

图 2-11　变动成本的相关范围

由于成本性态分析是在一定时期和一定业务量范围内进行，因此该分析方法只能用于短期分析，而不适用于企业长期决策。

2. 单一成本动因假说

成本性态分析是针对不同成本项目分析其成本与业务量之间的依存关系，即假定某一成本的发生只受一个因素的影响，即只有一个成本动因。在实际生活中，这种成本是不存在的，每种成本的发生受到很多因素的影响，只不过各个因素影响程度不一样，表现出对成本的贡献也有大有小。根据重要性原则及成本效益原则，成本性态分析往往仅确定其中最主要的一个作为自变量，因此，成本性态分析的结果也是近似的，而不是绝对的准确。

由于存在单一成本动因假说，成本性态分析只能用于企业的正常生产经营过程中。在企业的正常生产经营过程中，成本的发生与变化主要取决于所选择的成本动因的变化，而在非正常生产经营过程中，成本的发生与变化还受到很多其他意外的因素影响。

3. 决策环境

在现实社会中，区分成本的变动性和固定性还要根据决策环境而定。当某一经营项目的时间跨度很短而且业务量变动很少时，大部分成本为固定的，小部分为变动的。例如，假设一架东方航空公司的飞机 5 min 后起飞，机上还有几个空座，一位乘客手持另一航空公司的可转换机票，急急忙忙地走过通道。除非飞机多停留 30 s，否则这位乘客会错过此次航班。延迟起飞让一位乘客上机所带来的变动成本是多少呢？在此项决策中，变动成本（如多加一份免费餐）是微不足道的，因此在决定是否延迟起飞时所考虑的成本大都是固定的。但如果东方航空公司需要决定的是：是否另加一趟航班、航程中增加一座停机城市等，此时该项决策涉及的时间跨度较长，业务量变动较大，那么大多数成本会是变动的，少部分是固定的。

这些例子都说明决策环境对于成本性态分析的重要性。成本是否真的不变很大程度上取决于相关范围、计划期长度和特定的决策环境。

在进行成本性态分析时还应注意，"成本与业务量之间完全线性关系"的假定，不可能完全切合实际。在很多情况下，成本与业务量之间的关系是非线性的。若要准确地描述其实际成本性态，就需要用非线性函数来反映，这样可能需要花费很多时间和精力去建立和计算复杂的方程式。按照信息的经济性原则，需要将获取信息付出的代价与利用它可能带来的好处进行权衡比较。通常我们将问题进行简化，用 $y = a + bx$ 来反映成本性态。但要注意这种简化应尽量与实际相符。

总之，由于成本性态分析前提条件的存在，因此成本性态分析方法只能用于短期分析，而不适用于企业长期决策。

## 2.2.3 成本性态分析的基本方法

企业成本总额既包含了变动成本，也包含了固定成本和混合成本。成本性态分析是针对不同的成本项目分析其成本与业务量的依存关系，采用适当的方法将其所包含的变动因素与固定因素区分开，并分别归集于变动成本和固定成本，这样可以进行成本的预测，便于采取适当的管理会计方法。经过成本性态分析后，企业的总成本就由变动成本和固定成本构成，可以建立总成本的数学模型。

成本性态分析是在成本按性态分类的基础上，用特定的分析方法，对成本和业务量之间的关系进行分析，最终将企业的总成本分为变动成本和固定成本两大类，同时假定总成本可以近似地用一元线性方程来表示，即

$$y = a + bx$$

式中：$y$ 表示总成本，$x$ 表示业务量，$a$ 表示固定成本数额（包括真正意义上的固定成本及

混合成本中的固定成本），$b$ 表示单位变动成本，$bx$ 表示变动成本总额（包括真正意义上的变动成本及混合成本中的变动成本）。

这个数学模型是管理会计中最基础的表达式，反映了成本与业务量之间的依存关系，不但可以作为其他各项分析方法的基础，而且本身也可以用于成本预测和规划。但事实上，不同成本具有不同的成本性态模型。确定成本与相关成本动因关系的方法有多种，其中有些比较简单，有些相当复杂。在某些企业中，管理者采用多种方法，然后成本分析人员根据经验和判断，综合不同方法得出的结果，选出适合某项目的成本性态模型。一般而言，混合成本的分解方法可分为账户分析法、合同确认法、技术测定法、历史成本分析法等。

1. 账户分析法

账户分析法也称会计分析法，是根据财务会计成本核算中各有关成本账户中成本的发生方式，首先确定变动成本、固定成本和半变动成本三种性态，然后将半变动成本近似地归类为变动成本或固定成本的方法。比如成本项目中的材料费直接划入变动成本，生产设备折旧费直接划入固定成本，设备修理费是混合成本，但比较接近于变动成本，因而将此项目划入变动成本。

账户分析法简单、方便，工作量较小，并且能获得关于成本和业务量依存关系的直观的认识和理解，有利于成本性态分析方法的进一步应用，适用于管理会计基础工作开展较好的企业。但这种方法将混合成本简单地分为变动成本或固定成本，其方法比较粗糙，结果不可避免地带有一定的主观随意性。所以，单纯采用账户分析法得出的结论往往是不够准确的，在实践中往往将它和其他方法结合使用。另外，由于此方法要求掌握大量实际资料，分析的工作量太大，因此不适合规模较大企业的混合成本分解。

2. 合同确认法

合同确认法是根据企业与供应单位所订立的经济合同中费用的支付规定和收费标准来确认费用性质的方法。例如电话费，根据电信局的收费规定，可将每月的月租费认定为固定成本，根据通话时间长短计算的通话费则是变动成本。

合同确认法应用简单、方便，并且分析结果较为客观和准确。但这种方法只能应用于有明确计算方法和规定的混合成本项目。

3. 技术测定法

技术测定法也称工程技术法，是指根据生产过程中投入与产出的关系，对各种物质消耗进行技术测定来划分固定成本和变动成本的方法。其基本做法是把生产过程中材料、燃料、动力、工时的投入量与产出量进行对比分析，用来确定单位产量的消耗定额，并把与产量有关的部分归集为单位变动成本，与产量无关的部分归集为固定成本。

技术测定法较为精确，但应用起来比较复杂，工作量很大。该方法通常适用于没有历史数据可供参考的企业，或企业已制定了成本定额，有消耗定额资料可作为测定的依据。

4. 历史成本分析法

历史成本分析法是根据混合成本在过去一定期间内的成本与业务量的历史资料，采用适当的数学方法对其进行数据处理，从而将混合成本分解为变动成本和固定成本的一种定量分析方法。常见的历史成本分析法有高低点法、布点图法、最小平方法。

1）高低点法

高低点法是指根据企业一定期间历史资料中的最高业务量和最低业务量的数据，以及它们所对应的混合成本数据，计算决定混合成本中的固定部分和变动部分的一种数学方法。步骤如下。

**第一步**，确定高低点。从已知的历史资料中找出最大和最小业务量，并确定相对应的混合成本。当业务量的最高点（最低点）和成本的最高点（最低点）不在同一时间点时，一般以业务量的最高点（最低点）为准来选取数据，即业务量与成本必须是同一时间的数据，这是因为我们假设在成本模型中业务量是自变量，是成本唯一驱动因素。

**第二步**，计算单位变动成本。根据总成本模型，假设当业务量达到最高点和最低点时，对应的直线方程分别为

$$\begin{cases} Y_1 = a + bX_1 \\ Y_2 = a + bX_2 \end{cases}$$

$$Y_1 - Y_2 = b(X_1 - X_2)$$

$$b = (Y_1 - Y_2)/(X_1 - X_2)$$

即　　　　　　　单位变动成本 = 高低点混合成本之差/高低点业务量之差

**第三步**，将已求出的单位变动成本代入上述方程式，计算固定成本总额。

**第四步**，写出混合成本的分解公式。

**例 2 - 3**　华通工厂 20 ×1 年下半年的混合成本维修费的资料如表 2 - 2 所示。

表 2 - 2　混合成本维修费

| 月份 | 7 月 | 8 月 | 9 月 | 10 月 | 11 月 | 12 月 |
|---|---|---|---|---|---|---|
| 业务量/h | 200 | 160 | 260 | 240 | 280 | 220 |
| 维修费/元 | 1 160 | 1 000 | 1 400 | 1 320 | 1 480 | 1 250 |

**要求**　① 根据上述资料采用高低点法将维修费分解为变动成本和固定成本，并写出混合成本公式。

　　　　② 若计划期产销量机器工时为 270 h，则维修费总额将为多少？

**解**　按前述步骤分析和计算如下。

首先，根据上述历史成本资料，找出该企业 20 ×1 年业务量机器工时最高和最低的月份，以及相应的混合成本，确定高低点。最高点为 11 月，最低点为 8 月。

其次，求出单位变动成本，即

$$b = (1\,480 - 1\,000)/(280 - 160) = 4(元/h)$$

再次，求固定成本总额：将上述最高点的维修费和业务量代入公式得

$$a = 1\,480 - 4 \times 280 = 360(元)$$

或者将上述最低点的维修费和业务量代入公式，得出相同的结果，即

$$a = 1\,000 - 4 \times 160 = 360(元)$$

最后，得出混合成本的分解公式，即

$$y = a + bx = 360 + 4x$$

当计划产销量为 270 h 时，维修费总额为

$$y = 360 + 4 \times 270 = 1\,440(元)$$

用高低点法进行混合成本的分解，其优点是简单、方便，但由于它是用业务量最高和最

低时期的情况来代表整体情况，不排除偶发因素，所以不够准确。为保证一定的准确度，应用这一方法时，要求最高点和最低点的混合成本必须反映正常的成本水平，不能有异常情况。因此它比较适用于作业消耗稳定的企业。

2）布点图法

布点图法（又称散布图法）是将过去某一期间内成本的历史数据逐一描绘在坐标图上，横轴代表业务量，纵轴代表成本总额。这样，各个历史成本数据及业务量就共同构成若干成本点布于图上。通过目测，将图上各点连接起来，作一条能拟合成本变动趋势的直线，如图2-12所示。然后任选线上两点，运用高低点法，即可求出单位变动成本和固定成本总额。仍以例2-3的资料为基础，绘制布点图。

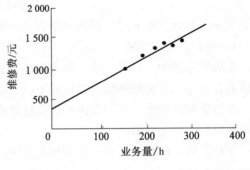

图2-12　布点图

用布点图法进行混合成本的分解的优点是从图上能剔除不正常因素的影响，使得出的混合成本分解公式能大致反映混合成本和业务量之间的对应关系，弥补了高低点法的不足；同时，用图表示更易于理解。但由于成本趋势直线是目测决定的，往往不够准确；同时，目测因人而异，带有一定的主观随意性。

3）最小平方法

利用微积分原理，求出一条能最好地拟合成本总额和业务量关系的直线，即使误差的平方和最小的成本趋势直线，该方法又称为回归直线法。通过回归分析，直接求出单位变动成本和固定成本的值。从理论上讲，该方法是最精确和最科学的一种方法。但它要求搜集大量丰富的、具有可比性的历史数据，计算工作量大，比较适用于计算机操作。

但是，在计算回归直线之前，应先进行相关性分析，确定混合成本与所选用的业务量之间是否存在线性关系；否则，混合成本的分解就失去了意义。相关性分析可以通过计算相关系数进行。相关系数的计算公式为

$$r = \frac{n\sum xy - \sum x \sum y}{\sqrt{\left[n\sum x^2 - \left(\sum x\right)^2\right]\left[n\sum y^2 - \left(\sum y\right)^2\right]}}$$

当$r = -1$时，说明$x$与$y$之间完全负相关；当$r = 0$时，说明$x$与$y$之间不存在任何关系，为零相关；当$r = +1$时，说明$x$与$y$之间完全正相关，即$y = a + bx$；当$r$接近$+1$，说明$x$与$y$基本正相关，可近似地写成$y = a + bx$的形式。

当确认混合成本与所选业务量之间确实存在线性关系后，最小平方法的具体步骤如下。

**第一步**，根据历史资料，求$n$、$\sum x$、$\sum y$、$\sum xy$、$\sum x^2$和$\sum y^2$的值。

**第二步**，按照下列公式计算$a$、$b$的值。

$$b = \left(n\sum xy - \sum x \sum y\right) / \left[n\sum x^2 - \left(\sum x\right)^2\right]$$

$$a = \left(\sum y - b\sum x\right)/n$$

**第三步**，将$a$、$b$的值代入公式，写出成本总公式。

以例2-3的资料，运用最小平方法计算可得

$$b = \left(n\sum xy - \sum x \sum y\right) / \left[n\sum x^2 - \left(\sum x\right)^2\right] = 223\ 600/56\ 000 = 3.99(元/h)$$

$$a = (\sum y - b \sum x)/n = 2\,183.6/6 = 363.93(\text{元})$$

则成本总公式为

$$y = 363.93 + 3.99x$$

当业务量为 270 h 时，维修费用为 $y = 363.93 + 3.99 \times 270 = 1\,441.23(\text{元})$。

4）小结

在现实生活中，高低点法、布点图法及最小平方法是常用的混合成本分解方法，这三种分解混合成本的方法的共性及差异如下。

从数学观点来看，三种方法均含有估计成分（都有一定的假设性），所以分解混合成本的结果只是一个近似值。

三种分解方法均要求在一定的相关范围内，即在一定的时期和一定的业务量范围内进行混合成本的分解。

三种分解方法均假定成本与产量之间完全线性联系，因而用直线方程 $y = a + bx$ 来反映成本性态。但在许多情况下成本与产量之间的联系是非线性的，若需要准确描述其实际成本性态就需要用非线性函数来反映，这样就会使资料的取得与成本的分解复杂化，使资料取得成本大于所得收益，得不偿失。故在一般情况下用 $y = a + bx$ 反映成本性态。

三种分解方法的区别主要体现在计算结果的准确性上。高低点法由于仅使用两点的成本数据来推知混合成本公式，如果两点的代表性不是很强，会使得最终结果很不准确；散布图法的趋势直线是由许多观察值所决定，故较之高低点法为优，但它又受分析者判断所限，也欠准确性；回归直线法因摒弃了两者的缺点而使其计算结果最为准确。

教学视频：
混合成本的分解

# 2.3　收益的概念及分类

## 2.3.1　收益的概念

在财务会计中，收益是某一主体在一定期间内"除所有者权益本身的变化以外的归所有者支配的未来经济利益要求权的变动"。这种收益，是净收益的概念，是从企业整体角度来看的收益的终极表现。

在管理会计的分析里，既有企业的整体分析，也有单个项目或部门的局部分析；其核算的主体是项目和部门，涉及的时期是过去、现在或未来。计算收益时遵循的原则主要是决策的相关性和成本效益原则，考虑的因素除了收入和成本外还有时间等因素，所以在管理会计里对应的收益有很多种形式，应用于管理会计中的各项收益除了终极的净收益外，更多的时候是采用各种特定的中间形态的收益，如贡献毛益、息税前利润等，需要考虑具体的分析对象，从而选取适当的收益形式，分析相关的收入和相关的成本。

## 2.3.2　收益的分类

从收益的构成来看，从最初的收入到终极的净收益，中间存在很多的收益形态。在管理会计里，通常有很多种分类方法，但是从管理会计实用性出发，使用较为频繁的是按构成层次划分。按不同构成层次的收益，管理会计的收益可以划分为贡献毛益、息税前利润、营业利润、税前利润和税后利润。

1. 贡献毛益

贡献毛益是产品销售收入和变动成本的差额，是管理会计中应用的主要收益形式之一，贡献毛益概念及其相关指标的计算在管理会计中有着重大的意义。

2. 息税前利润

息税前利润是企业的投资所得，包括利息、所得税和税后利润。事实上，息税前利润是不同的投资主体如外部投资者、政府、企业出资人的投资收益，因此息税前利润对投资效益的评价有着重要的意义。

3. 营业利润

营业利润是企业经营活动中形成的利润，即企业营业收入减去营业成本和期间费用，再减去各种流转税及其附加的费用后的余额。它是企业自身从事生产经营活动的净收入，反映了企业收入初次分配的结果，是财务会计中利润核算的主要内容，而且也是管理会计的各项短期决策分析中最为普遍的利润概念，第4章将讲到的本量利分析中的"利"就是这个营业利润的含义。

4. 税前利润①

税前利润又称利润总额，指企业未缴纳所得税的利润，等于营业利润加上投资收益，加减营业外收支。它是企业各项经济活动的收益总额，反映了企业收益的总体规模。

5. 税后利润

税后利润就是通常所讲的净利润，是企业利润总额扣除应纳所得税后的余额，是企业经营活动对所有者权益的最终影响。在以企业为主体的管理活动中，净利润往往具有决定性的意义。

以上各种收益形式都是相关收益，要按特定的核算对象和层次确定不同的相关收益，即根据不同组织层次差别确定收益的可控性，进行相关决策分析。如果要考察一个部门对企业的贡献，则应选择部门贡献毛益来衡量；如要评价部门经理的业绩，则选择部门的可控贡献毛益来评价。

## 2.3.3　贡献毛益的计算及其意义

贡献毛益是管理会计特有的收益概念，在企业内部管理的各个领域都有着重要作用，因此，有必要对其计算和应用作单独说明。

贡献毛益是销售收入和变动成本的差额，其计算有绝对数指标和相对数指标两种。

1. 贡献毛益总额和单位贡献毛益

贡献毛益的绝对数指标有贡献毛益总额和单位贡献毛益。

（1）贡献毛益总额

贡献毛益总额是销售收入总额超过变动成本总额的部分，其内容和计算可用公式表述为

贡献毛益总额 = 销售收入总额 − 变动成本总额

---

① 管理会计中的利润信息主要用于企业的经营决策分析，应是预测数据。而投资收益、营业外收支是企业的非持续性收益，一般在预测时不予考虑。因此营业利润、税前利润的考虑范畴基本一致。

　　　　　　　＝销售收入总额－（变动生产成本总额＋变动推销与管理成本总额）

　　要注意的是，上述计算中的销售收入总额和变动成本总额，在计算中对应的业务量都应是销售量。

　　（2）单位贡献毛益

　　单位贡献毛益是单位产品售价超过单位变动成本的余额。其计算可用公式表述为

　　单位贡献毛益＝单位产品售价－单位变动成本

　　　　　　　　＝单位产品售价－（单位变动生产成本＋单位变动推销与管理成本）

　　显然，贡献毛益总额和单位贡献毛益之间的关系为

$$贡献毛益总额 ＝ 单位贡献毛益×销售量$$

或　　　　　　　　　　$$单位贡献毛益 ＝ 贡献毛益总额/销售量$$

　　上述计算可用实例说明如下。

　　**例2-4**　假设海天食品加工厂主要生产面包，为保证面包质量，其每天的产量按销量确定。20×1年7月销售面包30 000个，出厂价2元/个。实际成本资料如下。

生产成本：

| | |
|---|---|
| 面粉　　（1.0元/个×30 000个） | 30 000元 |
| 直接人工 | 6 000元 |
| 制造费用 | 4 500元 |
| 其中：变动制造费用 | 2 700元 |

非生产成本：

| | |
|---|---|
| 推销成本 | 1 000元 |
| 其中：变动推销成本 | 600元 |
| 管理成本 | 1 400元 |
| 其中：变动管理成本 | 900元 |

　　**要求**　计算该产品的贡献毛益指标。

　　**解**　首先需要计算变动成本的有关数据，即

$$变动生产成本总额 ＝30 000＋6 000＋2 700＝38 700（元）$$
$$单位变动生产成本 ＝38 700/30 000＝1.29（元/个）$$
$$变动推销与管理成本 ＝600＋900＝1 500（元）$$

因此　　　　　　$$变动成本总额 ＝38 700＋1 500＝40 200（元）$$
$$单位变动成本 ＝40 200/30 000＝1.34（元/个）$$

　　有关的贡献毛益绝对数指标计算如下。

$$贡献毛益总额 ＝2×30 000－40 200＝19 800（元）$$
$$单位贡献毛益 ＝2－1.34＝0.66（元/个）$$

或　　　　　　　$$单位贡献毛益 ＝19 800/30 000＝0.66（元/个）$$

　　由于企业的总成本包括变动成本和固定成本，而贡献毛益仅仅是销售收入补偿变动成本后的余额，所以它不是终极形态的收益。但在企业的成本核算中，固定成本往往是维持企业生产能力的间接成本，和具体产品的生产和经营没有直接的依存关系，所以贡献毛益实际上反映了各产品的生产经营对企业盈利的贡献，在产品获利能力的比较分析及其他的短期经营决策分析和业绩考评中有着重要的意义。

2. 贡献毛益率与变动成本率

为了更好地反映产品的获利能力，贡献毛益的概念还可用相对数指标贡献毛益率来表达。贡献毛益率是贡献毛益相对销售收入的比率。它可以根据贡献毛益总额或单位贡献毛益计算。

$$贡献毛益率 = 贡献毛益总额/销售收入总额 \times 100\%$$

或 $$贡献毛益率 = 单位贡献毛益/单位产品售价 \times 100\%$$

贡献毛益率指标反映了产品的获利能力，并且有利于各产品获利能力的比较，在利润的预测分析、产品生产的决策分析等方面都有重要用途。

与贡献毛益率相关的另一个指标是变动成本率。

$$变动成本率 = 变动成本总额/销售收入总额 \times 100\%$$

或 $$= 单位变动成本/单位产品售价 \times 100\%$$

由于"变动成本总额 + 贡献毛益总额 = 销售收入总额"，所以变动成本率和贡献毛益率之间的关系为

$$贡献毛益率 + 变动成本率 = 1$$

根据例2 – 4的资料，贡献毛益率和变动成本率的计算为

$$贡献毛益率 = [19\,800/(2 \times 30\,000)] \times 100\% = 33\%$$

或 $$贡献毛益率 = (0.66/2) \times 100\% = 33\%$$

同时 $$变动成本率 = [40\,200/(2 \times 30\,000)] \times 100\% = 67\%$$

或 $$变动成本率 = (1.34/2) \times 100\% = 67\%$$

由上述数据可看出变动成本率和贡献毛益率之间的关系为

$$变动成本率 + 贡献毛益率 = 33\% + 67\% = 1$$

以上贡献毛益和贡献毛益率指标的计算都是以整个营业过程为基础的，即营业贡献毛益。习惯上，如果没有特别说明，贡献毛益（率）指的也就是营业的贡献毛益（率）。但企业的变动成本包括了变动生产成本和变动推销与管理成本，如果需要，也可以依上述原理计算相应的生产领域的贡献毛益指标，以反映产品生产对企业盈利的贡献。

3. 贡献毛益与利润

利润是产品销售收入扣除销售成本、费用后的余额，成本费用由固定成本和变动成本组成，因此有

$$利润 = 销售总收入 - 销售总成本$$
$$= 销售总收入 - (销售变动成本总额 + 固定成本总额)$$
$$= 贡献毛益 - 固定成本总额$$

贡献毛益与企业利润有如下关系：

当贡献毛益 > 固定成本总额时，利润 > 0，则企业盈利；

当贡献毛益 < 固定成本总额时，利润 < 0，则企业亏损；

当贡献毛益 = 固定成本总额时，利润 = 0，则企业保本。

由此可以看出贡献毛益虽不是企业的终极收益，但在企业管理中有着重要的意义。

首先，在企业的成本分类为变动成本和固定成本时，企业的营业利润是贡献毛益减去固定成本，而大多数固定成本往往是生产几种产品所共同发生的。这样，不同产品的贡献毛益实际上反映了不同产品的经营状况对于企业盈利的贡献。在一定的时期和相关业务量范围

内，贡献毛益最大即意味着利润的最大。所以，贡献毛益对于管理会计的短期经营决策分析有着重要的意义。

其次，贡献毛益率指标反映了产品的获利能力，用于各种产品的比较可以提供不同产品获利能力的比较信息，为企业的决策分析提供依据。

最后，由于变动成本和固定成本在可控性分析中的不同意义，贡献毛益同样可以应用于企业的内部控制和业绩评价。

**小提示**　　　　　　　**区分贡献毛益与毛利**

毛利是销售收入减去销货成本所得，销货成本即取得、制造并售出商品的全部成本。贡献毛益着重强调销售额与变动成本的关系，而毛利着重于销售额与销货成本的关系。两者是不同的概念。

$$毛利 = 销售收入 - 销货成本$$
$$贡献毛益 = 销售收入 - 所有变动成本$$

举一个简单的例子。某商店销售洗衣机每台进货成本为 700 元，销售人员每推销一台将赚取 20 元佣金，每台洗衣机售价为 1 500 元，则每台洗衣机的毛利和贡献毛益分别为

$$单位毛利 = 1\ 500 - 700 = 800（元/台）$$
$$单位贡献毛益 = 1\ 500 - 700 - 20 = 780（元/台）$$

# 2.4　完全成本法与变动成本法

引例[①]　一家生产规模较大的公司下设多个分厂。该公司对下属分厂经理的业绩评价是依据每年年终会计报表的利润指标完成情况作出的。利润高低将决定分厂经理当年得到的奖金数额，利润高低同时也作为其职位晋升的主要依据。今年，第一分厂的经理即将到期离任。按照该企业的惯例，如果他离任时的业绩较好，则会被安排到公司其他更高的职位；但如果业绩较差，公司将会对其做降职安排。半年的时间已经过去了，该分厂的业绩平平，而且根据以往的经验，每年的下半年市场情况更不乐观。在利益的诱惑下，他选择了提高利润的"捷径"——提高产量。尽管在余下的半年里，产成品库存大量积压，但是毕竟利润上去了。最终他得到了他想要的职位，而留给第一分厂的则是似乎永远也卖不完的积压产品。为什么提高产量能增加利润呢？

管理会计中的成本计算方法有很多种，根据制造费用的归集分配可分为完全成本法和变动成本法。在完全成本法下，全部制造费用包括在产品成本中，即产品成本包括所有的生产成本，变动生产成本和固定生产成本；而在变动成本法下，固定制造费用排除在产品成本之外，即产品成本只包括变动生产成本。

---

①　刘志远，王志红，陆宇建，等．管理会计．北京：北京大学出版社，2007．

### 2.4.1 完全成本法和变动成本法的含义

完全成本法，即全部成本法，是传统的成本计算方法，是将成本按经济职能分类，把生产制造过程的全部成本都计入产品成本，而将非生产成本作为期间费用。生产制造过程的全部成本包括生产过程中所消耗的直接材料、直接人工、变动制造费用和固定制造费用等。正因为该种方法把生产过程中的全部成本都包括进去了，不管这些成本是变动的还是固定的，制造费用全部按一定的分配标准在销售产品和存货之间分配，所以又称为吸收成本法，我国将此法称为制造成本法。目前的会计准则和会计制度，都要求存货成本按全部制造成本报告。

教学视频：
完全成本法

变动成本法，相对于完全成本而言，产品成本的内涵缩小了，是以成本性态分类为基础，在计算完工产品和在产品成本时，只包括直接材料、直接人工和变动制造费用，而固定制造费用不再在销售产品和存货之间分配，而是连同非生产成本都进入期间费用。变动成本法的理论依据是：产品成本与产品产量密切相关，在生产工艺没有实质性变化、成本水平保持不变的情况下，产品成本总额应当随着完工产品的产量呈正比例变动，因此，只有变动成本才能构成产品成本的内容。固定制造费用是为企业提供一定的经营条件，以保持一定的生产能力而发生的费用，它们同产品的实际产量没有什么多大的关系，不会随产量的提高而增加，也不会随产量的下降而减少，但它们却随着企业生产经营期限的长短而变化，其效益随着时间的推移而消逝，所以此部分费用不应递延到下一个会计期间，而应当在发生的时候进入当期费用。变动成本法在管理会计中的应用非常广泛。

教学视频：
变动成本法

从完全成本法和变动成本法的内涵，可以非常容易地总结一点：这两种方法的主要区别就是对固定制造费用的处理不一样，完全成本法是将固定制造费用吸收进存货成本中，而变动成本法将固定制造费用全额列入期间费用，由当期的销售产品承担，影响当前损益。

小提示 　　　　完全成本法和变动成本法与分步法和分批法的关系

完全成本法和变动成本法都可以应用在分批法和分步法中，这两类方法没有包含或被包含的关系，可以相互组合形成企业所需的成本计算方法。根据企业提供的产品的异质性情况，可以相应地采用分步法和分批法，分步法适用于大量大批的多步骤生产，分批法适用于单件小批类型的生产。而根据制造费用的归集分配方法不同，可分为完全成本法和变动成本法。例如：企业采用分步法计算产品成本，在制造费用的分配上可以根据目标适当地选择变动成本法或完全成本法；而当企业采用分批法计算产品成本时，同样是根据目标适当地选择变动成本法或完全成本法。总之，分步法和分批法与完全成本法和变动成本法没有必然的联系，可根据企业的需要进行任意组合。

### 2.4.2 变动成本法和完全成本法的区别

管理会计中变动成本法的运用较广泛，可以为企业进行各种经营决策提供非常有用的信息。下面通过与完全成本法的对比，来进一步了解变动成本法。

**1. 成本划分的标准、类别及产品成本包含的内容不同**

变动成本法按照成本性态把企业的全部成本划分为变动成本和固定成本两大类，尤其要把混合成本性质的制造费用按生产量分解为变动制造费用和固定制造费用。非生产领域的销售费用及管理费用也要按销售量分解为变动和固定两部分。其产品成本只包括变动生产成本，固定制造费用则作为期间费用处理。

完全成本法按照成本的发生领域或经济用途，把企业的全部成本分为生产成本和非生产成本。其产品成本包括全部生产成本，非生产成本作为期间费用处理。完全成本法和变动成本法下的成本流可用图 2－13 表示。

下面举个简单的例子说明完全成本法和变动成本法的区别。

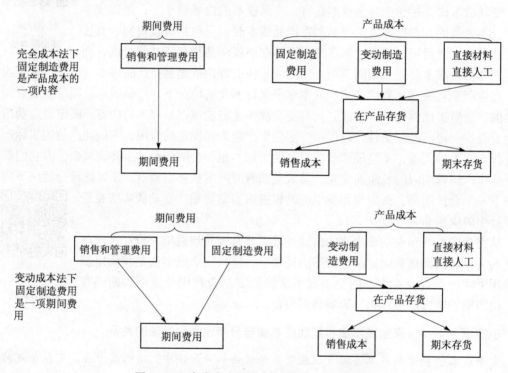

图 2－13　完全成本法和变动成本法下的成本流

**例 2－5** 宇新工厂生产产品甲，年产量 2 000 件，每件产品消耗原材料 5 元，直接人工 7 元，变动制造费用 4 元，固定制造费用全年为 3 000 元，假设本期销售 1 000 件，求完全成本法和变动成本法下的单位产品成本和期末存货成本。

**解**　单位固定制造费用 = 3 000/2 000 = 1.5(元/件)

变动成本法下　　　　　　单位产品成本 = 5 + 7 + 4 = 16(元/件)

期末存货成本 = 16 × 1 000 = 16 000(元)

完全成本法下　　　　　　单位产品成本 = 5 + 7 + 4 + 1.5 = 17.5(元/件)

期末存货成本 = 17.5 × 1 000 = 17 500(元)

在完全成本法下，每件产品吸收了固定制造费用 1.5 元，单位产品完全成本为 17.5 元，无论是产品存货或已销售产品成本均以 17.5 元计价。而在变动成本法下，每件产品的单位成本是 16 元，固定制造费用 3 000 元全部成为损益表上销售收入的抵减项目。

2. 计算损益的公式不同

在变动成本法下，营业利润的计算公式为

$$销售收入 - 变动成本 = 贡献毛益$$

$$贡献毛益 - 固定成本 = 营业利润$$

其中

$$变动成本 = 变动生产成本 + 变动非生产成本$$

$$= 单位变动生产成本 \times 销售量 + 单位变动非生产成本 \times 销售量$$

$$固定成本 = 固定生产成本 + 固定非生产成本$$

$$= 固定制造费用 + 固定销售费用 + 固定管理费用$$

在完全成本法下，营业利润的计算公式为

$$销售收入 - 产品销售成本 = 销售毛利$$

$$销售毛利 - 营业费用 = 营业利润$$

其中

$$产品销售成本 = 期初存货完全生产成本 + 本期完全生产成本 - 期末存货完全生产成本$$

$$营业费用 = 销售费用 + 管理费用$$

**小讨论** 在完全成本法下，产品销售成本的计算是否可以用完全法下的单位产品成本乘以当期销售量确定？为什么？

**小提示** 在变动成本法下，销售收入、变动成本及贡献毛益，其确定的动因都是当期销售量；而在完全成本法下，本期生产成本是以生产量为动因确定的。

3. 编制的损益表格式不同

由于完全成本法和变动成本法下的产品成本构成不同，所以在损益表上两种方法的成本费用的排列不同。在完全成本法下，损益表上的成本费用分类为销售产品的生产成本、销售费用及管理费用。销售收入减去销售产品的生产成本后的余额为销售毛利，销售毛利扣除销售费用及管理费用，得出企业的营业利润。按完全成本法编制的损益表把所有成本费用项目按生产、销售、管理等不同经济职能进行排列，主要是为适应企业外界有经济利益关系的团体或个人的需要而编制的，故称为"职能式损益表"。

而在变动成本法下，损益表上的成本费用区分为变动成本和固定成本，销售收入减去变动成本后的余额称为贡献毛益。贡献毛益反映了产品的获利能力及其对企业营业利润所做的贡献，便于分清各部门间的经济责任，有利于成本控制和业绩评价。另外，由于贡献毛益总额同企业的销售数量相关联，有利于企业树立以市场和客户为中心的管理理念，是企业经营决策和利润计划的重要依据，也是企业管理当局关心的重点。贡献毛益减去全部固定成本，才是企业的营业利润。按变动成本法编制的损益表把所有成本项目按成本性态分为变动成本和固定成本两大类，主要是为了便于取得贡献毛益信息，所以又称为"贡献式损益表"。

**例2－6** 假设在例2－5中，宇新工厂当年销售1 000件产品甲，每件售价30元，变动销售费用每件1元，变动管理费用0.5元，固定销售费用共计1 000元，固定管理费用共计1 500元，期初产品存货为零。两种方法下的损益表如表2－3所示。

**表 2 – 3　损益表（1）**　　　　　　　　　　　　　　　　　　　　单位：元

| 职能式损益表（完全成本法） | | 贡献式损益表（变动成本法） | |
| --- | --- | --- | --- |
| 销售收入 | 30 000 | 销售收入 | 30 000 |
| 销货成本 | | 变动成本 | |
| 　期初存货成本 | 0 | 　变动生产成本 | 16 000 |
| 　本期生产成本 | 35 000 | 　变动销售费用 | 1 000 |
| 　可供销售的产品生产成本 | 35 000 | 　变动管理费用 | 500 |
| 减：期末存货成本 | 17 500 | 变动成本合计 | 17 500 |
| 销货成本总额 | 17 500 | 贡献毛益 | 12 500 |
| 销售毛利 | 12 500 | 减：固定成本 | |
| 减：营业费用 | | 　固定制造费用 | 3 000 |
| 　销售费用 | 2 000 | 　固定销售费用 | 1 000 |
| 　管理费用 | 2 000 | 　固定管理费用 | 1 500 |
| 营业费用总计 | 4 000 | 固定成本合计 | 5 500 |
| 营业利润 | 8 500 | 营业利润 | 7 000 |

从表 2 – 3 可以看出，两种方法计算的营业利润是不同的，主要是因为对固定制造费用的处理不一样。完全成本法下将固定制造费用 3 000 元平均分配到生产的 2 000 件产品上，这样，由于生产的产品并没有全部被销售，从而就有一部分固定制造费用沉淀在期末存货中，没有进入损益，导致完全成本法下的营业利润比变动成本法下计算出来的营业利润多了期末存货凝聚的固定制造费用。这是该题所能得出的结论。同时，我们注意到销售费用和管理费用不管在哪种方法下都是全额作为抵减项目，只是列示的位置不同而已。

### 2.4.3　完全成本法和变动成本法对收益计算的影响

从例 2 – 6 来看，完全成本法下的营业利润和变动成本法下的营业利润一般情况下不相等。究竟差额在哪里，在什么样的情况下才会一致呢？

从例 2 – 6 可以看出，完全成本法下的营业利润比变动成本法下的营业利润多了 1 500 元，这 1 500 代表什么呢？

完全成本法下的单位固定制造费用是 1.5 元，期末剩余存货 1 000 件，则期末存货凝聚的固定制造费用 = 1 000 × 1.5 元，刚好和差额 1 500 元相等。其实在例 2 – 6 中，差额 1 500 元就是期末存货凝聚的固定制造费用。如果期初存货不为零，那么差额又有什么意义呢？

**例 2 – 7**　承例 2 – 6，设宇新工厂有期初存货 500 件，完全成本法下单位产品成本是 18 元，变动成本法下的单位产品成本是 16 元，这些资料来自上一期的成本资料。假设宇新工厂的存货采用先进先出法核算，计算完全成本法和变动成本法下的营业利润。

计算结果见损益表（表 2 – 4）内所列。

表2-4　损益表（2）　　　　　　　　　　　　　　　　　　　　　元

| 职能式损益表（完全成本法） | | 贡献式损益表（变动成本法） | |
| --- | --- | --- | --- |
| 销售收入 | 30 000 | 销售收入 | 30 000 |
| 销售成本 | | 变动成本 | |
| 　期初存货成本 | 9 000 | 　变动生产成本 | 16 000 |
| 　本期生产成本 | 35 000 | 　变动销售费用 | 1 000 |
| 可供销售的产品生产成本 | 44 000 | 　变动管理费用 | 500 |
| 减：期末存货成本 | 26 250 | 变动成本合计 | 17 500 |
| 销售成本总额 | 17 750 | 贡献毛益 | 12 500 |
| 销售毛利 | 12 250 | 减：固定成本 | |
| 减：营业费用 | | 　固定制造费用 | 3 000 |
| 　销售费用 | 2 000 | 　固定销售费用 | 1 000 |
| 　管理费用 | 2 000 | 　固定管理费用 | 1 500 |
| 营业费用总计 | 4 000 | 固定成本合计 | 5 500 |
| 营业利润 | 8 250 | 营业利润 | 7 000 |

从表2-4可以看出，完全成本法下的营业利润比变动成本法下的营业利润多1 250元，这个差额是怎么产生的呢？

我们知道，期初存货为500件，本期生产2 000件，本期销售1 000件，则期末存货为1 500件。由于采用先进先出法核算存货成本，在完全成本法下，进入本期损益的固定制造费用应该是期初存货包含的固定制造费用1 000元〔500×(18-16)〕加上本期发生的固定制造费用3 000元减去期末存货包含的固定制造费用2 250元(1 500×1.5)；而在变动成本法下，进入本期损益的固定制造费用为3 000元。将两种成本方法进入本期损益的固定制造费用进行比较会发现，完全成本法比变动成本法下进入损益的固定制造费用少1 250元(2 250-1 000)，这正是两种计算方法下营业利润出现差额的根本原因所在。而在两种成本计算方法下，销售收入、变动生产成本、非生产成本的数值是一样的，因此对于这种利润差额来讲则是无关的因素。

## 2.4.4　两种成本法下营业利润差额的变动规律

根据上一个问题的分析，可以看出完全成本法下的营业利润与变动成本法的营业利润的差额，就是期末存货凝聚的固定制造费用减去期初存货所释放的固定制造费用，用数学表达式表示为

完全成本法下的营业利润 - 变动成本法下的营业利润
= 期末存货凝聚的固定制造费用 - 期初存货释放的固定制造费用

从上式可以看出，完全成本法下的营业利润与变动成本法下的营业利润的差额可能大于零、小于零或等于零。通过进一步的分析，可以得出两种成本计算法下营业利润差额的变动规律：

① 若完全成本法下期末存货中的固定制造费用等于期初存货中的固定制造费用，则两种方法下计算出的营业利润是相等的；

② 若完全成本法下期末存货中的固定制造费用大于期初存货中的固定制造费用，则按完全成本法计算的营业利润大于按变动成本法计算的营业利润；

③ 若完全成本法下期末存货中的固定制造费用小于期初存货中的固定制造费用，则按完全成本法计算的营业利润小于按变动成本法计算的营业利润。

教学视频：
完全成本法与
变动成本法的区别

## 2.4.5 变动成本法的优缺点

### 1. 变动成本法的优点

变动成本法产生于 1936 年，到了 20 世纪 50 年代，随着企业环境的改变、竞争的加剧，企业管理者逐渐认识到企业的竞争力不仅来自本身产品的质量，而且也来自企业的内部管理，变动成本开始受到企业的重视，到 20 世纪 60 年代风靡欧美。变动成本法如此受欢迎，关键在于以下几个方面。

（1）更符合成本收益配比原则

从配比原则来看，变动成本法更符合这一原则。按照"配比原则"，一定时期发生的收入和成本，必须归入相同的会计期间。变动成本法一方面把与产量相关的直接材料、直接人工、变动制造费用计入产品成本，并在销售的时候将其转入损益；另一方面，将与产量无关的固定制造费用于发生的时候计入当期损益。

（2）更能满足内部管理者的决策要求

从对内部管理者的辅助作用来看，变动成本法更能满足内部管理者的决策要求。变动成本法可以提供管理者深入进行本量利分析和贡献毛益分析的有用信息，有利于合理的预测未来，进行合理的短期经营决策；而完全成本法则无法提供贡献毛益等信息。

（3）有利于加强成本控制和业绩评价

由于产品的单位变动生产成本不受业务量变动的影响，其升降最能反映供应部门和生产部门的工作业绩，通过对变动生产成本事前制定合理的标准成本和建立弹性预算进行事中控制，可以直接分析成本控制工作的好坏而造成的成本升降，并同产量变动所引起的成本升降区分开，有利于明确成本升降的责任，以调动各责任单位降低成本的积极性。

（4）提供的损益信息能更好地反映企业经营状况

采用变动成本法计算损益，在销售单价、单位变动成本和产品销售结构水平不变的条件下，企业计算出的营业利润与当期销量存在着同向变动的关系，因此，变动成本法下的营业利润反映了企业经营状况的好坏，有助于促使企业重视销售环节，搞好销售预测，尽量做到以销定产，减少或避免因盲目生产而带来的损失。而在完全成本法下确定的营业利润与销售量无直接联系，甚至有可能会出现下面的奇怪现象：当期销售量比上期增加时，营业利润反而比上期下降了；在较长时间内，当任意两期销售量相同时，营业利润却可能发生变化，尤其是当两期销售量相同而产量增加时，营业利润却增加，其结果必然导致盲目地扩大生产，很有可能导致存货的激增。

**课程思政元素** 本节引例中问题的谜底至此被揭开。完全成本法可能引发推动式生产系统，造成企业利润虚盈，那么企业的管理决策应如何避免上述情况的发生呢？

（5）简化核算过程

采用变动成本法，固定制造费用计入期间费用，从贡献毛益中直接扣除，不需要在成本对象之间分配成本，大大简化了间接费用的分配过程。而且由于不存在选择分配基础的问题，有效避免了间接费用分配中的主观性。

2. 变动成本法的缺点

作为一种成本计算方法，不管其应用的范围如何广，都会存在一定的缺陷。变动成本法的缺点主要表现在以下两个方面。

（1）不符合财务会计报告的要求

按照世界各国财务会计原则的要求，产品成本是指生产过程中发生的全部成本，应当包括固定制造费用。但是变动成本法确定的产品成本不包括固定制造费用，不被企业外部的有关方面承认。

（2）不能满足长期决策的需要

变动成本法由于存在前述的前提假设，只能适应短期决策。如果涉及的时间较长，变动成本法涉及的前提条件会发生变化，加上通货膨胀和技术进步等因素的影响，使得企业面临的环境发生改变，原有的成本性态将发生改变，因此变动成本法提供的资料，不能满足长期决策的需要。

# 本 章 小 结

管理会计中成本的概念与财务会计中成本的概念相比，其内涵在时间和空间上已经有了极大的拓展，要按照"针对特定决策确定特定的成本对象、计算特定内涵的成本"的思想确定成本。管理会计中的成本概念具有全面、全过程管理的成本观。

成本性态是指成本总额和业务量之间的依存关系，也称为成本习性。按照成本性态，成本可分为三类：变动成本、固定成本和混合成本。对混合成本可采取各种分解方法进行分解，这些方法有其各自的优缺点。

贡献毛益是产品销售收入减去其变动成本的差额。不同产品的贡献毛益反映其对企业盈利的贡献，贡献毛益率能比较不同产品的获利能力，此概念可用于内部控制和业绩评价。

管理会计中的成本计算方法根据对固定制造费用的处理方法不同，分为完全成本法和变动成本法。完全成本法下，产品成本包括所有的生产成本；而在变动成本法下，产品成本只包括变动的生产成本。在完全成本法与变动成本法下计算的利润有差额，其根本原因是两种方法下对固定制造费用的处理不同。

 **延伸阅读**

管理会计应用指引第303号——
变动成本法（财会〔2017〕24号）

## 思考题

1. 在相关范围内，当业务量增加时，对下列项目将产生什么影响？
（1）变动成本总额
（2）单位变动成本
（3）固定成本总额
（4）单位固定成本

2. 约束性固定成本和酌量性固定成本有什么不同？试举例说明。

3. 在计算利润时，变动成本法和完全成本法下扣除的销售和管理费用相等吗？为什么？

4. 造成完全成本法与变动成本法下计算的利润不相等的根本原因是什么？

## 练习题

1. 试判断以下成本费用属于变动成本、固定成本还是混合成本。
（1）构成产品实体的原材料费用
（2）生产产品的工人工资
（3）车间管理人员工资
（4）广告费
（5）生产设备按直线法计提的折旧费
（6）生产设备按工作量法计提的折旧费
（7）由底薪和提成构成的销售人员的工资

2. 表2－5是大宇公司20×1年和20×2年传统的简略收益表的有关资料，假定期初、期末无存货，两年的销售单价和成本水平均无变动。

表2－5　大宇公司收益表
元

| 项　目 | 20×1年度 | | 20×2年度 | |
| --- | --- | --- | --- | --- |
| 销售收入 | | 200 000 | | 300 000 |
| 销售成本： | | | | |
| 　直接材料 | 40 000 | | ? | |
| 　直接人工 | 50 000 | | ? | |
| 　变动制造费用 | 20 000 | | ? | |
| 　固定制造费用 | ? | ? | ? | ? |
| 销售毛利 | | 40 000 | | ? |
| 推销和管理费用： | | | | |
| 　变动部分 | ? | | ? | |
| 　固定部分 | 14 000 | ? | ? | ? |
| 净利 | | 10 000 | | ? |

**要求** 根据上述已知的有关资料，结合成本习性原理，将收益表中的空白部分填入正确的数据。

3. 华兴超市是威海地区的便民杂货连锁店。它的营业时间随每月该地区旅游贸易的变动而变动。其中一家分店过去 6 个月中的公用事业成本列示如表 2-6 所示。

表 2-6 某分店的公用事业成本

| 月份 | 总经营时间/h | 总公用事业成本/元 |
|---|---|---|
| 2 月 | 550 | 1 620 |
| 3 月 | 600 | 1 700 |
| 4 月 | 700 | 1 900 |
| 5 月 | 500 | 1 600 |
| 6 月 | 450 | 1 350 |
| 7 月 | 400 | 1 300 |

**要求** (1) 采用高低点法估计该公司公用事业费用成本的成本性态。每经营小时的单位变动公用事业成本是多少？

(2) 画出该店公用事业成本的散布图。目测一条成本线，估计每经营小时的公用事业费用的变动成本。

(3) 用最小二乘回归法估计商店公用事业费用的成本性态，将成本性态用方程式表示出来。每经营小时的公用事业费用的变动成本是多少？

(4) 在 8 月，商店准备营业 800 h。利用 (1)、(2)、(3) 题中所运用的成本估算方法，预计商店总公用事业成本。

4. 假定某公司 20×1 年度只产销一种甲产品，以下是有关生产、销售和成本的数据：

| | |
|---|---|
| 生产量 | 5 000 件 |
| 销售量 | 4 000 件 |
| 直接材料 | 20 000 元 |
| 直接人工 | 15 000 元 |
| 变动制造费用 | 20 000 元 |
| 固定制造费用 | 20 000 元 |
| 推销及管理费用（全部固定） | 10 000 元 |
| 变动成本率 | 55% |

现假定该公司期初无存货。

**要求** (1) 分别按全部成本法和变动成本法计算出单位产品成本。

(2) 分别按两种方法编制收益表。

(3) 比较上述两表的税前净利相差多少？怎样验算？

## 案例分析

**案例①**

宇航新科公司是一家专门生产轴承零件的公司，由于公司的销售情况不理想，两年前董事会决定由张江接替总经理陈建的职务。张江担任总经理后对公司的经营管理进行了全方位的改革和调整，产品销量逐年提升。表2-7和表2-8是宇航新科公司近三年的有关资料。

**表2-7　宇航新科公司近三年的产量与销量**

| 项　目 | 20×1年 | 20×2年 | 20×3年 |
|---|---|---|---|
| 产量/件 | 85 000 | 80 000 | 60 000 |
| 销量/件 | 70 000 | 75 000 | 80 000 |

**表2-8　宇航新科公司20×1—20×3年的简化利润表**　　　　万元

| 项　目 | 20×1 | 20×2 | 20×3 |
|---|---|---|---|
| 销售收入 | 175 | 187.5 | 200 |
| 减：销货成本 | | | |
| 期初存货成本 | 8 | 32 | 40 |
| 本期生产成本 | | | |
| 变动生产成本 | 76.5 | 72 | 54 |
| 固定制造费用 | 56 | 56 | 56 |
| 本期生产成本合计 | 132.5 | 128 | 110 |
| 减：期末存货成本 | 32 | 40 | 8 |
| 本期销货成本 | 108.5 | 120 | 142 |
| 减：变动销售费用和管理费用 | 42 | 45 | 48 |
| 固定销售费用和管理费用 | 20 | 20 | 20 |
| 营业利润 | 4.5 | 2.5 | -10 |

注：假设20×1—20×3年采集的各项数据均在相关范围内

看到利润表后，张江感到非常困惑，他说："我接任后，努力改进产品质量，加强广告、促销与技术服务，提高产品竞争能力，扩大销售，公司的销售量稳步增长，为什么利润反而越来越少？今年我们完成了200万元的销售额，反而亏损了10万元，难道利润不是随销售量而正比例增长吗？"张江不禁对自己的年终考核开始担忧。

**要求**　请你结合管理会计知识，对上述现象进行解释。你认为公司董事会应该如何考核总经理张江的业绩？

---

① 冯巧根. 管理会计. 北京：中国人民大学出版社，2013.

▷ 课 程 实 验 设 计 ◁

## 成本性态分析

### 一、实验目的

1. 熟悉混合成本分解的各种方法，尤其是高低点法和线性回归的方法。

2. 训练学生运用 Excel 表格分析处理相关数据的能力。

### 二、实验资料及具体要求

东升制造有限公司 20×1 年下半年有关蒸汽成本和机器工时的资料如表 2-9 所示。

表 2-9　有关资料

| 月　　份 | 蒸汽成本/元 | 机器工时/h |
|---|---|---|
| 7 月 | 15 850 | 3 000 |
| 8 月 | 13 400 | 2 050 |
| 9 月 | 16 370 | 2 900 |
| 10 月 | 19 800 | 3 650 |
| 11 月 | 17 600 | 2 670 |
| 12 月 | 18 500 | 2 650 |
| 合计 | 101 520 | 16 920 |

**要求**　（1）分别用高低点法、布点图法和一元线性回归法建立预测蒸汽成本的成本
方程。

（2）分别用高低点法、布点图法和一元线性回归法，预测 20×2 年 1 月机器工时
为 2 850 h 的蒸汽成本总额。

### 三、模型功能要求

1. 错误的更正及预测分析

在利用混合成本分析模型分解混合成本时，应做到如果发现所用的历史资料有错误，那
么只要将错误的数据改正即可，模型将自动计算出新的结果；同时在进行成本预测分析时，
可能会有不同的预测值。随着预测的业务量不同，模型将会自动计算出新的结果。

2. 混合成本分析模型在其他项目上的应用

混合成本分解模型还可用来分解其他产品或项目的混合成本。应做到只要在模型中输入
其他项目的相关资料，混合成本分解模型就能自动计算出相应的结果。

# 第3章 作业成本法

学习目标

1. 了解作业成本法产生的背景；
2. 解释传统成本法的局限性；
3. 理解作业成本法的基本概念：作业、作业标的、作业中心、作业成本库、成本动因；
4. 了解作业的四种分类，并能加以识别；
5. 了解成本动因的分类；
6. 熟练掌握作业成本法的计算步骤；
7. 了解影响作业中心和作业成本库数量的因素；
8. 了解作业成本管理理论及其在企业中的应用情况。

## 本章知识结构

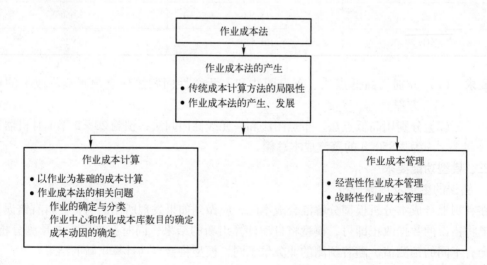

## 引言

近年来，科技发展迅猛，全球性竞争日趋激烈，企业经营管理处于动态多变的环境中，劳动密集型的生产方式已经逐渐被技术密集型生产方式替代，随之企业的成本结构发生了很大变化，直接成本的比重不断降低，间接成本的比重不断上升，多数企业的间接成本已占产品成本的一半甚至一半以上。大数据及工业 4.0 时代的到来，使得这种变化更为剧烈。传统的成本计算采用单一分摊基础，其计算结果误差越来越大，且没有找到成本发生的根源，无法为管理决策提供有用信息，作业成本法（activity – based costing，ABC）就是在这种情况下产生于美国的一种先进的管理思想和方法。本章主要介绍作业成本法的基本理论知识，为深入研究作业成本法打下基础。

# 3.1　作业成本法的产生

## 引例

### 宝田公司案例

宝田制造公司主要生产制药原料。它的一间分部工厂专门为消炎类药品厂商供应两种制药原料：A 和 B。A 是公司自行开发的产品，生产 A 的专利权已到期，市场竞争十分激烈。该厂多年以来生产 A，且 A 为唯一产品。直到 5 年前，才开始生产 B，B 工艺复杂且需特殊的搬运和生产准备。生产 B 的前三年，利润一直在增加。但近两年，工厂面临的竞争日益激烈，A 的销售量大幅下降。事实上，最近的一个报告期内工厂还出现了小额亏损。该厂经理认为竞争对手正以低于成本的价格出售 A——其原因可能是为了扩大市场份额。以下是工厂经理王浩和分部营销经理刘森之间的谈话，其中反映了两者在工厂前景及产品上的意见分歧。

刘森："王浩，分部经理对工厂的发展趋势很关心。他说在这样的竞争条件下，我们没有能力去继续经营亏损的工厂。上个月，我们的一家工厂就因无法竞争而倒闭了。"

王浩："刘森，我们的 A 产品质优价廉，而且是正宗产品，多年以来一直是主打产品。我真不明白这是怎么回事。"

刘森："我们刚刚接到了一位重要客户的电话，他说另一个公司 A 产品的报价为每千克10 元——比我们的要价约低 6 元。我们很难与这样的价格竞争，也许这个工厂真的过时了。"

王浩："我不这样认为。我们技术过关，效率较高，而 A 产品的成本是 10 元多一点，我真不明白那些公司为什么出价那样低？我们出不起这个价，也许我们应把产销重点放在 B 产品上。B 产品的毛利较高，而且没有竞争对手。我们最近提高了 B 产品的售价，而客户们一点都不在乎。"

刘森："你说得对。我想，把价格提得更高一些也不会丢掉生意。我给几个客户打了电话，说要提价 25%，他们都说仍要购买同样数量的 B 产品。"

王浩："听起来很好，不过，在我们下决定之前，最好找出其他的理由。B 产品的市场潜力比 A 产品小得多。我想知道我们的生产成本和竞争对手相比究竟怎样？也许我们可以提高效率，找到一个赢得 A 产品正常回报的办法。此外，工人们也不喜欢生产 B 产品，它的生产工艺太复杂。"

**思考**　为什么宝田制造公司的竞争对手对 A 产品的报价会低于宝田制造公司的价格，而对于 B 产品，宝田制造公司提高价格，仍然不失去市场？

### 3.1.1 传统成本计算方法的局限性

从第 2 章的学习可以看到在传统的成本计算方法中，无论是完全成本法还是变动成本法，对间接费用的分配往往是采用人工工时、机器工时等这些与产量密切相关的单一分配基础，因此有时也称传统的成本计算方法为"以数量为基础"的成本分配方法。随着制造环境的不断变化，出现了很多弹性生产环境，如适时制等先进生产环境，在这种新的生产环境下，以数量为基础的传统成本计算方法越来越显示出它的不适应性，这种不适应性主要体现在以下方面。

1. 分配基础愈发不合理

传统的分配方法是将间接费用运用单一的成本动因——直接人工或机器工时计算单一的分配率来分摊这些间接费用，这一方法在劳动密集型企业中是合理的。但随着高新技术的应用，企业经营环境也在发生着变化，主要表现在间接费用比重不断增大，多数企业的间接成本已占产品成本的一半甚至一半以上，而直接人工和直接材料的比重却在不断下降，因此间接费用的分配对产品成本的影响越来越大。

科技进步及其导致的资本密集，反映到生产工具上是设备价值的提高和经济寿命的缩短，设备价值提高和经济寿命缩短反映到会计上是单位会计期间内的固定资产折旧增加（制造费用增大）。科技进步的另一个后果是需要越来越多掌握现代科学技术的高素质生产人员，这些人区别于传统的生产人员，他们可以以一当十，其结果是传统方法下用以分配间接费用的直接人工工时大大减少。竞争对间接费用和直接人工工时也有类似的影响。间接费用增大和直接人工减少的双重作用，使传统成本分摊法的间接费用分配率很大，且生产自动化程度越高，分配率越大。过大的分配率在产品工时发生不大的误差时，就会导致产品成本的巨大误差。显然这不是产品的真实消耗，是由于成本分摊方法本身所造成的虚假现象。

总之，企业由劳动密集型转向技术密集型，企业的成本结构随之也发生了很大变化。同时随着与工时无关的成本的快速增加，用不具有因果关系的直接人工去分配这些费用，必定产生虚假的成本信息。

技术的进步导致产品生命周期的缩短，企业必须不断地开发新产品或开发原有产品的新功能，同时消费者市场需求的多样化和个性化，也促使企业不断开发能够满足消费者需求的产品，这样导致企业必须改变生产模式，把传统的单品种大批量生产模式转变为适应顾客需求的多品种小批量的生产模式，同时必须有新的财务信息系统与先进的制造模式相适应。不同的产品需要不同的生产过程，需要的人工、材料及耗费的其他费用也不一样。这样，与单个产品生产工时无关的费用，如设备调整准备费用、设计费用、试验费用等生产支持费用大大增加。很多生产支持费用与产出数量没有对应关系，如果把这些与产出数量没有对应关系的生产支持费用强行按生产工时分配，必然造成扭曲的分配结果。如某种产品使用的工时很多，但这种产品的质检费用非常低，在传统的成本分配方式下，该种产品根据其使用的生产工时分配的质检费用超过了其实际质检费用，在该种产品上强行多分配了质检费用，扭曲了成本的真实性。另外，目前资料统计不全面，以工时为基准的成本计算体系是建立在基本劳动时间上的，即以基本劳动时间作为分配基础。这里的基本劳动时间是按基本加工生产时间统计的，它不包括原材料的采购时间、搬运时间、质检时间、设备启动时间等，这些产品耗用工时的统计值远远小于实际值，从而进一步加大了成本的扭曲。

### 2. 成本扭曲的成本巨大

不正确的成本引起的错误成本是巨大的。如果高估产品成本，企业可能失去投标的机会；如果低估产品成本，企业将会遭受隐性损失。从企业竞争的角度看，能正确计算成本的公司比不能正确计算成本的公司具有更强的竞争优势。比如前面引例中提到的两种产品，A产品的成本被高估，进而导致公司的定价也偏高，产品的市场竞争力不如竞争对手；而B产品的成本被低估，导致公司的定价偏低，影响了公司的获利能力。再有，由于科学技术的飞速发展，缩短了产品的生命周期，因此企业在发现成本错误后，根本没有时间做出价格或成本计算的调整。

### 3. 传统成本信息无法满足定价决策的需要

传统的成本计算方法，无论是完全成本法还是变动成本法，计算出来的产品成本仅包含生产领域发生的成本。而企业要实现持续经营，其收入必须大于或等于成本支出，也就是说企业在进行定价等决策时，要考虑企业发生的全部支出，而不仅仅是生产领域发生的各项成本，因此，传统的成本方法提供的成本信息是不全面的，在进行定价等决策时需要"全成本"信息。

综上所述，传统的成本计算方法在先进的制造生产环境下显示出多种不适应性，在这种情况下，需要运用一种新的成本计算方法来解决这些问题，作业成本法就应运而生。

**小讨论** 引入作业成本法的目标是拥有最准确的成本计算方法吗？

## 3.1.2 作业成本法的产生、发展①

从第2章的学习中可以看到完全成本法强调的是成本与产品生产的关系，忽略了成本的数量变动关系；而变动成本法强调的是成本与产量之间的数量变动关系，却忽略了成本在产品生产中的作用，对成本动因的认识存在欠缺，实际上对成本的分析采用了单一动因。两种方法实际上都未弄清产品成本的真正形成原因，因此导致了产品成本核算中不同程度的偏差。在今天的现代化生产环境中，应用传统的成本计算方法，很可能会高估产量高、工艺简单的产品的成本，而低估产量低、工艺复杂的产品的成本。

**小讨论** 请解释出现这种现象的原因。

会计学家经过大量的研究发现：作业才是成本发生的根源。产品的生产过程是各种作业的过程。产品成本实质上就是制造、运送产品等所需的全部作业所耗费的全部资源的总和。所以，成本核算应以作业为基础，ABC因此而产生。作业成本法是基于作业的成本计算方法，指以作业为间接费用归集对象，通过资源动因的确认、计量，归集资源费用到作业上，再通过作业动因的确认、计量，将作业成本分配到成本对象上。

ABC的产生，最早可以追溯到20世纪美国杰出的会计大师Eric Kohler教授。他1952年编著的《会计师词典》中首次提到了作业、作业账户、作业会计等概念。1971年，George I. Staubus教授在《作业成本计算和投入产出会计》中对"作业""成本""作业会计""作

---

① 王平心. 作业成本计算理论与应用研究. 大连：东北财经大学出版社，2001.

业投入产出系统"等概念做了全面系统的讨论，这是理论上研究作业成本会计的第一部宝贵著作。

20 世纪 80 年代后期，随着以 MRP II 为核心的管理信息系统（MIS）的广泛应用，以及集成制造（CIMS）的兴起，使得美国实业界普遍感到产品成本信息与现实脱节，成本扭曲现象非常严重。美国芝加哥大学的青年学者 Robin Cooper 和哈佛大学教授 Robert S. Kaplan 在对美国公司调查研究之后，发展了 Staubus 教授的思想，提出了以作业为基础的成本计算方法，又称作业成本计算。随后，美国众多大学的会计学者和公司联合起来，共同在这一领域开展研究。

自 20 世纪 80 年代提出了 ABC 后，会计理论界对 ABC 研究兴趣持续高涨到 90 年代前期，在英美的《管理会计》《成本管理杂志》《哈佛商业评论》《注册管理会计师杂志》等会计刊物上发表的 ABC 论文数以百计。其后，由于种种原因一些公司在应用 ABC 后又放弃使用 ABC，使得理论界对 ABC 的研究一度趋于冷淡，也有人发表文章对 ABC 的正确性、适用性提出了质疑。但是随着 ABC 在越来越多的公司、行业的应用，特别是 ABC 应用软件的开发应用，ABC 又进入了一个新的发展期。

ABC 在实务界的应用发展相对于理论界是稳步前进的。Krumwiede 对 1996 年美国管理会计学会成本管理组的资料进行研究和整理得出，ABC 在美国公司应用的统计分析，如表 3 – 1 所示。从表中可以看出，一方面随着时间的推移，公司趋于理智地选择适合自己的会计方法；另一方面也说明同其他所有的优秀方法一样，ABC 有其成功应用的条件，不能生搬硬套。

表 3 – 1    ABC 在美国公司应用的统计表

| 类别 | 1990 年 | 1996 年 |
| --- | --- | --- |
| 未考虑 ABC 的公司 | 70% | 21% |
| 正在评定 ABC 的公司 | 19% | 25% |
| 已评定但拒绝 ABC 的公司 | | 5% |
| 已采纳 ABC 的公司 | 11% | 49% |
| 合计 | 100% | 100% |

目前，ABC 的应用已由最初的美国、加拿大、英国迅速地向欧美其他国家以及澳洲、亚洲各国家扩展。在行业领域方面，也由最初的制造行业扩展到商品批发业、零售业、金融、保险机构、医疗卫生等公用品部门，以及会计师事务所、咨询类社会中介机构等。据 Foster 等人研究，在公司内部会计和财务是使用 ABC 信息最多的两个部门，其他按使用频率依次为生产、产品管理、工程设计和销售部门。ABC 应用最重要的决策领域是在确认公司发展机会、产品管理决策和作业过程改进决策等方面，应用最多的业务领域包括生产加工、产品定价、零部件设计和确立战略重点等方面。

自 20 世纪 80 年代末美国 ABC 研究兴起不久，余绪缨教授便在《会计研究》杂志发表文章向国内介绍 ABC。之后，国内不少刊物刊载了介绍 ABC 的文章。近年来，国内刊物有关 ABC 的文章已从理论介绍性开始向应用研究方向发展，其中不乏关于 ABC 在中国现阶段是否适用的争论。从应用上看，国内一些企业也开始尝试并成功地使用了这种方法和它的管理理念，虽然有些企业只是在局部领域使用该方法，但不可否认的是，作为一种先进的管理方法，ABC 在国内企业的普遍应用将是历史发展的必然。

# 3.2 以作业为基础的成本计算

## 3.2.1 作业成本法成本分配的基本流程

ABC 是一种基于产品或服务对作业的消耗而导致资源的消耗，从而将成本分配到产品或服务的成本计算方法。与传统成本计算方法不同的是：传统成本计算方法是一步把资源越过作业分配到成本计算对象，作业成本法的基本原理是在资源和最终成本对象之间引入了一个中介——作业，如图 3-1 所示。

图 3-1 作业成本法原理图

传统的成本计算系统可简单地用图 3-2 表示；作业成本计算系统可简单地用图 3-3 表示。

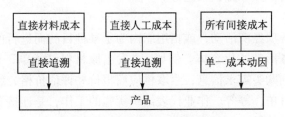

图 3-2 传统的成本计算系统

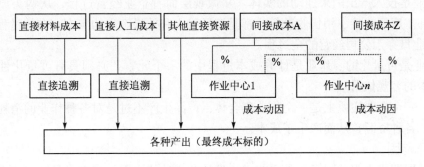

图 3-3 作业成本计算系统

ABC 的理论核心是"作业消耗资源，产出消耗作业"的二阶段成本法。计算按如下的两步骤进行：第一步，确认作业、主要作业、作业中心，按同质作业设置作业成本库，以资源动因为基础将间接费用分配到各个作业成本库；第二步，以作业动因为基础将作业成本库中的成本分配到最终产出。在分配间接费用时，ABC 首先要确定成本动因，并利用成本动因计量成本对象对资源的使用情况。根据"谁受益谁承担"的原则，成本对象按其从中的受益比例承担相应的费用比例。

## 3.2.2　作业成本法涉及的基本概念

在作业成本法中涉及几个基本的概念，对于进一步了解作业成本法有非常重要的作用。

1. 资源

资源是指作业实施中所运用的经济要素。它是一定期间内为了生产产品或提供服务而发生的各类成本、费用项目，或者是作业执行过程中所需要花费的代价。典型的资源项目如企业生产过程中消耗的原材料、辅助材料、燃料、动力、人工及所使用的固定资产、办公费、修理费、运输费等。与某项作业直接相关的资源应该直接计入该作业，如果一项资源支持多种作业，那么应当使用资源动因将资源分配进入各项相应的作业中去。

2. 成本标的

成本标的即成本对象，是经济组织执行各项作业的原因，是归集成本的最终点，可分为最终成本标的和中间成本标的。最终成本标的是企业的最终产品或劳务，也就是企业的最终产出；中间成本标的是指在企业内部分配和归集成本、费用的对象，主要指作业或作业中心。在作业成本法下，成本标的具有普遍性，也就是说，成本系统设计者可以选择任何东西作为成本标的。一般而言，成本标的与企业目标相联系，例如企业目标是优化产品组合，这个目标需要可靠的产品获利信息，那么产品就可定义为成本标的。典型的最终成本标的有产品、顾客、服务、销售区域和分销渠道等。

3. 作业

作业是指企业的各项经济活动，或指组织内为了某种目的而进行的消耗资源的活动，同时是相关的一系列业务活动的集合体。例如，"发出原材料订货单"的活动包括以下作业：从原材料使用部门收到购买需求信息，索取供应商报价并评估价格，编制比较分析表，选定供应商，编制并发出订单，等等。作业代表组织实施的工作，是连接资源与最终成本标的的桥梁。作业有三个基本特征。

① 作业是投入产出因果连动的实体。从微观层面看企业经营过程，从购买原料、投入生产、内部工序间交接、销售收款等，都是资源投入和效果产出的实实在在的过程。

② 作业贯穿于公司经营的全过程。

③ 作业是可量化的。作业是计算成本过程中的一个元素，必须具有可量化性，同时又是计算成本的客观依据。

总之，一个企业实质上是一个作业集合体，产品生产不过是对各种作业的消耗，作业的执行消耗了各种资源，从而产生了成本。

4. 成本动因

成本动因即成本驱动因素，是引起成本发生和变动的原因，或者说是决定成本额与作业量之间的内在联系的根本原因。成本动因是 ABC 系统的出发点，是 ABC 系统分配成本的依据。成本动因包括资源动因和作业动因。

（1）资源动因

资源动因是衡量资源消耗量与作业之间关系的某种计量标准，反映了消耗资源的起因，是将资源成本分配到主要作业和作业中心的依据，如厂房面积是厂房折旧、租金等的成本动因，厂房价值是保险费的成本动因。它是将一项作业所消耗的资源成本分配给某一作业中心的根本原因。

（2）作业动因

作业动因是指作业发生的原因，是最终成本对象对作业需求的程度，反映了产品生产与作业量之间的关系，是将作业中心的成本分配到最终成本对象的依据，也是将资源消耗与最终产出沟通的中介。不同产品对加工作业次数的需求不同，应分配的消耗就不同。例如，领料单是材料处理成本的作业动因，设计产品品种数目是产品设计作业的作业动因。它是将某一作业成本分配给成本对象的驱动因素。

5. 作业中心

作业中心是成本归集和分配的基本单位，是一系列相互联系、能够实现某种特定功能的作业集合。它可由一项作业或一组作业组成。例如，原材料采购作业中，材料采购、材料检验、材料入库、材料仓储保管等都是相互联系的，并且都可以归类于材料处理作业中心。把相关的一系列作业消耗的资源费用归集到作业中心，构成该作业中心的作业成本库，作业成本库是作业中心的货币表现形式。

## 3.2.3　作业成本计算的步骤

具体实施 ABC 一般分为以下几个步骤。

首先，确定资源成本及作业中心。这个过程涉及作业的确认及合并。在企业确定的作业中，有些是同质的，也就是说处于同一作业水平，消耗一样的资源，这样，可将它们合并为一个作业中心，共享一个成本动因。

其次，将投入的成本和资源分配进入作业中心，形成作业成本库。这一步是要确定资源动因，反映的是"作业消耗资源"。

最后，将各个作业成本库的成本分配到成本对象。这一步是要确定作业动因，反映的是"产出消耗作业"。

下面以宝田公司为例，逐步分析各个步骤。

1. 确定资源成本及作业中心

进行成本核算首先要确定企业的资源成本及进行作业分析。资源成本是企业为完成各种作业而消耗的经济要素，它们都会在财务会计的总账和各种分类账中反映。要认识和了解企业实际存在的各种作业，就需要全面了解企业生产经营布局和程序、分析企业的有关流程图等。具体到每个企业的作业划分，可根据企业的规模和条件灵活变通，比如小型企业可将整个采购过程作为一项作业，而大型企业则可能将采购过程划分为请购申请、评估报告、签订合同等多项作业。作业划分越细，越有利于成本管理，核算结果也越准确，但核算过程就会越复杂，且核算成本也越高。

一个企业内部的作业种类少则成百上千，多则成千上万，若按照每种作业来进行第二阶段的分配，工作量巨大，因此在确定了资源成本和作业之后，为了尽量简化成本核算，还应将同质的作业按照重要性原则和相关性原则组成一系列的作业中心。（关于作业中心的划分将在3.3节详细讨论）

续3.1节引例，王浩和刘森会谈之后，王浩要求对生产成本和效率展开调查，并聘请了独立的顾问人员。经过三个月的调查评估，顾问组确定该公司有以下几个作业中心：生产准备作业中心、机械作业中心、验收作业中心、工程作业中心、材料搬运作业中心。调查数据如表 3 - 2 所示。

表 3 - 2　调查数据表

| 项目 | A | B |
|---|---|---|
| 产量/kg | 1 000 000 | 200 000 |
| 售价/（元/kg） | 15.95 | 12.00 |
| 单位制造费用/（元/kg）* | 6.41 | 2.89 |
| 每千克直接成本/元 | 4.27 | 3.13 |
| 生产循环次数/次 | 100 | 200 |
| 验收通知单/张 | 400 | 1 000 |
| 机器工时/h | 125 000 | 60 000 |
| 直接人工工时/h | 250 000 | 22 500 |
| 工程工时/h | 5 000 | 5 000 |
| 材料搬运次数/次 | 500 | 400 |

\* 由以直接人工工时为基础的全厂分配率计算而来，这是目前分配制造费用的方法

**小测验**　请验证顾问组报告的单位制造费用，并计算每种产品的单位毛利。

2. 将投入的成本和资源分配进入作业中心，形成作业成本库

作业的消耗导致资源的消耗，按照资源动因，资源成本可以通过追溯法分配给各主要作业和作业中心，对于不能直接追溯的资源成本，可以采用其他资源动因分配计入。比如一般人力资源成本，其资源成本动因可以确定为某作业中心的人员数量。该步骤主要是确定资源动因，确定了资源动因后，按照下面的公式进行资源成本向作业中心的分配：

资源动因分配率 = 资源成本/一定期间各作业消耗的资源动因总和

作业中心分配到的资源成本 = 资源动因分配率×该作业中心消耗的资源动因数量

续前引例，宝田制造公司顾问组根据相同的工序、作业水准和消耗比率，把全厂作业分成几个同质作业库。同时根据资源动因将相应的资源成本计入相应的作业中心，在此例中，未给出确定的资源动因及将资源成本按照资源动因分配给相应的作业成本库的过程，为了简便起见，直接给出结果。顾问组将公司制造费用确认成 5 个作业成本库：生产准备成本库、机械成本库、验收成本库、工程成本库、材料搬运成本库，相应的作业成本库的有关成本如表 3 - 3 所示。

表 3 - 3　成本表　　　　　　　　　　　　　　　　　　　元

| 制造费用 | 成本 |
|---|---|
| 生产准备成本 | 240 000 |
| 机械成本 | 1 750 000 |
| 验收成本 | 2 100 000 |
| 工程成本 | 2 000 000 |
| 材料搬运成本 | 900 000 |
| 合计 | 6 990 000 |

3. 将各个成本库的成本分配到成本对象

根据产品对作业的需要，将作业成本分配到产品中，汇集计算产品成本。这一分配过程是建立在作业与成本动因的因果关系的基础上，而不是简单地选择某一数量基础的标准如直接人工工时、机器工时等进行间接成本的分配。作业成本的分配是按照作业动因进行的，企业普遍存在的作业动因有直接人工工时、机器工时、产品数量、准备次数、返工数量、订购次数、检验次数等。成本按照所采用的作业的比例分配给每件产品。该步骤主要是确定作业动因，确定了作业动因后，按照下面的公式进行作业成本库成本向产品的分配：

作业动因分配率 = 作业成本库成本/一定期间各产品消耗的作业动因总和

产品分配到的作业成本库成本 = 作业动因分配率 × 该产品消耗的作业动因数量

续前引例，对于确定的作业成本库而言，相应地需要确定它们的作业动因，以进一步地将作业成本库的成本分配到产品上。表3-4是为各项作业中心确定的作业动因。

表3-4 作业动因表

| 作业成本库 | 作业动因 |
|---|---|
| 生产准备成本库 | 生产循环次数 |
| 机械成本库 | 机器工时 |
| 验收成本库 | 验收通知单 |
| 工程成本库 | 工程工时 |
| 材料搬运成本库 | 材料搬运次数 |

根据前面第一步骤顾问组收集的相关信息，将作业动因数量列在表3-5中。

表3-5 作业动因数量表

| 作业动因 | A | B | 合计 |
|---|---|---|---|
| 生产循环次数 | 100 | 200 | 300 |
| 验收通知单 | 400 | 1 000 | 1 400 |
| 机器工时 | 125 000 | 60 000 | 185 000 |
| 直接人工工时 | 250 000 | 22 500 | 272 500 |
| 工程工时 | 5 000 | 5 000 | 10 000 |
| 材料搬运次数 | 500 | 400 | 900 |

根据以上的资料，可以得到相关的作业成本分配率，如表3-6所示。

表3-6 作业成本分配率表

| 制造费用 | 成本/元 | 作业动因 | 单位作业动因成本/元 |
|---|---|---|---|
| 生产准备成本 | 240 000 | 300 | 800 |
| 机械成本 | 1 750 000 | 185 000 | 9.46 |
| 验收成本 | 2 100 000 | 1 400 | 1 500 |
| 工程成本 | 2 000 000 | 10 000 | 200 |
| 材料搬运成本 | 900 000 | 900 | 1 000 |
| 合计 | 6 990 000 | | |

根据 A 和 B 分别消耗的作业动因数量，分配作业成本库的成本，得到表 3 – 7。

**表 3 – 7　作业成本库的成本分配表**　　　　元

| 制造费用 | A | B | 每千克 A | 每千克 B |
|---|---|---|---|---|
| 生产准备成本 | 80 000 | 160 000 | 0.08 | 0.80 |
| 机械成本 | 1 182 500 | 567 500 | 1.18 | 2.84 |
| 验收成本 | 600 000 | 1 500 000 | 0.60 | 7.50 |
| 工程成本 | 1 000 000 | 1 000 000 | 1.00 | 5.00 |
| 材料搬运成本 | 500 000 | 400 000 | 0.50 | 2.00 |

综合以上资料，可以得出在作业成本法下 A 和 B 的单位产品成本，如表 3 – 8 所示。

**表 3 – 8　单位产品成本表**　　　　元

| 项　目 | A | B |
|---|---|---|
| 每千克主要成本 | 4.27 | 3.13 |
| 生产准备成本 | 0.08 | 0.80 |
| 机器成本 | 1.18 | 2.84 |
| 验收成本 | 0.60 | 7.50 |
| 工程成本 | 1.00 | 5.00 |
| 材料运输成本 | 0.50 | 2.00 |
| 总计 | 7.63 | 21.27 |

从表 3 – 8 可以看到，对于 A 产品，其单位产品成本的组成项目是：每千克的主要成本 4.27 元，生产准备成本 0.08 元，机器成本 1.18 元，验收成本 0.60 元，工程成本 1.00 元，材料运输成本 0.50 元，总共 7.63 元；对于 B 产品，其单位产品成本的组成项目是：每千克的主要成本 3.13 元，生产准备成本 0.80 元，机器成本 2.84 元，验收成本 7.50 元，工程成本 5.00 元，材料运输成本 2.00 元，总共 21.27 元。

在此例中，将传统成本法和作业成本法的计算结果进行比较，如表 3 – 9 所示。

**表 3 – 9　产品成本比较表**　　　　元

| 项　目 | A | B |
|---|---|---|
| 报告的产品成本 |  |  |
| 　传统成本法 | 10.68 | 6.02 |
| 　作业成本法 | 7.63 | 21.27 |
| 实际销售价格 | 15.95 | 12.00 |

在作业成本法下，A 产品的单位成本低于传统成本法下的成本，而 B 产品的单位成本则高于传统成本法下的成本。由此也可以看到原来的定价存在很大的问题，进而企业对于每种

产品的盈利水平的判断可能出现偏差。

**思考题** 针对以上得到的结果，你能回答3.1节引例中的思考题吗？假如你是王浩，你会采取什么样的策略？

## 3.2.4 作业成本法与传统成本计算方法的比较

在传统成本核算制度下，成本计算的目的主要是通过各种材料、费用的分配和再分配，最终计算出产品生产成本；在作业成本核算制度下，发生的间接费用或间接成本先在有关作业间进行分配，建立成本库，然后再按各产出（各成本标的）耗用作业的数量，把作业成本计入产出成本。作业成本核算与传统成本核算的区别主要表现为以下几个方面。

1. 成本核算对象不同

传统成本核算的对象是产品，作业成本核算的对象首先是作业。作业是企业为提供一定量的产品或劳务所消耗的人力、技术、原材料、方法和环境的集合体。把作业成本计算清楚后，再计算产出（成本标的）成本。

2. 成本计算程序不同

在传统成本核算制度下，所有间接生产成本通过唯一的费用分配率分配到产品中去。与传统成本制度相比，作业成本制度要求首先要确认费用单位从事了什么作业，计算每种作业所发生的成本；然后，以某种产出对作业的需求为基础，将成本追踪到各种产出，即作业成本法由两个阶段组成。作业成本计算方法强调的是直接追溯和成本动因追溯，依据因果关系，而传统成本计算方法则趋向于采用一步分摊法，很大程度上忽视了因果关系。

3. 成本核算范围不同

在传统成本核算制度下，成本的核算范围是产品成本。在作业成本核算制度下，成本的核算范围有所拓宽，建立了三维成本模式：第一维是产出层次的成本，第二维是作业层次的成本，第三维是动因层次的成本。作业成本制度下产出的这三维成本信息，不仅消除了传统成本核算制度造成的成本信息扭曲现象，而且能够提供形成产出的过程信息，进而帮助企业管理当局作出改善作业和经营过程的决策。

4. 费用分配标准不同

两种方法计算上的主要差异与所使用的成本动因的性质和数量相关。在传统成本核算制度下，间接费用或间接成本的分配标准是人工工时或机器工时。在作业成本核算制度下，首先要确认费用单位从事了什么作业，计算每种作业所发生的成本；然后，以成本标的对这种作业的需求为基础，经过原材料、燃料和人力资源转换成成本标的的过程将成本追踪到成本标的。在这一过程中既使用数量分配基础，如工时、产量等，又使用非数量分配基础；既使用财务数据，又使用非财务数据。这些成本动因必须反映一定的因果关系。从实务角度看，这些成本动因必须能解释大部分的作业成本变动。因而作业成本采用的分配基础是作业的数量化，依据多个成本动因进行分配。

作业成本法与变动成本法相比，最大的区别在于作业成本法承认多个成本动因，对不同的间接费用采用不同的动因进行分配，而变动成本法将分配问题简化为只使用一个成本动因去解决。因此，ABC计算的成本信息更准确。

### 5. 提供的信息不同

从管理角度看，作业成本法不仅提供了更为准确的产品成本信息，而且还提供了作业及资源的成本与业绩的信息，并可准确地将成本追溯至除产品之外的成本对象（诸如顾客、供应商等），为企业的各项经营决策，如开拓新的市场、选择供应商，提供有用信息。而传统成本法除了可以提供产品成本信息外，不能提供其他的信息，从而限制了它的应用。

**资料专栏**　许多公司在考核评价管理者时，会考虑他们所管理部门的收益，因此，管理者会以收益的增长为前提采取相应的管理措施。在计算收益时，需要选择合适的产品成本计算方法。管理会计中有很多成本计算方法，不同的成本计算方法会影响产品成本的高低，进而影响收益的大小。在成本计算中，成本分配和成本计量都会对成本计算的结果产生影响。

### 1. 成本分配

美国著名会计学家 Charles T. Horngren 认为：成本分配是把一项成本或者一组成本分配和再分配给一个或几个成本目标。成本分配问题决定成本计量的精确度，要求成本分配方法要合理且有逻辑。也正因为如此，成本分配问题是成本管理的核心难题，纵观成本会计的发展史，成本会计的每一次重大发展都与成本分配有关。

一般说来，成本分配的方法有三种：直接追溯法、动因追溯法和分摊法。直接追溯是指将与某一成本对象存在特定的或者实物联系的成本直接确认分配至该成本对象的过程。这一过程通常可以通过实地观察来实现。例如，考察生产产品的原材料和人工，由于原材料和人工都可以进行实地观察，因而它们的成本可以直接地追溯于某件产品。动因追溯是指使用动因将成本分配至各成本对象的过程。尽管它不如直接追溯法准确，但如果因果关系建立恰当的话，成本归属仍有可能达到较高的准确性。分摊是指当成本与成本对象之间没有因果关系，或追溯不具有经济可行性时，在简便原则或假定联系的基础上，把间接成本分配至各成本对象的过程。

三种方法中，直接追溯法最准确，它依赖于可实际观察的因果联系。动因追溯法依赖于成本动因将成本分配至各个成本对象，动因的选择合理与否直接影响分配的准确性。分摊法虽然简单且操作成本低，但却是三种方法中最不准确的，应尽可能避免使用。

在许多情况下，提高成本准确性所带来的收益在价值上超过了与动因追溯相关的额外计量成本。每个企业都希望能够更加精确地获得各个成本计算对象的成本。但是，计量活动有计量成本，也就是说企业要在计量成本与失误成本之间进行权衡。计量成本是因成本管理系统所要求的计量活动而发生的成本。失误成本是与在不精确的产品成本的基础上做出错误决策相关的成本。在理想状态下成本管理系统应能够使计量成本和失误成本的总和最小。但这两种成本是此消彼长的关系，更加复杂的成本管理系统产生较低的失误成本但会有更高的计量成本。实际上，在很多情况下，提高成本准确性所带来的收益在价值上超过了与动因追溯相关的额外计量成本。这也解释了为什么很多企业仍然采用比较简单的成本管理系统。

成本分配基础的理想标准是成本与分配对象之间有明确的因果关系。目前，大多数的成本分配，特别是那些间接费用的分配，都是建立在因果关系很不明确的分配标准上的。只有不断探索成本分配对象与所发生成本之间的因果关系，取得更有效的分配标准，采取更科学的分配方法，才能最终解决成本计算失真的问题。近年来，新信息技术的发展降低了计量成本，数据的收集和计算变得容易，使得更精确也更复杂的成本管理系统的开发与应用越来越普遍。

2. 成本计量

在解决了成本分配问题后，任何一个成本项目的计算均可以用"用量×相应单价"的模型来确定。具体计算时，量与价格通常可以按照两种尺度计量，即实际水平和标准水平。不同的管理需求需要的信息不同，在计量成本时出于计算目的的不同，选取的尺度就有所不同。比如某家具厂生产办公桌和办公椅，计算办公桌的成本时，直接成本如直接材料、直接人工采用直接追溯法分配至成本对象，间接费如制造费用需要采用动因追溯法或者分摊法在办公桌和办公椅之间进行分配，在完成这一步骤后，办公桌的成本模型如下：

$$办公桌成本 = 直接材料耗用量×材料单价 + 直接人工工时×小时工资率 + \sum（各项用量×相应单价）$$

如果公司需要了解生产办公桌的实际成本，则应基于实际用量与实际价格确定；在编制预算时，办公桌的预算成本应该采用标准用量及标准价格确定；在寻找实际成本与标准成本的差异原因时，需要采用实际用量与标准价格确定的成本信息进行分析。

# 3.3 作业成本法的相关问题

在运用作业成本法的过程中，准确地辨析各项作业、恰当地组合作业成本库及合理地确定成本动因对于成本计算的准确性有很大的影响，同时也在一定程度上决定了作业成本制度实施的成本。

## 3.3.1 作业的确定

作业成本法的核心是作业，因而作业确认是构造作业成本制度的第一步，包括对组织内部执行的工作、涉及各类资源消耗的工作或行为进行观察，并加以列示。

作业的确认可以采用调查表法和座谈法来确定。调查表法是通过向全体员工发放调查表，分析归纳调查表来确定主要作业的方法。内容主要是让员工估计他们在表中所列出的作业中实际消耗时间的比率，以及其他重要的活动。针对不同的调查对象，表格的内容应有所区别。例如，发放给生产人员的表格与发放给管理人员的表格内容应该是不同的。座谈法是与被调查者面对面交谈的方法。这种方法主要用于从部门经理了解信息，整体确认一个企业内部的某一个组织（如某个管理部门或车间）的作业。在设计调查内容和座谈内容时应注意从业务经营角度出发定义作业，应包括组织所进行的用以满足顾客需要的所有活动。在进行调查时可能会遭到员工的抵触，因为员工常常认为实施 ABC 就意味着削减成本和工作职位。在这种情况下，公司应该向员工清楚地解释实施 ABC 的目的。

**小讨论** 你能总结一下实施 ABC 的目的吗？

作业一经确定，便可以列示在作业清单中。表 3-10 就是一份简要的作业清单。产品或服务的作业清单全面地列示了生产该产品或服务所需要的作业。一份编制合理的作业清单可以把企业生产加工过程和经营活动显现出来，这也将为作业流程的改造提供依据。

表 3 – 10　作业清单

| 序号 | 作业 |
|---|---|
| 1 | 订购材料 |
| 2 | 验收材料 |
| 3 | 检验产品 |
| 4 | 进行新的生产准备 |
| 5 | 收集工程数据 |
| 6 | 转移材料 |
| 7 | 包装产品 |
| 8 | 运送产品 |

## 3.3.2　作业的分类

列出作业清单后，需要进一步对作业进行分类，以便寻找成本动因。

作业可以从不同的角度进行分类。Cooper 及 Kaplan 将作业分为以下 4 类。

① 单件层次作业。该类作业是指每生产单位产品便相应进行一次的作业，如每生产一单位产品就需耗用电力及机器工时。单位水平作业所耗用的资源量是同产品产量和销量成比例的。

② 批别层次作业。该类作业是指每生产一批产品便相应执行一次的作业，其成本随批数的变化而变化，但对每批产品而言，成本则是固定的，如生产准备、产品检验等属于批别层次作业。

③ 产品维持层次作业。该类作业是指公司内为维持多种产品的生产而需执行的作业，这些作业消耗着那些用来开发产品或生产和销售产品的各类投入，其作业量与相应的成本均随不同产品品种的增加而增加，如工程的变动、产品测试程序的开发、产品的营销、过程设计及产品的紧急交货等均是产品维持层次作业。

④ 设施层次作业。该类作业是指为维持企业的生产经营活动而需要进行的作业。设施层次作业是支持一般管理流程的作业，在某种水平上有益于整个企业，并不针对任何具体产品，一般只有在企业规模发生变化时才可能发生变化。常见的设施层次作业有厂部管理、土地规划、安全设施、管理人员的配备等。

**小讨论**　3.1 节案例中宝田公司的各个作业成本库应该属于哪种层次的作业？

## 3.3.3　作业中心和作业成本库数目的确定

在实施 ABC 的第一个步骤中，首先确定了很多作业。为了建立合理可行的成本计算系统，需要把大量次级作业按一定的原则合并为若干个一级作业，建立作业中心。在早期使用 ABC 的企业里，一些作业基础成本系统包括了上百个作业成本库，这么多的成本库会使工作很不方便而且增大运行成本，因此需要合理确定作业中心和作业成本库的数目。

1. 影响作业中心、作业成本库数目的因素

从纯粹计算产品成本这一目的出发，应考虑以下因素来决定作业中心和作业成本库的数量。

① 性质相同的作业可以归并为一个作业中心。性质相同的作业指工艺接近、工作场地

相邻的作业，这一类性质相同的同质作业可以合并为一个作业中心。

② 作业成本库应有适当的规模。一方面，作业成本库的金额应足够大，这样使用复杂的 ABC 才有其合理性，而金额过小的成本库是不必要设置的。但另一方面，过大的作业成本库采用代表成本动因分摊成本，其分配率较高，容易造成成本扭曲，在这种情况下，应将其适当分解为多个成本库。作业成本库的规模不应仅仅考虑其成本金额的大小，还应参考成本库资源价值与总资源价值之比来确定。

③ 具有量的同质性的作业可以合并为一个作业中心。在进行成本动因分析时，如果确定若干项作业的主要成本动因是同一个动因，则可以将这些作业合并为一个作业中心。

2. 确定适当的作业中心、作业成本库数目

作业中心的划分应依据以下两个基本原则。一是重要性原则，即应考虑各项作业在现在和将来的重要程度。作业的重要程度主要取决于作业耗费的大小和其在产品生产过程中的地位。如果某项作业是重要的，或者将成为重要的，则应将其作为一个单独的作业中心；反之，则可与其他作业合并为一个作业中心。二是相关性原则，即组成作业中心的作业必须是相关的，其相关性主要体现在：具有相同的成本驱动因素和相同的成本分配率。比如，作业中心可分为单件层次作业中心、批别层次作业中心、产品维持层次作业中心、设施层次作业中心四类。

值得一提的是，在压缩作业中心和作业成本库数量时，应注意减少作业中心、作业成本库数量对产品/服务（各种产出）成本计算准确性的影响，并且要考虑基层部门内部控制的需要。如果不同产品耗用的作业及资源具有多样性，那么不加区别地合并这些作业及其资源费用，将导致成本的不准确；如果需要加强基层部门成本控制，作业中心及作业成本库就不宜划得过粗。企业可以根据自己的具体情况确定作业成本库的数目。

## 3.3.4 成本动因的确定

实施 ABC 的第二步骤和第三步骤，其核心就是确定资源动因和作业动因，统称为成本动因的确定。

**小案例** **惠普公司的成本动因**[①]

惠普公司 Boise Surface Mount 中心制造多种不同的电子线路板。这些电路板会用于惠普公司其他部门生产的个人计算机中。惠普公司生产电路板所使用的成本动因如下：

电路板表面放置的零件数量；

插入电路板孔中的零件数量；

手工放置而不是自动放置零件所需要的时间（以分计算）；

电路板上特殊元件的数量；

生产安排时间（以时计算）；

生产准备时间（以分计算）；

测试和再加工时间（以分计算）。

应当注意，成本动因分析并非作业成本法所特有的。传统的成本制度采用单一的成本动

---

① 希尔顿. 管理会计学：在动态商业环境中创造价值. 阎达五，李勇，译. 北京：机械工业出版社，2003.

因分析方法将成本分配到产品中，如生产量或销售量。在进行成本动因分析时，动因数量并非越多越好，还需要考虑以下因素。

1. 成本动因确定的相关因素

不管选择什么方法确定成本动因，在确定时应考虑以下因素。

（1）相关性

作业成本计算的核心观点就是按照每件产品消耗的某一项作业动因的多少，将该作业的成本分配给产品。该法的思想是通过观察每件产品消耗的成本动因数，推导出产品消耗的作业数。因而，成本分配结果的准确性取决于作业消耗量和成本动因消耗量的相关程度。相关程度越高，分配的结果越接近实际。

（2）成本效益原则

设计任何信息系统都要权衡成本与效益。作业成本计算方法中作业成本库越多，成本分配越准确，但是涉及的成本动因种类也越多，需要更多的成本去支持这些成本动因信息的获取。这就需要在成本和效益中进行权衡，选择恰当的成本动因数。

（3）考虑决策者的行为

新的成本计算系统的应用会对决策者的行为产生影响，这种影响可能是正面的，也可能是负面的。例如，在考查采购人员的差旅费用时，出差的次数可能是要考虑的成本动因，那么采购部门的经理可能要求采购人员减少出差次数，而加大每次的采购量，但这样做可能会加大库存成本。因此在辨认成本动因时，ABC 分析人员应该考虑可能出现的行为后果。

2. 最优成本动因的选择①

在建立了作业中心后，归集同质作业成本为作业成本库后，需要从作业成本库多个作业动因中选择出恰当的作业动因作为该成本库的代表成本动因，并计算成本动因分配率。从若干备选项中选择一项作业动因可以用统计方法或分析判断法。

（1）回归法

这种方法是对每一备选项进行统计回归分析，把作业动因作为独立变量，成本作为因变量进行回归。当某项作业动因与作业成本库成本的相关系数数值较大（如大于 0.9）时，可以用该作业动因作为该作业成本库的代表成本动因。回归分析中得到的常数项，说明成本在某种程度上是固定的，不管成本动因如何变化，该部分成本始终不变。回归分析可以用企业连续几个月的数据进行，或使用行业平均数据进行分析，以确保作业和成本的时间相关性。应用回归分析法的主要问题，一是所需的数据不一定都能取得，二是实施成本较高。

（2）分析判断法

这种方法是通过分析，把相关资源价值最大、具有典型代表性的作业动因选出来作为成本库的代表成本动因。向此级作业的管理者征求意见可以提高所选成本动因的可靠性。如果不止一个作业动因显示出长期有效，且相关资源金额较大，也不妨将作业成本库分为几个次级作业成本库，分别选择不同的成本动因用于各个次级作业成本库。

成本动因的确定问题一直是管理会计界不断研究的问题，在实际操作中，如何去寻找代表性的成本动因及需要多少个成本动因，并没有唯一的标准，不同的行业有自己的特点，需要针对自己的实际情况去寻找成本动因。

---

① 王平心. 作业成本计算理论与应用研究. 大连：东北财经大学出版社，2001.

小提示　　　　　　　　　　　**作业成本法与资源利用**

最初的作业成本系统几乎总是在计算历史作业成本动因率，其基础数据是上期发生的实际供应资源的费用和实际的成本动因量。但作业成本系统不应被看成是一种历史成本系统。它应该是能够预测当期或未来期间的成本，满足决策需求的成本系统。而不仅仅是更好地分配过去的成本。这些成本信息能够影响决策的结果，为了这个目的，作业成本动因率应该运用下期的费用预算数据进行计算。

除了运用预算费用信息外，作业成本动因率的计算也应该考虑企业资源的利用效率。当资源的利用程度不同时，计算出来的作业动因率也有所不同。考虑资源的不同利用程度，能够得到对作业成本动因率更为精确的估计，另外，不同的计算结果使企业能够识别已耗用资源的成本和过剩生产能力的成本。当管理层对流程改进、产品、客户和投资新的生产能力等进行决策时，这种信息能够提供有力的支持。

# 3.4　作业成本管理

管理者每天关注的重点是管理活动而非成本，由于作业成本系统是以作业为基础的，其在组织中的意义已经完全超出了成本计算准确性要求的这个范畴，而已深入到企业作业链——价值链的重构，乃至企业组织结构设计等问题中。利用充分的作业成本信息来帮助制定决策和提高一个组织的经营控制能力，就是作业成本管理（activity - based management，ABM）。ABM 以提高客户获取的价值和通过把握战略及经营中的机会提高利润为目的，也就是说，组织以较低的成本（组织资源的较少耗费）实现同样的成果（如收入）。ABM 通过经营性作业成本管理和战略性作业成本管理实现这个目标。

## 3.4.1　经营性作业成本管理

经营性作业成本管理包括为提高效率、降低成本、提高资产利用率而采取的行动，也就是说"正确地做事情"。经营性 ABM 把对组织作业的要求视为既定的，并试图用尽可能少的组织资源来达到这个要求。经营性 ABM 的效果体现在成本节约（通过减少资源投入）和成本避免（因为已有资源的生产能量的扩大，避免了人力和资本的追加投资）。

经营性 ABM 实际上是基于作业成本计算的信息，把管理深入到作业的必然结果，具体而言，作业管理涉及两个维度：成本维度和过程维度。作业管理模型如图 3-4 所示。

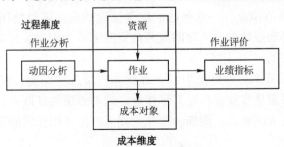

图 3-4　作业管理模型

第一个维度——成本维度，提供关于资源、作业、产品和顾客（以及其他可能有用的成本对象）的成本信息。正如图 3-4 模型所示，将资源的成本追溯到作业，然后将作业成本分配给产品和顾客。这种作业成本计算维度有助于产品成本计算、战略成本管理及战术性分析，为过程维度提供重要信息。第二个维度——过程维度，首先确认引起作业成本的因素（解释为什么发生成本），其次是确定做了什么工作（确定作业），最后评价工作的计划与结果（作业完成得怎么样）。正是这一维度实现了以作业为核心进行作业分析的价值链的持续优化过程。对于第一个维度的问题前面已经讨论过了，属于成本计算的问题，而第二个维度就是经营性 ABM 要解决的主要问题。

经营性 ABM 关注的是作业而不是成本，集中在对作业活动的管理，核心内容是确认可以消除的非增值作业和确保所需作业得到有效执行。具体的步骤如下。

1. 作业分析

作业分析就是确认、描述和评价一个组织所执行的作业。根据重要性原则，应识别企业经营活动中相对于顾客价值和企业价值而言比较重要的作业进行分析。

2. 区分增值作业与非增值作业

增值作业是指那些有必要保留在企业中的作业，这些作业能够增加顾客价值。如果一项作业同时满足以下三个条件则可被认为是增值作业：①该作业能带来状态的改变；②状态的变化不能由先前的作业完成；③该作业使其他作业得以执行。

非增值作业是相对于增值作业的，是指在企业中不必要的作业，这些作业的增加或减少并不会影响顾客价值。一般来讲，典型的非增值作业有以下 4 种。①储存。储存仅增加存货的成本，并不增加顾客价值，减少储存成本可通过 JIT 管理模式。②移动。在企业内部移动零部件、原材料、半成品等，不会增加产品价值，因此需要合理布局厂内、车间以减少移动作业。③等待。等待作业不增加产品价值，因此可以通过加强部门间协作以降低等待时间。④检测。检验产品质量的作业，只是消极的预防措施，它不会增加产品价值，因此可以说"质量是制造出来的，不是检验出来的"，通过全面质量管理制度，可以有效降低检验成本。

3. 了解作业之间的联系，包括产生的根源和引发的事件

对识别出的非增值作业应了解其与其他各项作业之间的联系，分析引起该项作业的直接引发事件和产生的根源。例如，瑕疵产品的返工是一项非增值作业，直接引起返工作业的事件是产品质量检验，但根源是在于产品检验前的某项作业或某些作业，可能由于部件的设计缺陷，或供货商的材料质量问题，或生产过程中工人技术或设备机器的故障等问题。寻找问题的源头，才能找到解决问题的办法。

4. 重构作业链，持续降低成本

（1）尽量消除非增值作业。一旦非增值作业被确认后，可以使用以下方法：一是减少作业，这种方法主要是通过减少投入时间或其他资源来减少作业；二是消除作业，这种方法假定作业是完全不必要的。

（2）提高增值作业效率。可以采用以下方法：一是选择作业，就是尽可能列举各项可行的作业，并从中选择最佳作业；二是共享作业，这种方法就是以更有效的方式合并现有作业的职能，从而获得更大的效益。例如，在几类相关产品使用相同的零部件，而不是对每类产品都设计特殊零部件。

**课程思政元素** 区分增值作业与非增值作业，并重构作业链，有助于提高资源使用效率，

降低成本，与建设资源节约型社会的科学发展观及创新、绿色的新发展理念是十分契合的。

5. 作业业绩考核

分析作业执行效果的目的在于对作业的执行过程实施控制，以寻求降低作业成本的机会。作业业绩指标既可以是财务性的，也可以是非财务性的。设计这些办法是用来评价作业的执行情况及取得的结果。它也用来揭示是否实现了持续改善。作业业绩指标集中于三个主要方面：①效率；②质量；③时间。

效率集中体现作业投入与作业产出的关系。例如，提高作业效率的一种方法就是用较低的投入成本得到同样的产品。质量关注第一次执行时能否就把作业做好。如果作业产出有缺陷，可能需要重复作业，这样就产生不必要成本，同时降低了效率。执行作业的时间要求也很关键。较长的时间通常意味着更多的资源消耗，以及对顾客需要的较差反应能力。时间业绩指标倾向于非财务的，而效率和质量指标既有财务的又有非财务的。

## 3.4.2　战略性作业成本管理

战略性 ABM 的重点是"做正确的事"，试图改变对作业的要求，从而增加利润（假设作业效率保持不变）。例如，组织可以利用 ABC 模型识别某种产品、服务或某位客户是否盈利，营销与销售经理再结合这些产品、服务以及客户的市场需求信息，来决定这些产品、服务、客户的取舍以及公司未来发展的重点。所以，凭借战略性 ABM，经理可以把作业转向更有利可图的方面，进而把资源从高昂的、亏损的业务上转移到盈利的业务上来，实现资源的高效配置。战略性 ABM 包括产品结构和定价决策、客户关系管理、供应商的选择和供应商关系管理、产品设计和开发决策等内容。下面，我们将讨论与产品有关的战略性 ABM。

1. 产品获利能力的鲸鱼曲线

在传统的成本计算方法下，通常显示低产量、工艺复杂的产品是获利的。而以作业为基础进行的成本分析反映了企业经营活动中的一些真实情况。据统计，在一个产品品种众多的企业中，其80%的销售额仅仅是由其20%的产品品种带来的，而99%的销售额是由其60%的高产量的产品品种带来的。也就是说有40%的产品品种其产量较低，且其销售额只占总量的1%，如图3-5所示。

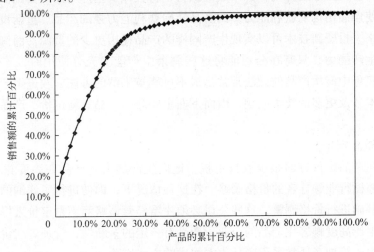

图 3-5　累计销售额分布图

但是，在传统的成本制度下，这些低产量的产品是获利的。在经过作业分析后，发现许多产品却是严重亏损的。在所有产品品种中，最获利的 20% 的品种可产生大约 300% 的利润。图 3-6 反映了某企业的产品累计获利能力，图中的曲线被称作鲸鱼曲线。产品在横轴上按照从最获利的到最不获利的顺序排列。在这个例子中，曲线的顶点代表单位获利能力最强的产品所赚取的利润，余下的产品品种或是盈亏相抵，或是产生亏损，把整个利润又拉回到了水平线上。

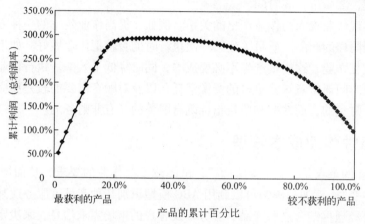

图 3-6　累计获利能力的鲸鱼曲线图

许多公司利用传统的成本系统提供的信息，盲目增加产品品种，过于注重顾客化且过多地为顾客服务，而没有注意到这些决策所导致高额的间接费用和辅助资源费用。管理者在进行作业成本分析之后，就会认识到各种产品的真实成本，进而采取可行的措施提高产品的获利能力。

2. 与产品相关的战略性 ABM

管理者可以采用很多办法来修改产品的鲸鱼曲线，增加生产线的盈利。这些办法包括产品重新定价、产品替代、重新设计、改进生产过程和经营战略、投资新技术、削减产品等。

上面列出的有关产品的行动，如果成功执行，将会减少生产所需的资源。产品重新定价和产品替代会使产品结构从获利能力差的产品转向获利能力强的产品。重新设计、改进生产过程和经营战略、投资新技术可以实现生产同样的产品耗用更少的资源。而淘汰产品的策略将产生冗余的生产能力，只有在公司能将这些剩余生产能力充分使用时，才会真正产生成效。所以，在实务中淘汰产品的做法常常是最不可能被采纳的方法，改进生产过程和经营战略、投资新技术涉及更多的技术问题，因而下面主要介绍产品重新定价、产品替代和重新设计问题。

（1）产品重新定价

一些公司在产品定价方面很少有自主权，他们生产的大量产品在高度竞争的市场上销售，公司必须遵循行业领导者的价格策略。在这种情况下，即使进行了详细的成本分析，也不能以成本为基础进行价格调整，这些公司必须注重经营策略而不是定价来提高产品的盈利性。然而对于生产高度顾客化产品的企业，产品有一定的垄断性，管理者在价格调整方面拥有一定的自主权，管理者通常采用产品成本加成的方式定价。

但在传统的成本计算系统中，间接费用采取单一动因计算分配率，成本分摊比较粗略，以此信息管理者制定的价格政策误差很大。在进行作业分析之后，对各种产品成本计算的准确度大大提升，管理者根据这些信息，将那些特殊的、顾客化的和工艺复杂产品的价格上调，而高产量普通产品的价格可以下调。

（2）产品替代

在许多情况下，顾客不愿意为满足一些特性而付出更高的代价。比如，当顾客希望拥有一块高档机械手表时，但一块价格较低且已经被大量生产的普通机械手表也许会很好地满足顾客的需求，因而销售人员可以为顾客提供一种选择，即以高价格获得专门指定性能的产品和以低价格获得一种低成本的替代品并放弃性能上的要求。

运用作业成本分析提供的信息，销售人员可以同顾客进行讨论，以使顾客了解性能、独特性和价格之间的关系。因此，如果一位顾客不愿意为独特产品付出高额的价格溢价，产品的销售人员就可以向其推荐一种相同功能的现有产品，也可以满足其技术上的要求，而这种产品不需要付出价格溢价。一些公司已经开发了作业成本分析模型，销售人员就可以很方便地同顾客进行关于产品特性同价格之间交替情况的讨论。

（3）重新设计

一些产品之所以昂贵是由于设计不合理。在没有作业成本引导产品设计的情况下，工程师们往往忽略许多部件及产品多样性和复杂的生产过程的成本。他们为性能而设计产品，却不考虑添加独特部件以及复杂生产过程增加的成本。通过出色的设计来削减产品成本的最好机会是产品的初次设计。作业成本分析将揭示一些设计中存在的非常昂贵的复杂部件以及独特的生产过程，它们很少增加产品的使用价值，可以被删除或修改。产品的重新设计是非常有吸引力的选择，因为它经常不会被顾客发现，如果设计成功地完成了，公司也不必进行重新定价或替代其他产品。

**小提示**　经营性和战略性决策并不是相互排斥的。组织在既节约了执行给定作业所需的资源，又同时把作业转向了更获利的生产、产品、服务和客户时，才会实现企业价值最大化。许多ABM的实行者只注意经营性ABM，即只注重提高现有作业的效率，而忽略了战略性ABM，战略性ABM对企业的影响更深远。

# 本 章 小 结

随着时代的发展，制造费用在产品成本中所占的比重越来越大，导致传统的成本计算方法可能歪曲产品成本。而成本扭曲的代价是巨大的。

ABC的理论核心是"作业消耗资源，产出消耗作业"的二阶段成本法。计算按如下的两步骤进行：第一步，确认作业、主要作业、作业中心，按同质作业设置作业成本库，以资源动因为基础将间接费用分配到各个作业成本库；第二步，以作业动因为基础将作业成本库中的成本分配到最终产出。因而作业成本计算方法能提供更为准确的成本信息。

作业成本计算方法的核心是作业，因而准确地辨析作业是作业成本法成功实施的第一步。在对作业进行合理分类后，需要把大量次级作业按一定的原则合并为若干个一级作业，建立作业中心及作业成本库。在充分考虑成本动因的影响因素的基础上寻找合适的成本动因。

作业成本计算方法起初只是基于提高成本计算的准确性，但很快人们发现可以应用这些信息来改善经营和消除非增值作业，进而不断改进和优化企业价值链，即基于作业成本计算信息的作业成本管理。

 **延伸阅读**

管理会计应用指引
第 304 号 ——作业成本法
（财会〔2017〕24 号）

**思 考 题**

1. 作业成本法与传统成本计算方法的区别是什么？
2. 什么是成本动因？它们在作业成本法中起到什么作用？
3. 简述作业成本计算方法的步骤。
4. 简述作业的 4 种分类。
5. 如何合理地确认作业？怎样将数量众多的作业合并为作业成本库？
6. 在确认成本动因时，应考虑哪些原则？

**练 习 题**

1. 某超市采用的成本制度是仅有一类直接成本（产品销售成本）和一类间接成本（商场服务成本），服务成本按产品销售成本的 30% 的比率分配给各产品。表 3 – 11 给出了按这种成本计算方法计算的各种产品的损益情况。

表 3 – 11 各产品获利能力表 元

| 项目 | 软饮料 | 鲜活产品 | 罐装食品 | 小计 |
|---|---|---|---|---|
| 销售收入 | 26 450 | 70 020 | 40 330 | 136 800 |
| 成本 | | | | |
| 产品销售成本 | 20 000 | 50 000 | 30 000 | 100 000 |
| 商场服务成本 | 6 000 | 15 000 | 9 000 | 30 000 |
| 成本总计 | 26 000 | 65 000 | 39 000 | 130 000 |
| 营业利润 | 450 | 5 020 | 1 330 | 6 800 |
| 营业利润/收入 | 1.7% | 7.17% | 3.3% | 4.97% |

经过相关人员的仔细分析，认为采用作业成本法可以提供各种产品更准确的成本信息，进而提供更准确的产品获利能力分析。表3-12给出了主要的成本动因的分析数据，试根据这些数据重新分析各产品的获利能力。

表3-12　成本动因分析数据

| 作业域 | 成本分配基础 | 成本动因数量 | | |
|---|---|---|---|---|
| | | 软饮料 | 鲜活产品 | 罐装食品 |
| 订购 | 100元/订单 | 12 | 28 | 12 |
| 运输 | 80元/次 | 15 | 73 | 22 |
| 上架储存 | 20元/h | 18 | 180 | 90 |
| 客户服务 | 0.2元/售出产品 | 4 200 | 36 800 | 10 200 |

2. 科迅公司生产两种智能手表：豪华型和标准型，20×1年年初，该公司有关预测数据如表3-13所示。

表3-13　科迅公司20×1年经营预测数据　　　　　　　　　　　　元

| 项　目 | 豪　华　型 | 标　准　型 |
|---|---|---|
| 产量/块 | 100 000 | 800 000 |
| 售价 | 900 | 750 |
| 单位生产成本 | 529 | 482.75 |
| 单位制造费用* | 47 | 117.25 |

*制造费用按照直接人工工时分配

看到上述数据后，公司营销副总经理认为，豪华型智能手表的单位产品获利能力较强，主张把生产和销售重点放在豪华型上。然而，生产经理反对这一策略。他认为豪华型的成本被低估了。他主张用成本动因来分配制造费用，并宣称得出的结论会截然不同。为了说服其他管理人员，他出示了有关生产的作业成本动因分配计划数据，如表3-14所示。

表3-14　科迅公司作业成本动因分配计划数据

| 成本库 | 作业动因 | 成本库分配率 | 豪华型动因数量 | 标准型动因数量 |
|---|---|---|---|---|
| 生产准备 | 生产准备次数 | 3 000元/次 | 300 | 200 |
| 制造 | 机器工时数 | 200元/h | 100 000 | 300 000 |
| 工程 | 工程工时数 | 40元/h | 50 000 | 100 000 |
| 包装 | 包装通知次数 | 20元/次 | 100 000 | 400 000 |
| 场地提供 | 机器工时数 | 1元/h | 200 000 | 800 000 |

**要求**　（1）采用传统成本计算方法，用计划数据计算每种产品的单位毛利、毛利率及毛利总额。

（2）用成本库分配率计算每种产品的单位制造费用，并进一步计算每种产品的单位毛利、毛利率及毛利总额。

（3）结合（2）的结果，评价营销副总经理以豪华型为重点的策略。

## 案例分析

义信资产评估事务所主要从事企业价值评估、无形资产和其他资产评估业务。该事务所原来采用传统成本计算方法计算项目损益。评估服务的直接人工成本按评估项目直接追溯，共同费用根据评估项目实际发生的直接人工成本按预定分配率进行分配。20×1年度，义信资产评估事务所损益表如表3-15所示。

表3-15 损益表 万元

| | |
|---|---|
| 服务收入 | 400 |
| 直接人工成本 | 100 |
| 共同费用 | 180 |
| 总成本 | 280 |
| 营业收益 | 120 |

注：共同费用预定分配率＝（预计共同费用/直接人工成本）×100%＝（180/100）×100%＝180%

义信资产评估事务所的财务经理张诚认为传统成本计算方法对共同费用的分配不尽合理，不利于对各种评估服务收益的评价，建议采用作业成本法。事务所采纳了张诚的建议，通过分析事务所20×1年度的业务数据及共同费用的具体支出项目，认为参与项目人员的差旅费20万元可以直接追溯至服务项目，其他共同费用经过调查评估确认到相应作业成本库，具体情况如表3-16所示。

表3-16 作业分析表

| 共同费用库 | 成本/万元 |
|---|---|
| 行政管理支持 | 40 |
| IT支持 | 30 |
| 法律支持 | 20 |
| 招聘与培训 | 50 |
| 职业责任保险 | 20 |
| 合计 | 160 |

进一步分析，确认各项作业的作业动因及动因数量，具体情况如表3-17所示。

表3-17 作业动因及动因数量表

| 作业成本库 | 成本动因 | 成本动因数量 |
|---|---|---|
| 行政管理支持 | 直接人工成本 | 100 万元 |
| IT支持 | 用机时间 | 6 万 min |
| 法律支持 | 法律服务时间 | 1 000 h |
| 招募与培训 | 培训时间 | 10 000 h |
| 职业责任保险 | 评估收入 | 400 万元 |

20×1 年 5 月，亿佳化工股份有限公司委托义信资产评估事务所进行专项房地产评估，事务所获得服务收入 35 万元，发生直接人工成本 10 万元，实际追溯的人员差旅费为 2.25 万元，其他作业实际消耗作业量如表 3-18 所示。

表 3-18　专项评估服务实际消耗作业量

| 作业成本库 | 实际消耗作业量 |
| --- | --- |
| 行政管理支持 | 10 万元 |
| IT 支持 | 7 000 min |
| 法律支持 | 150 h |
| 招募与培训 | 1 500 h |
| 职业责任保险 | 35 万元 |

**要求**　（1）分别运用传统成本计算方法和 ABC 法编制亿佳化工股份有限公司专项评估项目的损益表；

（2）比较两种成本计算方法下的损益表信息，并说明对义信资产评估事务所的管理和决策会造成什么影响。

# 第3篇 决策

## 第4章 本量利分析

▶▶ 学习目标

1. 了解本量利分析的基本原理；
2. 学会盈亏临界分析，并掌握影响利润的各个因素的敏感性分析；
3. 学会应用以作业为基础的本量利分析，区分与传统本量利分析的不同。

## 本章知识结构

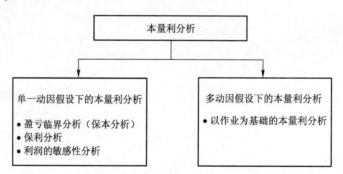

## 引言

上一篇讲述了管理会计的成本分析方法，主要讨论成本与业务量之间的关系。营利性组织的管理者除应关注业务量对成本的影响外，还应关注业务量对收入和利润的影响，比如管理者希望弄清楚以下问题：为使营业收入能够补偿所有成本，公司至少应达到什么样的销售水平？为实现给定的利润目标，销售部门应当销售多少件商品？如果把销售人员的报酬从固定的月工资改为按销售额提成 10%，会对公司产生什么样的影响？如果广告费用提高到每月 100 000 元的水平，为维持目前的营业收益，公司至少应达到什么样的销售水平？

显然要回答上述问题，第一步就要确定业务量与成本、利润之间的关系。本章主要介绍本量利分析（简称 CVP 分析），研究一定期间内成本、业务量和利润之间的规律性联系。该方法是很多管理者使用的重要管理会计工具之一，可以了解商业活动规模对成本和利润的影响情况，在企业的预测、决策、计划和控制等诸多方面具有广泛的用途。

# 4.1　盈亏临界分析

盈亏临界分析是本量利分析的一项基本内容，也称为损益平衡分析或保本分析。它在经济生活中有着广泛的用途，大至企业经营规模的规划，小至小商小贩的零售活动，都需要进行盈亏临界分析。它主要研究如何确定盈亏临界点、有关因素变动对盈亏临界点的影响等问题，并可以为决策提供在何种业务量下企业将盈利，以及在何种业务量下企业会出现亏损等信息。在介绍盈亏临界分析之前，先要学习计算损益的方程式。

## 4.1.1　本量利分析的基本原理

1. 本量利分析的假设条件

在本节的本量利分析中，我们依赖于一些假设使分析简化。但是实践中，这些假设并不一定成立。这些假设包括以下内容。

（1）成本按成本性态划分假设

假定企业的成本可以准确可靠地划分为变动成本和固定成本。本量利分析以成本性态分析为前提，成本性态分析是否符合企业客观情况在很大程度上影响本量利分析的准确程度。

（2）相关范围假设

假定本量利分析是针对企业处在一定时期内、一定业务量范围内进行的，因此固定成本总额和单位变动成本保持不变。同时，在相关范围内产品的单价也保持不变。

（3）线性关系假设

假定在相关范围内，总成本与销售量保持线性关系，销售收入与销售量成正比，两者之间保持完全线性关系，即在相关范围内，在直角坐标系中，总成本与销售收入总额分别表现为一条直线。

（4）品种结构不变假设

假设企业同时生产和销售多种产品，在进行本量利分析时，各种产品的销售收入保持相对稳定的比例，所占的比重不发生变化。

（5）产销平衡假设

假设企业在一定时期、一定业务量范围内产品的生产量与销售量保持一致。因此，基于此假设，在本量利分析中，通常只考虑"销量"这一数量因素。并且在当前普遍采用完全成本法的企业中，只有假设产销一致才能使变动成本法下的营业利润近似等于完全成本法下的营业利润。

（6）变动成本法假设

假设产品成本是按变动成本法计算的，即产品成本只包括变动生产成本，固定制造费用作为期间费用处理。

在实践中，这些假设并不一定成立，比如生产能力的利用率超出相关范围时，固定成本和单位变动成本的性态可能会发生改变，产品单价随着销量的增长和企业竞争的需要也可能发生改变，那么原有的本量利分析模型将不再适用。在这种情况下，可以根据生产能力的利用程度将企业的经营活动划分为几个阶段，使成本和收入在每个阶段范围内满足线性关系，然后在每个阶段内针对具体的情况进行本量利分析。通过对企业进行分阶段的本量利分析，利用这些信息企业可以根据经营活动所处的具体阶段进行相应的决策。再有，在现实经济生活中，成本、收入与产销量之间可能根本不存在线性关系，它们之间的依存关系是非线性的，比如产品的价格与市场需求是有关系的，因此可以根据实际情况建立非线性模型进行本量利分析，这样更接近实际经济生活。

通过以上分析可以看出，本量利分析是建立在一定假设基础上的，因此一般只适用于短期分析，是管理会计短期经营决策分析的主要办法，如果销售价格、销售组合、成本及产量发生了变化，管理层应当修改相应的分析，但不管怎样，本量利分析仍然不失为一种有用的分析工具。

2. 基本损益方程式

本量利分析的关键在于正确认识成本、业务量和利润之间的规律性联系。在此，主要以制造业生产和销售领域的本量利分析为例，说明本量利分析的基本模式及应用。假设在一定时期内，企业产量和销量相同，则基本损益方程式为

$$利润 = 销售收入 - 总成本$$

根据销售收入与销售量、单价的关系，以及成本由变动成本和固定成本组成，上式又可变形为

$$利润 = 销售单价 \times 销售量 - 单位变动成本 \times 销售量 - 固定成本$$

这个方程式是明确表达本量利之间数量关系的基本方程式，它含有 5 个相互联系的变量，包括销售单价、销售量、单位变动成本、固定成本和利润，给定其中 4 个，便可求出剩下 1 个变量的值。

例 4 - 1 　某企业每月固定成本 5 000 元，生产一种产品，单价 50 元/件，单位变动成本 30 元/件，本月计划销售 500 件，问预期利润是多少？

解　将有关数据代入损益方程式，则

$$利润 = 销售单价 \times 销售量 - 单位变动成本 \times 销售量 - 固定成本$$
$$= 50 \times 500 - 30 \times 500 - 5\ 000 = 5\ 000(元)$$

上述方程式是一种最基本的形式，它可以根据所需计算的问题变换成其他形式，或者根据企业具体情况增加一些变量，衍生出一些其他的方程式。

（1）销售量

$$销售量 = \frac{固定成本 + 利润}{销售单价 - 单位变动成本}$$

假设前例企业拟实现目标利润 10 000 元，问应销售多少件产品？

$$销售量 = \frac{5\ 000 + 10\ 000}{50 - 30} = 750(件)$$

（2）销售单价

$$销售单价 = \frac{固定成本 + 利润}{销售量} + 单位变动成本$$

假设前例企业拟实现目标利润 7 500 元，计划销售 1 000 件，问销售单价应定为多少？

$$销售单价 = \frac{5\ 000 + 7\ 500}{1\ 000} + 30 = 42.5(元/件)$$

（3）单位变动成本

$$单位变动成本 = 销售单价 - \frac{固定成本 + 利润}{销售量}$$

假设前例企业拟实现目标利润 5 000 元，计划销售 800 件，问单位变动成本应控制在什么水平？

$$单位变动成本 = 50 - \frac{5\ 000 + 5\ 000}{800} = 37.5（元/件）$$

（4）固定成本

$$固定成本 = 销售单价 \times 销售量 - 单位变动成本 \times 销售量 - 利润$$

假设前例企业拟实现目标利润 10 000 元，计划销售 800 件，问固定成本应控制在什么水平？

$$固定成本 = 50 \times 800 - 30 \times 800 - 10\ 000 = 6\ 000（元）$$

**小提示** 基本损益方程式中的利润是税前利润，如果规划的目标利润是税后利润，则在利用上述公式进行分析时，需利用公式"税后利润 = 利润总额 ×（1 - 所得税税率）"将税后利润换算成税前利润。

3. 贡献毛益方程式

利用前述的贡献毛益概念，可以将基本损益方程式进行变形，得到一些派生公式，即

$$利润 = 贡献毛益总额 - 固定成本$$
$$利润 = 单位贡献毛益 \times 销售量 - 固定成本$$
$$利润 = 销售收入 \times 贡献毛益率 - 固定成本$$
$$利润 = 销售收入 \times（1 - 变动成本率）- 固定成本$$

**小问题** 请读者尝试自己推导上述公式。

有时在进行计算分析时，使用这些派生公式可能比使用基本损益方程式更方便。

在规划期间利润时，通常把销售单价、单位变动成本和固定成本视为稳定的常量，只有销售量和利润两个自由变量。给定销售量时，可利用方程式直接计算出预期利润；给定目标利润时，可直接计算出应达到的销售量。

## 4.1.2 盈亏临界点

盈亏临界点又称保本点，是指企业利润等于零、处于不盈不亏状态时的经营状态，以数量方式反映即为盈亏临界点的销售量，也称保本量；以货币金额方式反映即为盈亏临界点的销售额，也称保本额。如果企业盈亏临界点比较高，意味着企业必须销售较多的产品才能不亏损，在市场销售量一定的情况下，盈利的空间就会比较小；反之，如果企业盈亏临界点比较低，意味着企业只需销售较少的产品就能保本，在市场销售量一定的情况下，盈利的空间就会比较大。可见，盈亏临界点的高低反映了企业经营亏损风险的大小。

1. 单一产品企业的盈亏临界点

就单一产品企业来说，盈亏临界点的计算并不困难。

由于计算利润的公式为

$$利润 = 销售单价 \times 销售量 - 单位变动成本 \times 销售量 - 固定成本$$

令利润等于零，此时的销售量即为盈亏临界点销售量。

$$0 = 销售单价 \times 盈亏临界点销售量 - 单位变动成本 \times 盈亏临界点销售量 - 固定成本$$

$$盈亏临界点销售量 = \frac{固定成本}{销售单价 - 单位变动成本}$$

$$盈亏临界点销售额 = 盈亏临界点销售量 \times 销售单价$$

此方法称为方程式法。

又由于

$$销售单价 - 单位变动成本 = 单位贡献毛益$$

所以

$$盈亏临界点销售量 = \frac{固定成本}{单位贡献毛益}$$

$$盈亏临界点销售额 = \frac{固定成本}{贡献毛益率}$$

此方法称为贡献毛益法。

**例 4-2**　假设余美服饰专卖店新进一种款式的服饰,市场预测售价 200 元/件,销售该种款式的服饰要额外每月增加固定成本总额 5 000 元,服饰的进价为 100 元/件,问每月该专卖店销售该种款式的服饰的销售量和销售额要达到多少才能保本?

教学视频:
盈亏临界点概念
及单一产品保本分析

**解**　(1)利用方程式法

$$盈亏临界点销售量 = \frac{固定成本}{销售单价 - 单位变动成本} = \frac{5\ 000}{200 - 100} = 50(件)$$

$$盈亏临界点销售额 = 盈亏临界点销售量 \times 销售单价 = 50 \times 200 = 10\ 000(元)$$

即新产品的销售量必须达到 50 件/月,销售额达到 10 000 元/月才能保本。

(2)利用贡献毛益法

$$盈亏临界点销售量 = \frac{固定成本}{单位贡献毛益} = \frac{5\ 000}{200 - 100} = 50(件)$$

$$贡献毛益率 = \frac{200 - 100}{200} \times 100\% = 50\%$$

$$盈亏临界点销售额 = \frac{固定成本}{贡献毛益率} = \frac{5\ 000}{50\%} = 10\ 000(元)$$

**2. 多品种企业的盈亏临界点**

在实际经济生活中,绝大多数企业都不止生产经营一种产品。在这种情况下,单一产品的本量利分析模型就不再适用。因为不同品种产品的销售量是无法直接相加的。因此需要进一步研究适用于多品种条件下的本量利分析方法和模型。常用的多品种企业的盈亏临界分析方法有下列几种。

**1)主要品种法**

如果企业生产经营的多种产品中有一种是主要产品,它提供的贡献毛益占企业贡献毛益总额的比重很大,而其他产品贡献毛益较小或为无足轻重的副产品或发展余地不大,为了简化计算,可把此种情况视为单一产品企业,并按主要产品的贡献毛益率进行本量利分析。

采用这种方法进行本量利分析肯定会出现一些误差,但由于其他产品的贡献毛益对企业影响不大,因而可以忽略不计或适当加以调整。这种方法适用于产品品种主次分明的企业。

2）分算法

分算法是指在一定条件下，将企业的固定成本总额按一定标准在各种产品之间进行分配，然后再对每个品种分别进行本量利分析的方法。在分配固定成本时，专属固定成本直接分配，共同固定成本则选择适当标准（如销售额，贡献毛益，产品重量、长度、体积，工时，等等）分配给各种产品。

该方法可以提供各产品计划与控制所需的详细资料，方便有关管理部门的工作。但这种方法要求能够客观地将固定成本在各产品之间进行分配。

3）联合单位法

联合单位法是指在事先掌握各产品之间客观存在的相对稳定产销实物量比例的基础上，确定每一联合单位产品的单价和单位变动成本，再按单一产品来进行本量利分析的一种方法。

当企业经营的各种产品的产出量之间存在较稳定的数量关系且所有产品的销路都很好时，就可以将按各产品销量比例构成的一组产品视为一个联合单位的产品。例如，企业生产甲、乙、丙三种产品，其销量比为 1∶2∶3，则一个联合单位就相当于一个甲产品、两个乙产品和三个丙产品的组合。将每种产品的单价和单位变动成本按照这种销量比计算每一联合单位的联合单价和联合单位变动成本，即

$$联合单价 = 甲产品单价 \times 1 + 乙产品单价 \times 2 + 丙产品单价 \times 3$$
$$联合单位变动成本 = 甲产品单位变动成本 \times 1 + 乙产品单位变动成本 \times 2 +$$
$$丙产品单位变动成本 \times 3$$

这样，就可以按照单一产品的本量利分析方法计算联合保本量，再根据销量比计算各种产品的保本量，即

$$联合保本量 = \frac{固定成本}{联合单价 - 联合单位成本}$$
$$某产品保本额 = 联合保本量 \times 该产品销量比$$

这种方法适用于有严格产出规律的联产品生产企业。

**例 4 - 3** 假设某企业生产 A、B、C 三种产品，销量比为 10∶2.5∶1，单价分别为 10元/件、20 元/件、50 元/件，单位变动成本分别为 8.5 元/件、16 元/件、25 元/件，年固定成本总额为 300 000 元，请问预测期该企业的盈亏临界点是多少？

**解** 联合单价 $= 10 \times 10 + 2.5 \times 20 + 1 \times 50 = 200$（元/件）

联合单位变动成本 $= 10 \times 8.5 + 2.5 \times 16 + 1 \times 25 = 150$（元/件）

联合保本量 $= 300\ 000/(200 - 150) = 6\ 000$（件）

A 产品保本量 $= 6\ 000 \times 10 = 60\ 000$（件）；A 产品保本额 $= 60\ 000 \times 10 = 600\ 000$（元）

B 产品保本量 $= 6\ 000 \times 2.5 = 15\ 000$（件）；B 产品保本额 $= 15\ 000 \times 20 = 300\ 000$（元）

C 产品保本量 $= 6\ 000 \times 1 = 6\ 000$（件）；C 产品保本额 $= 6\ 000 \times 50 = 300\ 000$（元）

4）综合贡献毛益率法

生产多个品种的企业，其总的业务量只能用金额单位表示，因此其盈亏临界点分析只能是计算盈亏临界点销售额，同样可利用上述贡献毛益法的计算公式。但在没有占绝对优势的主导产品时，企业的综合获利能力不能由某一种产品来代表，而必须计算在一定品种结构下的综合贡献毛益率。一般地，这种情况下的盈亏临界点销售额的计算步骤如下。

（1）预计全部产品的销售收入总额

预计全部产品的销售收入总额 $= \sum$（各种产品的销售单价 × 各种产品的预计销售量）

（2）计算各种产品的销售比重

各种产品的销售比重 =（各种产品的销售额/全部产品的销售收入总额）× 100%

**小提示**　此处计算的是销售额的比重而不是销售量的比重。

（3）计算综合贡献毛益率

综合贡献毛益率的计算有两种方法。

综合贡献毛益率 $= \sum$（各品种贡献毛益率 × 该品种销售比重）

或

综合贡献毛益率 $= [(\sum$ 各品种贡献毛益总额$) /$ 销售收入总额$] × 100\%$

两种方法的计算原理和结果都是一致的。

（4）计算综合保本销售额

综合保本销售额 = 固定成本总额/综合贡献毛益率

（5）计算各种产品的保本销售额及保本销售量

各种产品的保本销售额 = 综合保本销售额 × 各种产品的销售比重

各种产品的保本销售量 = 各种产品的保本销售额/各种产品的销售单价

**小提示**　各种产品的保本量结果取整数。请思考是以四舍五入方法取整吗？

**例 4 - 4**　假定余美服饰专卖店在计划年度准备销售 A、B、C 三种服饰，其年固定成本总额为 24 000 元。三种服饰的销售单价、销售量和进价的资料如表 4 - 1 所示。采用综合贡献毛益率法，预测该公司在计划年度内的综合保本销售额及三种服饰的保本销售额。

表 4 - 1　余美服饰专卖店销售计划表

| 服饰类别 | A | B | C |
|---|---|---|---|
| 销售单价/（元/件） | 500 | 700 | 900 |
| 销售量/件 | 40 | 80 | 20 |
| 进价/（元/件） | 270 | 300 | 400 |

**解**　计算分析过程如下。

第一步，计算综合贡献毛益率（见表 4 - 2）。

表 4 - 2　综合贡献毛益率计算表

| 摘要 | A | B | C | 合计 |
|---|---|---|---|---|
| 销售单价/（元/件） | 500 | 700 | 900 | — |
| 销售量/件 | 40 | 80 | 20 | — |
| 进价/（元/件） | 270 | 300 | 400 | — |
| 单位贡献毛益/（元/件） | 230 | 400 | 500 | — |
| 贡献毛益率 | 46% | 57.14% | 55.56% | — |
| 销售收入总额/元 | 20 000 | 56 000 | 18 000 | 94 000 |
| 销售比重 | 21.28% | 59.57% | 19.15% | 100% |
| 综合贡献毛益率 | 9.79% | 34.04% | 10.64% | 54.47% |

第二步，计算三种产品的综合保本销售额。

$$综合保本销售额 = 固定成本总额/综合贡献毛益率$$
$$= 24\ 000/54.47\% = 44\ 060.95(元)$$

第三步，将综合保本销售额分解为各种产品的保本销售额及保本销售量。

$$A\ 服饰的保本销售额 = 综合保本销售额 \times A\ 服饰的销售比重$$
$$= 44\ 060.95 \times 21.28\% = 9\ 376.17(元)$$
$$B\ 服饰的保本销售额 = 综合保本销售额 \times B\ 服饰的销售比重$$
$$= 44\ 060.95 \times 59.57\% = 26\ 247.11(元)$$
$$C\ 服饰的保本销售额 = 综合保本销售额 \times C\ 服饰的销售比重$$
$$= 44\ 060.95 \times 19.15\% = 8\ 437.67(元)$$
$$A\ 服饰的保本销售量 = A\ 服饰的保本销售额/A\ 服饰的销售单价$$
$$= 9\ 376.17/500 = 19(件)$$
$$B\ 服饰的保本销售量 = B\ 服饰的保本销售额/B\ 服饰的销售单价$$
$$= 26\ 247.11/700 = 38(件)$$
$$C\ 服饰的保本销售量 = C\ 服饰的保本销售额/C\ 服饰的销售单价$$
$$= 8\ 437.67/900 = 10(件)$$

这种方法对各产品一视同仁，不要求分配固定成本，将各产品所创造的贡献毛益视为补偿企业全部固定成本的收益来源。应用该方法一般要求企业各种产品资料齐备，产品结构相对稳定。

综合贡献毛益率反映了企业所有产品的整体获利能力水平，它的大小将影响盈亏临界点的高低，即综合保本销售额的高低。而综合贡献毛益率的高低受各产品的贡献毛益率高低及其销售比重大小的影响，通过调整品种结构，提高贡献毛益率高的产品所占的销售比重或者通过技术改进提高产品的贡献毛益率都能达到降低盈亏临界点的目的。

**小测验**　请根据例 4 - 4 的资料预测计划年度余美专卖店的利润是多少？各产品的利润是多少？

**小讨论**　非营利性组织需要应用本量利分析工具吗？

3. 盈亏临界点作业率

盈亏临界点作业率也称为达到保本点的开工率，是指盈亏临界点销售量（或销售额）占企业正常销售量（或销售额）的比重。

$$盈亏临界点作业率 = \frac{盈亏临界点销售量（或销售额）}{正常销售量（或销售额）} \times 100\%$$

这里的"正常销售量（或销售额）"是指在正常市场情况和正常开工情况下企业的销售数量或销售金额。

**例 4 - 5**　假设例 4 - 2 中的服饰专卖店正常销售量为 80 件，其盈亏临界点作业率为多少？

**解**　　　　　盈亏临界点作业率 = (50/80) × 100% = 62.5%

上述计算结果说明，余美专卖店的作业率必须达到正常作业的 62.5% 以上才能盈利，若作业率低于 62.5% 就会发生亏损。

盈亏临界点作业率的高低也反映了产品的获利能力水平。该比率上升，则表明企业保本的难度增大，获利能力下降；该比率下降，则表明企业保本的难度降低，获利能力上升。

这个比率表明企业保本的业务量在正常业务量中所占的比重。由于多数企业的生产经营能力是按正常销售量来规划的，生产经营能力与正常业务量基本相同，所以盈亏临界点作业率还表明保本状态下的生产经营能力的利用程度。

4. 保利分析

由盈亏临界分析可以进一步进行目标利润分析，即为达到目标利润，销售收入应该达到多少？销售量应该达到多少？这时只需将基本损益方程式中的利润设为目标利润，然后计算相应指标即可。

$$目标销售量 = \frac{固定成本 + 目标利润}{销售单价 - 单位变动成本} = \frac{固定成本 + 目标利润}{单位贡献毛益}$$

$$目标销售额 = \frac{固定成本 + 目标利润}{贡献毛益率}$$

**小提示**　此处的目标利润是税前利润的概念。

保利分析只是保本分析的延伸，具体的计算方法与保本分析一样，这里就不再重复了。

**小测验**　如果例 4 - 5 的余美专卖店想要实现 2 000 元的利润，则保利销售额是多少？每种服饰的销售额和销售量又是多少？

## 4.1.3　安全边际

通过盈亏临界点分析可以了解企业的保本销售额和保本销售量，但这只是企业经营的最低标准。企业经营的目的是获利，因此企业实际的销售额和销售量超过保本点越多越好。在盈亏临界分析中，还有一类指标用来衡量企业生产经营的安全性，这就是安全边际。

安全边际是指企业实际（或预计）销售量超过盈亏临界点销售量的差额，它表明销售水平下降多少企业仍不致亏损。安全边际的大小在一定程度上反映了获利能力的强弱，更重要的是反映了企业经营风险的大小。安全边际越大，企业经营风险越小。

1. 安全边际的计算

安全边际有绝对数和相对数两种指标。

（1）绝对数指标

分别以销售量和销售额表示，有安全边际量和安全边际额两个指标。

安全边际量 = 实际（或预计）销售量 - 盈亏临界点销售量

安全边际额 = 实际（或预计）销售额 - 盈亏临界点销售额

（2）相对数指标

单纯的绝对数指标不足以反映风险的程度，也不利于不同企业间的比较，因此相应地有相对数指标，即

$$安全边际率 = \frac{安全边际量}{实际（或预计）销售量} \times 100\%$$

或

$$安全边际率 = \frac{安全边际额}{实际（或预计）销售额} \times 100\%$$

**例 4 - 6**　假设康舒公司准备生产一种产品，预计年销售量能达到 400 件。生产该产品

预计将发生固定成本 42 000 元，变动成本 180 元/件，现定价为 320 元/件。试分析预测年度保本销售量和安全边际。

**解**　先进行保本分析。

$$保本销售量 = 42\ 000/(320 - 180) = 300(件)$$
$$保本销售额 = 320 \times 300 = 96\ 000(元)$$

然后，计算安全边际指标。

$$安全边际量 = 400 - 300 = 100(件)$$
$$安全边际额 = 400 \times 320 - 96\ 000 = 32\ 000(元)$$

或
$$安全边际额 = 320 \times 100 = 32\ 000(元)$$

即该产品的安全边际量和安全边际额分别为 100 件和 32 000 元。

$$安全边际率 = (100/400) \times 100\% = 25\%$$

或
$$安全边际率 = [32\ 000/(320 \times 400)] \times 100\% = 25\%$$

该产品的安全边际率达到 25%，说明该产品如果比预计销售量降低 25% 就会亏损。

安全边际量和安全边际率的数值越大，企业发生亏损的可能性越小，企业就越安全。企业安全性的检验数据见表 4 - 3。

表 4 - 3　企业安全性的检验数据

| 安全边际率 | 40% 以上 | 30% ~ 40% | 20% ~ 30% | 10% ~ 20% | 10% 以下 |
|---|---|---|---|---|---|
| 安全等级 | 很安全 | 安全 | 较安全 | 值得注意 | 危险 |

2. 安全边际与利润的关系

由盈亏临界点和安全边际的概念可以看到，企业实际或预计的销售量（额）是由保本量（额）和安全边际量（额）组成的，即

$$实际(或预计)销售量(额) = 保本量(额) + 安全边际量(额)$$

因此，可以得出

$$1 = 盈亏临界点作业率 + 安全边际率$$

另外，由于安全边际为超过盈亏临界点的销售量，因此只有安全边际部分才能为企业创造利润。盈亏临界点销售额扣除变动成本后只能为企业收回固定成本，安全边际部分的销售额扣除安全边际的变动成本后的余额即为企业利润，也就是说，安全边际中的贡献毛益等于企业利润。下面用公式推导来加以说明。

$$利润 = 单位贡献毛益 \times 销售量 - 固定成本$$
$$固定成本 = 单位贡献毛益 \times 盈亏临界点销售量$$

所以有

$$利润 = 单位贡献毛益 \times (销售量 - 盈亏临界点销售量)$$
$$安全边际量 = 销售量 - 盈亏临界点销售量$$

至此，可以推出利润与安全边际的关系，即

$$利润 = 单位贡献毛益 \times 安全边际量$$

在上式的两边都除以收入，则

$$利润/收入 = (单位贡献毛益/销售单价) \times (安全边际量/销售量)$$

进一步整理就可以得到

销售利润率 = 贡献毛益率 × 安全边际率

以上的公式推导也为我们提供了一种计算销售利润率的新方法，并且表明，企业要提高销售利润率，就必须提高安全边际率或提高贡献毛益率。

## 4.1.4　本量利图

将成本、销量、利润的关系反映在直角坐标系中，即得到本量利图，因其能清晰地显示企业不盈利也不亏损时应达到的产销量，故又称为盈亏临界图或损益平衡图。用图示表达本量利的相互关系，不仅形象直观、一目了然，而且容易理解。根据资料的多少和目的不同，本量利图有多种形式。

1. 基本的本量利图

基本的本量利图反映了最基本的本量利关系，如变动成本和固定成本的特点、保本点、盈利区和亏损区、安全边际等信息，因此在本量利分析中经常使用此图。图 4-1 就是基本的本量利图。

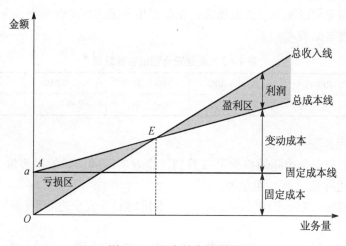

图 4-1　基本的本量利图

（1）基本的本量利图的绘制步骤

**第一步**，选定直角坐标系，以横轴表示销售量（业务量），纵轴表示成本和销售收入的金额。

**第二步**，在纵轴上找出固定成本数值（$a$），以 $A$（0，$a$）为起点，绘制一条与横轴平行的固定成本线。

**第三步**，以 $A$（0，$a$）为起点，以单位变动成本为斜率，绘制总成本线。

**第四步**，以原点 $O$（0，0）为起点，以单价为斜率，绘制销售总收入线。

（2）由基本的本量利图可以得到的规律

① 固定成本线与横轴之间的距离为固定成本，它不因业务量增减而变动。

② 总成本线与固定成本线之间的距离为变动成本，它随业务量而成正比例变化。

③ 总成本线与横轴之间的距离为总成本，它是固定成本与变动成本之和。

④ 总收入线与总成本线的交点 $E$ 是盈亏临界点（BEP）。它在横轴上对应的销售量表明企业在此销售量下总收入与总成本相等，既没有利润，也不发生亏损。在此基础上，增加销

售量，销售总收入超过总成本，总收入线与总成本线的距离为利润值，形成盈利区；反之，形成亏损区。盈亏临界点的高低决定了盈利区与亏损区面积的大小。

⑤ 实际（或预计）销售与保本点的差额为安全边际。由图示可以看出，超过盈亏临界点的销售才能创造利润，即安全边际越大，利润越多。

### 2. 贡献毛益式的本量利图

基本的本量利图只能反映本量利的基本关系，无法反映贡献毛益的形成过程。贡献毛益式的本量利图可以解决这一问题，见图4－2。

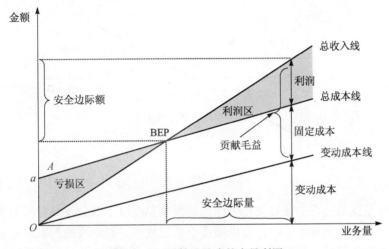

图4－2 贡献毛益式的本量利图

（1）贡献毛益式的本量利图的绘制步骤

**第一步**，选定直角坐标系，以横轴表示销售量（业务量），纵轴表示成本和销售收入的金额。

**第二步**，以原点 $O$（0，0）为起点，以单位变动成本为斜率，绘制变动成本线。

**第三步**，以 $A$（0，$a$）为起点画一条与变动成本线平行的总成本线。

**第四步**，以原点 $O$（0，0）为起点，以单价为斜率，绘制销售总收入线。

（2）由贡献毛益式的本量利图可以得到的规律

① 这种图的主要优点是形象地反映了贡献毛益的形成和作用。企业的销售收入随销售量成正比例增长。这些销售收入首先用于弥补产品自身的变动成本，剩余的是贡献毛益，即总收入线与变动成本线及原点围成的区域。贡献毛益随销量增加而扩大，当其达到固定成本值时（到达 BEP 点），企业处于盈亏临界状态；当贡献毛益超过固定成本后，企业进入盈利状态。该图示也反映了利润计算公式"利润 ＝ 贡献毛益 － 固定成本"的含义。

② 由图示可以看出，当产品单价上升时，总收入线斜率增大，保本点下降；当产品单价下降时，总收入线斜率减小，保本点上升。

③ 由图示可以看出，当固定成本上升时，总成本线平行上移，保本点上升；当固定成本下降时，总成本线平行下移，保本点下降。

④ 由图示可以看出，当单位变动成本上升时，总成本线斜率增大，保本点上升；当单位变动成本下降时，总成本线斜率减小，保本点下降。

保本点的上升与下降反映了产品获利能力的变化，贡献毛益式的本量利图清晰地揭示了影响保本点高低的因素，为企业管理人员进行相关决策提供了信息。

**小思考**　销售量的升降对保本点的升降有影响吗？

3. 利润－业务量式本量利图

上述两种本量利图虽然提供了很多信息，但没有将利润与业务量的直接关系表示出来。利润－业务量式本量利图（简称利－量图）可以解决这一问题，见图4-3。

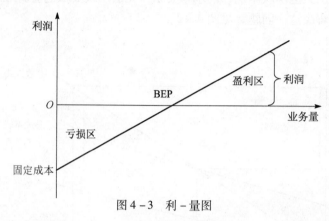

图 4 - 3　利 - 量图

在绘制利－量图的过程中，首先在坐标系的纵轴原点以下部分找到与固定成本总额相等的点，此点表示当业务量等于零时，亏损额等于固定成本。利润线的斜率由业务量的选择决定，当业务量为销售量时，利润线的斜率是单位贡献毛益；当业务量为销售额时，利润线的斜率是贡献毛益率。利润线与坐标系横轴的交点即为保本点。

利－量图的最大优点就是清晰地揭示了业务量与利润的直接关系，在进行利润预测时，可直接根据预测的业务量得到预测的利润值。并且该图也反映了产品的贡献毛益水平（代表了产品的获利能力）对保本点高低的影响。

**课程思政元素**　从本量利之间的规律性联系可以看出，成本与利润是此消彼长的关系，收入是利润的来源，因此提高经营效益应注重开源节流。另外，安全边际分析提示企业经营应加强风险管理意识，同时保本分析告诉我们应对风险时要树立底线思维，这样在未来经营企业时才能够进行有效管理。

# 4.2　利润的敏感性分析

由利润计算的基本公式，可知影响利润大小的因素有4个：销售量、销售单价、单位变动成本、固定成本总额。企业在进行生产经营活动时，如果所采取的行动影响到这4个因素中的某1个，则保本点及利润将发生变动，如果行动对多个因素产生影响，根据计算公式也能推测出保本点及利润的变化。根据预测的保本点及利润信息就可以进行决策，也就是判断行动是否可行；反过来，当企业对保本点进行了规划并制订了目标利润，就需要对生产经营活动进行事先的安排，即要确定这4个因素应该达到什么水平，才能保证计划保本点和目标利润的实现。企业可能采取单项措施，如提高销售量等；也可能采取综合措施，如在提高销售量的同时，降低成本等。4 个因素对保本点和利润的影响程度是不一样的，对于企业的管理者来讲，需要了解哪个因素对利润的影响大，哪个因素对利润的影响小。掌握这些信息对决策者来讲有重大意义，有利于决策者在企业经营发生变化时及时采取最有效的对策，调整企业计划，将企业的生产经营活动控制在最有利的状态。

本量利的敏感性分析，主要研究为保证经营目标的实现，各因素应处于何种水平，以及各因素的变化对保本点及利润变化的影响程度。下面根据例 4-7 的资料对这两类问题进行说明。

**例 4-7**  假设计划年度某企业只生产一种产品，售价为 10 元/件，单位变动成本为 8 元/件，固定成本总额 10 000 元，企业的目标利润为 20 000 元，实际销售量 18 000 件。求保本销售量和目标销售量。

**解**          保本销售量 = 10 000/(10 - 8) = 5 000(件)

目标销售量 = (10 000 + 20 000)/(10 - 8) = 15 000(件)

预计可实现利润 = 18 000 × (10 - 8) - 10 000 = 26 000(元)

由此看出，在上述各因素确定的条件下，可实现利润 26 000 元，已超过目标利润。

## 4.2.1  实现保本和保利目标时各有关因素临界值的确定

销售单价、单位变动成本、销售量、固定成本的变化，将影响利润的高低。这种影响达到一定程度，会使企业经营由盈利变为亏损，使企业的经营状况发生质的改变。同样，各因素的变动将直接影响目标利润的实现，因此需要明确各因素允许变动的范围，即确定各因素的临界值。各因素允许变动程度的大小反映了保本保利点对各因素的敏感程度，决策者根据这些信息可以判断目前企业经营的风险程度，主动寻找降低经营风险的措施。

在进行各因素临界值分析时，通常假设其他因素不变，仅就某一因素的变化进行分析。以例 4-7 为例，分析在销售量为 18 000 件的情况下，为实现保本保利的经营目标，各因素变动的临界值。

1. 销售单价的最小值

销售单价下降会使保本点上升，利润下降，下降到一定程度时，企业将无法实现目标利润甚至由盈利变为亏损，这时的销售单价是企业可以承受的单价最小值。由已知条件可得

企业经营保本的销售单价的下限

= (固定成本总额 + 单位变动成本 × 销售量)/销售量

= (10 000 + 8 × 18 000)/18 000 = 8.56(元/件)

保证目标利润实现的销售单价的下限

= (固定成本总额 + 单位变动成本 × 销售量 + 目标利润)/销售量

= (10 000 + 8 × 18 000 + 20 000)/18 000 = 9.67(元/件)

即在其他因素都保持不变的情况下，销售单价不低于 8.56 元/件，即降幅不能超过 14.4%才能保本；单价不低于 9.67 元/件，即降幅不能超过 3.3%，才能实现目标利润 20 000 元。

2. 单位变动成本的最大值

单位变动成本上升会使保本点上升，利润下降，下降到一定程度，企业将无法实现目标利润甚至由盈利变为亏损，这时的单位变动成本是企业可以承受的单位变动成本的最大值。由已知条件可得

企业经营保本的单位变动成本的上限

$$= (销售单价 \times 销售量 - 固定成本总额)/销售量$$

$$= (10 \times 18\,000 - 10\,000)/18\,000 = 9.44(元/件)$$

保证目标利润实现的单位变动成本的上限

$$= (销售单价 \times 销售量 - 固定成本总额 - 目标利润)/销售量$$

$$= (10 \times 18\,000 - 10\,000 - 20\,000)/18\,000 = 8.33(元/件)$$

即在其他情况不变的情况下，单位变动成本不超过 9.44 元/件，即升幅不能超过 18% 才能保本；单位变动成本不超过 8.33 元/件，即升幅不能超过 4.125%，才能实现目标利润 20 000 元。

3. 固定成本的最大值

固定成本上升会使保本点上升，利润下降，下降到一定程度时，企业将无法实现目标利润甚至由盈利变为亏损，这时的固定成本是企业可以承受的固定成本的最大值。由已知条件可得

企业经营保本的固定成本总额的上限

$$= 销售单价 \times 销售量 - 单位变动成本 \times 销售量$$

$$= 10 \times 18\,000 - 8 \times 18\,000 = 36\,000(元)$$

保证目标利润实现的固定成本总额的上限

$$= 销售单价 \times 销售量 - 单位变动成本 \times 销售量 - 目标利润$$

$$= 10 \times 18\,000 - 8 \times 18\,000 - 20\,000 = 16\,000(元)$$

即在其他因素不变的情况下，固定成本总额不超过 36 000 元，即升幅不能超过 260% 才能保本；固定成本总额不超过 16 000 元，即升幅不能超过 60%，才能实现目标利润 20 000 元。

4. 销售量的最小值

销售量下降会使利润下降，下降到一定程度时，企业将无法实现目标利润甚至由盈利变为亏损，这时的销售量是企业可以承受的销售量的最小值即保利量和保本量。由已知条件可得

企业经营保本的销售量的下限

$$= 固定成本总额/(销售单价 - 单位变动成本)$$

$$= 10\,000/(10 - 8) = 5\,000(件)$$

保证目标利润实现的销售量的下限

$$= (固定成本总额 + 目标利润)/(销售单价 - 单位变动成本)$$

$$= (10\,000 + 20\,000)/(10 - 8) = 15\,000(件)$$

即在其他因素都保持不变的情况下，销售量不低于 5 000 件，即降幅不能超过 72.22% 才能保本；销售量不低于 15 000 件，即降幅不能超过 16.67%，才能实现目标利润 20 000 元。

为实现目标利润，企业可以降低固定成本、单位变动成本或提高销售单价、销售量。通过一步步的分解，可以将最终目标分解为各个次级目标，分配到各个部门，制订部门目标。通过分析实现目标利润的有关条件，可以了解为实现目标利润，固定成本、单位变动成本的最高限是多少，销售单价、销售量的最低限是多少，这些信息可以作为企业采取有关措施的决策基础。

## 4.2.2　各因素变化对利润变化的影响程度

各参数变化都会引起利润的变化，但影响程度是不一样的。有的参数发生微小变化，就

会使利润发生很大的变化，即利润对这类参数的变化十分敏感，称这类参数为敏感因素，而有些参数发生变化后，利润的变化不大，则称这类参数为不敏感因素。反映各因素敏感程度的指标被称为敏感系数。

$$敏感系数 = 目标值变动百分比/参量值变动百分比$$

下面仍以例4-7为例，进行敏感程度的分析。

**1. 销售单价的敏感程度**

假设销售单价增长10%，即

$$销售单价 = 10 \times (1 + 10\%) = 11(元/件)$$

则

$$保本销售量 = 10\ 000/(11 - 8) = 3\ 334(件)$$

$$保本销售量的变动率 = [(3\ 334 - 5\ 000)/5\ 000] \times 100\% = -33.32\%$$

$$目标销售量 = (10\ 000 + 20\ 000)/(11 - 8) = 10\ 000(件)$$

$$目标销售量的变动率 = [(10\ 000 - 15\ 000)/15\ 000] \times 100\% = -33.33\%$$

$$预计可实现利润 = 18\ 000 \times (11 - 8) - 10\ 000 = 44\ 000(元)$$

原来的预计利润为26 000元，其变动率为

$$目标值变动百分比 = [(44\ 000 - 26\ 000)/26\ 000] \times 100\% = 69.23\%$$

$$销售单价的敏感系数 = 69.23\%/10\% = 6.923$$

从计算结果可以看出，销售单价增长10%时，保本销售量和目标销售量随之下降，这与前面的本量利图分析是一致的。另外，可以看出销售单价对利润的影响很大，利润以6.923倍的变动率随销售单价变化。也就是说，当销售单价上涨1%时，利润增长6.923%，但是当销售单价下降1%时，利润将下跌6.923%，因此对于经营者来讲，必须格外关注销售单价的变化情况。

**2. 单位变动成本的敏感程度**

假设单位变动成本增长10%，即

$$单位变动成本 = 8 \times (1 + 10\%) = 8.8(元/件)$$

则

$$保本销售量 = 10\ 000/(10 - 8.8) = 8\ 334(件)$$

$$保本销售量的变动率 = [(8\ 334 - 5\ 000)/5\ 000] \times 100\% = 66.68\%$$

$$目标销售量 = (10\ 000 + 20\ 000)/(10 - 8.8) = 25\ 000(件)$$

$$目标销售量的变动率 = [(25\ 000 - 15\ 000)/15\ 000] \times 100\% = 66.67\%$$

$$预计可实现利润 = 18\ 000 \times (10 - 8.8) - 10\ 000 = 11\ 600(元)$$

原来的预计利润为26 000元，其变动率为

$$目标值变动百分比 = [(11\ 600 - 26\ 000)/26\ 000] \times 100\% = -55.38\%$$

$$单位变动成本的敏感系数 = -55.38\%/10\% = -5.538$$

从计算结果可以看出，单位变动成本增长10%时，保本销售量和目标销售量随之上升，这与前面的本量利图分析是一致的。另外，可以看出利润以5.538倍的变动率随单位变动成本变化。也就是说，当单位变动成本上升1%时，利润下降5.538%；当单位变动成本下降1%时，利润将上升5.538%。

**3. 固定成本的敏感程度**

假设固定成本增长10%，即

$$固定成本 = 10\ 000 \times (1 + 10\%) = 11\ 000(元)$$

则　　　　　　　　保本销售量 $=11\,000/(10-8)=5\,500$(件)

保本销售量的变动率 $=[(5\,500-5\,000)/5\,000]\times100\%=10\%$

目标销售量 $=(11\,000+20\,000)/(10-8)=15\,500$(件)

目标销售量的变动率 $=[(15\,500-15\,000)/15\,000]\times100\%=3.33\%$

预计可实现利润 $=18\,000\times(10-8)-11\,000=25\,000$(元)

原来的预计利润为 26 000 元，其变动率为

目标值变动百分比 $=[(25\,000-26\,000)/26\,000]\times100\%=-3.85\%$

固定成本的敏感系数 $=-3.85\%/10\%=-0.385$

从计算结果可以看出，固定成本增长 10% 时，保本销售量和目标销售量随之上升，这与前面的本量利图分析是一致的。另外，可以看出利润以 0.385 倍的变动率随固定成本变化。也就是说，当固定成本上升 1% 时，利润仅下降 0.385%；当固定成本下降 1% 时，利润将上升 0.385%。

4. 销售量的敏感程度

假设销售量增长 10%，即

预计销售量 $=18\,000\times(1+10\%)=19\,800$(件)

则　　　　　　　　预计可实现利润 $=19\,800\times(10-8)-10\,000=29\,600$(元)

原来的预计利润为 26 000 元，其变动率为

目标值变动百分比 $=[(29\,600-26\,000)/26\,000]\times100\%=13.85\%$

销售量的敏感系数 $=13.85\%/10\%=1.385$

销售量的变动对保本量和目标销售量没有影响。从计算结果可以看出，利润以 1.385 倍的变动率随销售量变化。也就是说，当销售量上涨 1% 时，利润增长 1.385%；但是当销售量下降 1% 时，利润将下跌 1.385%。

将上述计算结果进行汇总得到表 4-4。

表 4-4　各因素变动敏感性分析表

| 因素变动 | 保本量 | | 目标销售量 | | 预计可实现利润 | | 敏感系数 |
|---|---|---|---|---|---|---|---|
| | 变动后/件 | 变动率/% | 变动后/件 | 变动率/% | 变动后/元 | 变动率/% | |
| 销售单价上升 10% | 3 334 | -33.32 | 10 000 | -33.33 | 44 000 | +69.23 | +6.923 |
| 单位变动成本上升 10% | 8 334 | +66.68 | 25 000 | +66.67 | 11 600 | -55.38 | -5.538 |
| 固定成本上升 10% | 5 500 | +10 | 15 500 | +3.33 | 25 000 | -3.85 | -0.385 |
| 销售量上升 10% | | | | | 29 600 | +13.85 | +1.385 |

从表 4-4 知本例在上述 4 个因素中，销售单价的敏感性最强（敏感系数 6.923），单位变动成本的敏感性次之（敏感系数 5.538），再次是销售量（敏感系数 1.385），固定成本的敏感性最弱（敏感系数 0.385）。其中敏感系数为正数的，表明利润与该因素发生同方向的增减变化；敏感系数为负数的，表明利润与该因素发生反方向的增减变化。

小提示　判断是否敏感的标准是敏感系数的绝对值，而不是简单的正负数值。

当企业处于正常盈利的条件下，在利润的敏感性分析中有以下结论：

① 销售单价的敏感性最强；

② 销售量的敏感性不可能最弱；

③ 销售量、单位变动成本、固定成本的敏感性强弱视具体情况而定。

教学视频：
利润的敏感性分析

# 4.3 作业基础本量利分析

## 4.3.1 传统本量利分析的局限性

传统的本量利分析建立在传统的成本性态分析的基础上，并以数量（销售量或产量）作为成本的唯一动因来区分变动成本和固定成本。在新的制造环境下，传统的本量利分析面临着和传统成本核算一样的困境，就是可能由于错误的信息而导致错误的决策。这是因为当企业处于柔性制造环境、采用适时制及全面预算管理时，组织运转弹性大、产品生命周期短、质量高，这些变化使得传统的成本结构发生了实质性的变化，驱动成本的因素不仅仅是基础的数量因素，还有其他各种非数量因素，而且这些非数量因素的影响有时要超过数量因素的影响，如果使用单一的数量基础成本动因，将会严重歪曲成本信息。

另外，由于环境的变化，单一成本动因分析中确定的固定成本在多成本动因分析中可能变为变动成本，例如，设备的安装调试费、检验费、材料处理成本等成本项目若以销售量作为其成本动因，通常被认为是固定成本，但对于其他成本动因，如设备调试次数、检验次数、材料处理时间等而言，它们的成本习性就不一定表现为固定成本了，有些成本项目可能就表现出变动成本的习性。因此传统本量利分析由于其分析基础的局限性导致其在先进制造环境下显得不适应。和成本核算系统一样的道理，以作业为基础的本量利分析能适应这种变化。

## 4.3.2 以作业为基础的本量利分析

在作业成本计算制度中，成本划分为单位基础和非单位基础两类，这里的单位指的是生产单位数。作业成本计算法认为某些成本随着生产单位数的变动而变动，而另一些则不会，但是不会随生产单位数变动而变动的成本并不一定就是固定成本，它们可能随着其他作业的变动而变动。因此对于不同的成本项目将选用不同的动因对其进行成本性态分析，以探究在复杂多变的先进制造环境下各成本项目的真实变动情况。应用作业成本法来进行本量利分析，能提供有关成本性态更为准确的信息，使高层管理人员能更好地进行决策。

以作业为基础的本量利分析的基本思路与传统的本量利分析是一致的，都是从基本表达式出发。

$$利润 = 销售收入 - 变动成本 - 固定成本$$

盈亏临界点的计算公式也是和传统方法一样，即

$$盈亏临界点销售量 = \frac{固定成本}{销售单价 - 单位变动成本}$$

上述公式从基本形式上看，和传统的本量利分析没有什么区别，但实质上内容不一样，因为在这两种方法下，划分固定成本的标准不一样。在传统的本量利分析中，只要不随生产单位数变动而变动的成本都视为固定成本；而在作业成本法下，某些不随生产单位数变动而变动的成本，可能随其他作业变动而变动，这时，它也属于变动成本。当企业生产经营过程发生改变时，应当从变动成本的角度判断这些成本项目的数额是否发生变化，进而确定其变

化后的具体数值，根据这些新的信息进行本量利分析。

例4-8 假设公司成本可用三个变量来解释：随生产单位数变动而变动的成本采用单件层次作业动因——销售量，批别层次作业动因——生产准备次数，产品维持层次作业动因——工程工时。相关财务信息如表4-5所示（一年按360天算）。

表4-5 相关财务信息表 元

| 销售量/件 | 5 000 |
|---|---|
| 销售单价/（元/件） | 100 |
| 单位变动成本/（元/件） | 65 |
| 其中：变动制造成本/（元/件） | 45 |
| 变动销售与管理费用/（元/件） | 20 |
| 固定成本 | 300 000 |
| 其中：固定制造费用 | 180 000 |
| 一般性费用（包括厂房、设备折旧） | 120 600 |
| 设备安装调试费（每天1次，每次100元） | 36 000 |
| 检验费（每两天1次，每次70元） | 12 600 |
| 材料处理费（每天1 h，每小时30元） | 10 800 |
| 固定销售与管理费用 | 120 000 |

假定公司要实现10 000元的利润，利用以作业为基础的本量利分析计算盈亏临界点销售量及实现目标利润所需的销售量。

**解** 计算过程为

不随生产单位数变动而变动的成本＝一般性费用＋设备安装调试费＋检验费＋
材料处理费＋固定销售与管理费用

$$盈亏临界点销售量 = \frac{不随生产单位数变动而变动的成本}{销售单价 - 单位变动成本}$$

$$= \frac{120\ 600 + 36\ 000 + 12\ 600 + 10\ 800 + 120\ 000}{100 - 65}$$

$$= 8\ 572(件)$$

$$实现目标利润所需的销售量 = \frac{不随生产单位数变动而变动的成本 + 目标利润}{销售单价 - 单位变动成本}$$

$$= \frac{120\ 600 + 36\ 000 + 12\ 600 + 10\ 800 + 120\ 000 + 10\ 000}{100 - 65}$$

$$= 8\ 858(件)$$

### 4.3.3 以作业为基础的本量利分析与传统本量利分析的比较

继续沿用例4-8，利用传统本量利分析方法计算盈亏临界点销售量及实现目标利润所需的销售量。

$$盈亏临界点销售量 = \frac{固定成本}{销售单价 - 单位变动成本}$$

$$= \frac{300\ 000}{100 - 65} = 8\ 572(件)$$

$$实现目标利润所需的销售量 = \frac{固定成本 + 目标利润}{销售单价 - 单位变动成本}$$

$$= \frac{300\ 000 + 10\ 000}{100 - 65} = 8\ 858(件)$$

从以上的比较可以看出，以作业为基础的本量利分析的结果和传统本量利分析结果一样。这种情形只有在非单位基础成本动因的作业水平保持不变的情况下才成立。如果非单位基础成本动因的作业水平发生了变化，这两种方法提供的信息就会显著不同。以作业为基础的本量利分析能更加详细地表述各成本项目的成本性态，并提供重要的战略信息。

沿用例4-8，假设公司进行市场调查后发现销售量不可能达到8 572件，实际上只能达到7 000件。公司经理要求采取相应措施降低成本。技术人员提出了新的产品设计方案，将变动成本降低为55元，则利用传统的本量利分析方法得到新的保本、保利信息：

盈亏临界点销售量 = 300 000/(100 - 55) = 6 667(件)

实现目标利润所需的销售量 = (300 000 + 10 000)/(100 - 55) = 6 889(件)

从上面的结果看，设计方案可行。

但是经过一年的运行，经理发现并没有实现预期的结果，从传统本量利角度来看，无法解释。下面用以作业为基础的本量利方法进行分析。

新的产品设计方案将变动成本降低，必然要采取相应的措施，进行更为复杂的生产准备，使每次设备安装调试费增加为150元，并且技术含量提高，使得工程工时增加40%。这样，非单位基础的作业水平发生了变化，因此不随生产单位数变动而变动的成本项目将发生变化，即

设备安装调试费 = 150 × 360 = 54 000(元)

材料处理费 = 1 × (1 + 40%) × 360 × 30 = 15 120(元)

因此

盈亏临界点销售量 = (120 600 + 54 000 + 12 600 + 15 120 + 120 000)/(100 - 55)

= 7 163(件)

实现目标利润所需的销售量 = (120 600 + 54 000 + 12 600 + 15 120 + 120 000 + 10 000)/

(100 - 55) = 7 385(件)

传统方法使人们将注意力集中在单位基础成本动因上，忽略了非单位基础作业水平的变化，因此在进行决策时不可避免地会出现失误。而以作业为基础的本量利分析则考虑了这些非单位基础的作业水平变化，更全面地考虑成本的变化，从而能提供更为有用的决策信息。

# 本 章 小 结

　　本量利分析，简称CVP分析，以成本习性分析为基础，研究一定期间的成本、业务量和利润之间的规律性联系。

　　盈亏临界点，又称保本量，是指企业收入和成本相等的经营状态，即贡献毛益等于固定成本时企业所处的既不盈利又不亏损的状态。安全边际是指正常销售量超过盈亏临界点销售量的差额。安全边际的大小在一定程度上反映了获利能力的强弱，更重要的是反映了企业经营风险的大小。

　　本量利的敏感性分析，主要研究为保证经营目标的实现，各因素应处于何种水平，以及各因素的变化对保本点及利润变化的影响程度。掌握这些信息对决策者来讲有重大意义，有利于决策者在企业经营发生变化时及时采取最有效的对策，调整企业计划，将企业的生产经营活动控制在最有利的状态。

　　应用作业成本法来进行本量利分析，能提供有关成本性态更为准确的信息。这些信息使高层管理人员能更好地进行决策。

 **延伸阅读**

管理会计应用指引
第401号——本量利分析
（财会〔2017〕24号）

管理会计应用指引
第402号——敏感性分析
（财会〔2017〕24号）

**思考题**

　　1. 某通信设备制造企业的经理将最近财政年度较低的净利润归因于"销售组合中射频器件销售所占份额上升"。这一年度企业总销售额增长幅度非常小，同时营业收益下降了15%。请问销售组合的含义是什么？怎样计算加权平均贡献毛益率？为什么销售组合中射频器件的销售比例增加会导致企业较低的利润水平？

　　2. "海尔、美的这两家公司同属于家电行业，因此他们的盈亏平衡点相同。"这种说法对吗？为什么？

　　3. 简单解释作业成本计算法是如何影响本量利分析的。

## 练习题

1. 某公司生产 A 产品，销售单价为 20 元/件，单位变动成本为 12 元/件，年销量为 4 000 件，固定成本总额为 20 000 元。

**要求**　（1）计算单位贡献毛益与贡献毛益率；

（2）计算盈亏平衡点的销售量和销售额；

（3）计算安全边际与安全边际率；

（4）计算销售利润与销售利润率。

2. 假定某公司在计划年度产销 A、B、C 三种产品，其销售及成本的有关资料如表 4-6 所示。

**表 4-6　销售及成本资料表**

| 产品名称 | A 产品 | B 产品 | C 产品 |
|---|---|---|---|
| 产销量/台 | 20 | 40 | 60 |
| 销售单价/（元/台） | 1 000 | 1 250 | 3 000 |
| 变动成本率 | 60% | 56% | 70% |
| 固定成本总额/元 | 20 160 | | |

**要求**　（1）采用综合贡献毛益率法预测该公司计划年度的综合保本销售额，以及 A、B、C 三种产品的保本销售额及保本量。

（2）根据该公司计划期内三种产品的计划销售收入计算，预计将实现多少税前净利？

3. 某企业只生产一种产品，单价 50 元/件，单位变动成本是 30 元/件，预计每年固定成本是 50 000 元，计划每年产销量 3 000 件，请计算回答下述互不关联的问题：

（1）如果单价提高 10%，利润增长的百分比是多少？

（2）如果销量减少 10%，利润减少的百分比是多少？

（3）如果固定成本上升 10%，利润减少的百分比是多少？

4. 美乙服装厂生产各国足球队的球衣。球衣销售单价 100 元/件，单位变动成本 50 元/件。在传统成本方法下其固定成本总额为 960 000 元。经过作业分析后，发现其中生产准备成本 360 000 元，这部分成本是与生产准备次数相关的，目前生产准备次数是 80 次；工程成本 100 000 元，这部分成本是与工程工时相关的，目前总共消耗 500 h。

**要求**　（1）用传统分析方法计算盈亏临界点的销售量；

（2）用作业分析方法计算盈亏临界点的销售量；

（3）假设美乙服装厂生产准备次数不变，单位生产准备成本减少了 1 500 元，只需要工程工时 425 h，计算盈亏临界点的销售量。

## 案例分析

健益康医院是一家提供专门护理服务的私立医院，医院内部分为不同的独立核算、自负盈亏的部门。随着老年人口数量的增长，我国政府陆续出台了相关政策，鼓励民间资本进入医疗养老行业，为此该医院成立了老年科。老年科20×1年的有关资料如下。

在20×1年，老年科提供护理服务的收费是每个床位每天300元（含床位费、护理服务费、餐费），老年科全年收入为6 000 000元。每年年初，该部门与医院签订床位租赁协议，确定租用的床位数目。根据20×1年的协议，该年度医院向老年科提供60张床位供其全年365天使用。

经营该部门的成本包括变动运营成本、固定运营成本及员工成本。变动运营成本，如食物、洗衣费等，是按病人住院天数计算的；固定运营成本，如保安、行政、租金等开支，则是按照租用床位数量确定每年的支出金额（20×1年是60张床）；员工成本是依照日平均床位使用数量所规定的员工人数而定。以下列示20×1年老年科的变动运营成本、固定运营成本和员工成本的数据。

变动运营成本（按住院天数）：

| | |
|---|---|
| 食物 | 40元/（床位·天） |
| 洗衣 | 10元/（床位·天） |
| 其他 | 30元/（床位·天） |
| 合计 | 80元/（床位·天） |

固定运营成本（按租用床位数量）：

| | |
|---|---|
| 保安 | 100 000元/年 |
| 行政 | 900 000元/年 |
| 租金 | 200 000元/年 |
| 合计 | 2 200 000元/年 |

员工成本：

每一专科招聘自己的医师、护士及助理。老年科日平均使用床位数在60张床位以下时，需要医师4名，护士10名，助理20名；每增加5张床位，则需要增加2名护士，3名助理；每增加20张床位，则需要增加1名医师。

医院采用固定工资制度，员工每年的工资如下：医师每人108 000元，护士每人66 000元，助理每人45 000元。

要求：

（1）计算20×1年老年科的年度利润。

（2）计算20×1年老年科年均床位入住率达到多少才能保本。

（3）老年科在运营中发现，在某些时点会出现床位数量无法满足病人需求的情况，而且老年科的就诊人数在逐年增长，因此该部门正考虑在20×2年增加床位，进行业务扩展。请问老年科针对扩展计划进行保本分析时，应考虑哪些影响因素？

（4）基于上述计算得到的结果，向老年科的管理层提供改善经营状况的建议。

### ▶ 课 程 实 验 设 计 ◀

## 本量利分析

### 一、实验目的

1. 熟悉本量利分析的基本方法及其应用，进行相关的敏感性分析。

2. 训练学生运用 Excel 表格相关函数公式分析处理相关数据的能力。

### 二、实验资料及具体要求

**资料** 假定立达电器有限公司生产销售某一种产品，20×1 年的有关资料如下：

| | |
|---|---|
| 销售单价 | 70 元 |
| 单位变动成本 | 50 元 |
| 固定成本总额 | 4 800 元 |
| 目标税后利润 | 1 200 元 |
| 所得税税率 | 25% |

**要求**

1. 根据以上资料创建本量利分析模型并计算下列指标：

（1）单位贡献毛益；

（2）保本量、保利量、保本额和保利额；

（3）单位售价提高到 72 元的保本量、保利量、保本额和保利额；

（4）单位变动成本下降到 48 元的保本量、保利量、保本额和保利额；

（5）固定成本总额增加到 5 000 元的保本量、保利量、保本额和保利额；

（6）目标税后利润提高到 1 300 元的保本量、保利量、保本额和保利额；

（7）所得税税率提高到 30% 的保本量、保利量、保本额和保利额；

（8）单位售价提高到 72 元，单位变动成本下降到 48 元，固定成本增加到 5 000 元，目标税后利润提高到 1 300 元，所得税税率提高到 30%，这 5 个因素同时变化后的保本量、保利量、保本额和保利额。

2. 因素变动假设。假定立达电器有限公司 20×1 年有关影响本量利分析的因素发生以下变化：

（1）单位售价由 70 元上升到 73 元；

（2）单位变动成本由 50 元下降到 49 元；

（3）全年固定成本总额由 4 800 元上升到 5 000 元；

（4）全年目标利润由 1 200 元上升到 1 500 元；

（5）所得税税率由 25% 下降到 22%。

应用创建的本量利分析模型分析：如果以上因素单独发生变化会对保本量、保利量、保本额和保利额产生什么影响？如果以上因素同时发生变化会对保本量、保利量、保本额和保利额产生什么影响？

3. 变动假设分析。假定立达电器有限公司的目标保利量为 300 单位，那么应用创建的本量利分析模型计算：

（1）单位售价应是多少?

（2）单位变动成本应是多少?

（3）全年固定成本应是多少?

（4）全年目标利润应是多少?

（5）所得税税率应是多少?

### 三、模型功能要求

**1. 利用模型进行敏感性分析**

所创建的本量利分析模型是根据某一特定资料计算出来的，然而影响目标利润的各项因素很可能不断地发生变化，企业管理者往往需要了解各因素变化对企业目标利润产生的影响，需要进行因素变动的本量利敏感性分析。同时，企业管理者还可能需要了解当经营目标发生变化时，影响该经营目标实现的各因素应发生怎样的变化，即结果变动的敏感性分析。

**2. 本量利分析模型在其他项目上的应用**

本量利分析模型还可用来进行其他产品或项目的本量利分析。应做到只要在模型中输入其他项目的相关资料，模型就能自动计算出相应的结果。

# 第5章　短期经营决策分析

## 本章知识结构

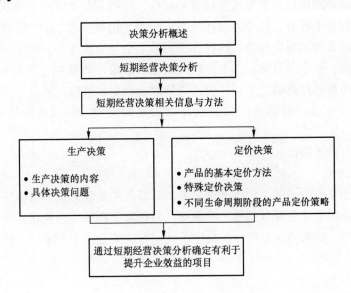

## 引言

上海大众汽车公司应该自己制造其汽车上使用的轮胎，还是从供应商那里购买？古船面粉公司应该直接出售其磨制的面粉，还是用它做更多的谷物早餐？中国国际航空公司应该增加航线以利用其闲置的飞机，还是应该将其出租？在北京国际展览中心进行的国际汽车展览会打算在展会期间到麦当劳餐厅预订 1 500 份/天的会议餐，但出价比餐厅的正常标价低一些，麦当劳能接受这份订单吗？这些问题都是经营管理者在日常经营中可能遇到的经营决策问题。决策的正确与否关乎企业的命运。本章以短期经营决策问题为讨论对象，讲述经营决策中的相关信息，重点介绍短期经营决策的基本方法及应用。长期投资决策内容一般在财务管理教材中有详细论述，本教材不再赘述。

# 5.1　决策分析概述

## 5.1.1　决策分析的意义和特征

所谓决策，就是指为了达到预定的目标，对两个及两个以上的备选方案进行比较分析，从中选择一个最优方案的过程。管理会计中的决策分析，指的是利用会计资料和其他有关资料，针对解决问题的各种方案的经济效益，运用专门的方法来测算、分析和比较，权衡利弊得失，从多个备选方案中选出最佳方案的过程。经营决策的目的是使组织目标最优化。例如，营利企业就是使利润最大化，非营利组织则是使某项非经济指标最大化。

决策分析是企业管理的核心，决策的正确与否关系到企业的兴衰存亡。特别是在"管理的重心在经营，所以经营的重心在决策"这一管理理论被人们普遍认可的今天，更有理由强调决策过程的重要性。有人认为"决策程序就是全部管理过程"，表明决策在企业经营管理中占有十分重要的地位。首先从管理者角度看，决策是企业管理者的基本职能。企业生产和经营活动中的各个环节、各个方面都处在不断的变化和运动之中，管理者面对这些变化和出现的问题，都要找到解决办法，这些办法实际上也是决策行为，所以说决策是管理者的最基本职能。其次，从企业角度看，企业经营活动的成效，从根本上讲取决于决策的成功与否。一次成功的决策必然能够产生正效应，否则就会产生负效应。从这一点看，决策是企业经营活动的前提，企业经营活动的成果也是对决策的检验，所以决策是企业经营管理的核心。

决策分析具有以下特征。

（1）未来的决策

决策面向的是未来的事项，它不是对过去活动简单的重复，也不可能完全脱离过去活动的影响。企业未来的事项是可以判断、推测的，但很难精确地予以量化，它的发生受到多种不确定因素的影响。决策的这个特性，决定了我们在决策分析中应采用定性分析与定量分析相结合的方法。

（2）明确的目标

决策是为了解决一个具体的问题，达到一个明确的目标，没有目标的决策是毫无意义的决策。决策目标的确立，一方面为确定备选方案提供了前提，另一方面为决策结果的评价提供了标准。

（3）多个方案

决策的核心是分析比较，评价选优。如果可供选择的方案只有一个，根本无须评价、选择。只有备选的方案在两个或以上时，才存在比较、分析、选择最优方案的问题。

（4）人性化

决策的结果总会有一个最后的实施方案，而这个方案总是要由人来完成的。这就要求在决策的过程中，在考虑方案本身优劣的同时，还要关注备选方案对实施人员的要求及实施人员对备选方案的适应程度。

## 5.1.2 决策过程

决策过程是一个完整的系统。在这个系统中，包含由发现问题、提出问题、分析问题、解决问题组成的完整系列活动。决策就是对这一系列活动进行逻辑分析和综合判断，作出科学决断的过程。因此，保证决策的科学性，就必须有一个合理的决策程序。这个合理的程序，保证决策能够按照统一的规范，把方法格式化、标准化，以限制和缩小决策者的主观自由度。图 5－1 显示了决策的一般过程。

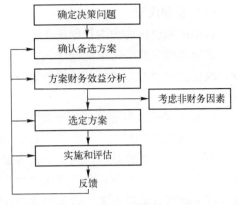

图 5－1 决策的一般过程

首先，要确定决策问题，只有充分把握决策问题，才能有针对性地找出解决对策，设计合理的备选方案。其次，收集历史会计信息和会计系统外的其他相关信息，预计各个方案的成本和收益，对各个备选方案进行财务效益分析，在此基础上，还需要结合公司的总体战略目标，考虑一些非财务因素对决策的影响，如管理人员在自制与外购决策中需要考虑不同方案对产品质量的影响。在权衡财务与非财务因素对企业长远战略目标影响的基础上，最终选定行动方案。最后，管理者借助实施和评估的反馈信息在未来对决策过程进行调整。

决策是面向未来的，而未来有许多不确定性因素，因此良好的预测是决策的基础，是决策科学化的前提。同时，决策是规划的基础，没有具体的决策结论，就无法作出相应的计划和预算，也无法进行相应的控制和考核。在决策过程中，最大的困难是预测每种选择方案的收入和成本将受到什么影响。不管什么样的决策情况，关键问题都是：它会造成各种备选方案之间出现什么差异？

## 5.1.3 决策分析的类型

决策分析按照不同的标准可划分为不同的类型。

1. 按决策本身的重要程度分类

（1）战略决策

战略决策是指关系到企业未来发展方向、大政方针的全局性重大决策。例如，企业打算在经营上进行转型，主营业务将发生行业性改变等。

（2）战术决策

战术决策是指为了达到预期的战略决策目标，对日常经营活动所采取的方法和手段的局部性决策。例如，为了达到上述经营转型，企业需引进什么样的生产线，人员需要进行哪些调整等。

2. 按决策的时期长短分类

（1）短期决策

短期决策也称为短期经营决策。它一般是对一年之内的生产活动和经营活动所要解决的问题作出决策。例如，企业零配件是自制还是外购？生产甲产品还是乙产品……主要目的是使企业的生产经营活动在现有资源内得到合理的利用，其决策实施所需资金由内部筹集。短期经营决策又可进一步分为生产决策和定价决策，这是本章所要研究的内容。

（2）长期决策

长期决策也称为长期投资决策。它一般是规划重大发展方向、有关企业全局的、需要若干年实施才能完成的决策活动。例如，企业为扩大现有生产能力而进行的大规模固定资产投资、改变企业经营方向的基建投资等活动，这些投资金额较大，见效时间长，资金一般靠外部筹集。

3. 按决策的条件是否肯定分类

（1）确定型决策

决策的有关条件是确定的，决策方案实施的结果也是确定的。这种决策，只要比较不同方案的优劣，根据价值标准就可作出决策。例如，某一方案的价格、销量、成本确定后，其盈亏情况就可以确定下来。这是管理会计中重点研究的决策内容。

（2）不确定型决策

各种可行方案出现的结果（自然状态）是未知的，且自然状态出现的概率也不清楚，或只能靠主观概率判断。

（3）风险型决策

各种可行方案所需的条件大部分是已知的，但每一方案的执行都将会出现两种以上不同结果（自然状态），各种结果出现的概率是可预测的。作出这种决策要承担一定风险，因此称作风险型决策。与不确定型决策相比，风险型决策最终出现各种结果有一客观概率，而不确定型决策则没有这种概率作为决策条件。

4. 按决策方案之间的关系分类

（1）接受或拒绝方案决策

它指只需对一个备选方案作出接受或拒绝的选择的决策，即"采纳与否决策"。例如，亏损产品是否停产的决策，是否接受特殊价格追加订货的决策等。

（2）互斥方案决策

通常在两个或两个以上相互排斥的备选方案中选出唯一的一个最优方案的决策称为互斥方案决策。例如，零配件是自制还是外购的决策，开发新产品的品种决策，产品是直接出售还是进一步加工的决策等。

5. 按决策的重复程度分类

（1）程序化决策

这种决策是指例行的或重复性的决策，在很大程度上依赖于以前的解决方法，只要按照事先规定好的一个系统化的程序、规则或政策去实施就可以了。例如，正常生产情况下每次存货的采购量，可按照事先确定的方案批量采购，而无须重新决策。

（2）非程序化决策

这种决策是指复杂的或非例行的决策，当遇到新情况时，没有事先准备好的解决方法可循，它需要按照决策程序一步步地进行。例如，是否生产一种新的产品的决策就属于非程序化决策。

# 5.2　短期经营决策相关信息与方法

所谓决策，是指在一系列备选方案中选择一个方案予以实施。而这种选择是事先作出的抉择，这个抉择不是依靠个人经验和主观判断作出来的，而是根据多方相关信息，采取科学的决策分析方法，通过周密的计算与分析，全面衡量得失后作出的最佳选择，相关信息的质量保障了决策的科学性和可靠性。

## 5.2.1　短期经营决策所需信息的属性

经营管理者在进行决策时将面对很多信息，那么他们需要根据特定的决策问题，辨认哪些信息是相关的，哪些信息是无关的。确认相关信息的能力通常决定了现代商业活动的成败。什么信息是相关的取决于所要作的决策。决策过程基本上是在几个方案中进行选择。可供选择的方案通常是通过耗时的正式或非正式的调查和甄别过程确定的，这个过程可能由一个包括工程师、会计师和管理决策者的公司小组来执行。会计师作为相关信息的收集者、报告者在决策过程中占有重要地位。在决策中会计师的角色主要是作为财务分析方面的技术专家，帮助管理者把注意力放在主要影响最优决策的相关数据和信息上。

1. 相关性的定义

在决策的最后阶段，管理者要比较两个或多个备选方案。决策的基础是各种备选方案预计的未来业绩的差别。关键问题是：选择将造成什么样的差别？相关信息是指预计的未来成本和收入，它们会因选择方案的不同而不同。

相关信息是对未来的预测，而不是对过去的总结。历史数据对决策没有直接影响，但这些数据能够帮助预测未来，所以它们对决策有间接影响。但是过去的数据本身与决策是不相关的。因为决策不会影响过去的数据，决策只影响未来。无论什么行动也改变不了已经发生的事情。

对于预计的未来数据，只有那些会随选择方案的不同而不同的数据才是与决策相关的。那些不随选择方案变化而变化的数据与决策不相关。例如，如果不管存货情况如何，部门经理的工资都保持不变，那么工资与产品的选择这项决策就是不相关的。

2. 准确性和相关性

在最理想的情况下，决策所用的信息应当相关并且准确。然而获取这种信息的成本往往超过它的收益。在进行经营管理时，应遵守成本效益原则。因此，会计师们经常需要在信息的相关性与准确性之间进行权衡。在管理会计中，信息的质量要求与财务会计有所区别。在财务会计中，强调信息的准确性，主要是因为财务会计是对经济业务的事后反映，相关性在准确性之后；而在管理会计中，首先强调信息的相关性，准确但不相关的信息对决策是没有价值的，当然在相关的基础上，信息也要适当准确。

信息的相关程度或准确度通常取决于其定性或定量的程度。定性方面是指那些用货币计量很困难而且不准确的方面；定量方面是指那些易于并且能够准确计量的方面。会计师、统计学家和数学家们试图把尽可能多的决策因素用可行的量化方式表达出来，因为这样可以减少需要主观判断的定性因素。但是在管理会计中，信息的相关性重于准确性，因此在许多决策中定性方面会比可计量（定量）方面的财务影响更有分量。例如，为了避免长期依赖某一家供应商，公司可能会放弃从这家供应商购买零部件的机会，即使它的价格低于自己生产的成本。

## 5.2.2　决策中的相关成本

决策分析就是利用会计资料和其他有关资料，针对解决问题的各种方案的经济效益，运用专门的方法来测算、分析和比较，权衡利弊得失，从中选出最佳方案的过程。在各备选方案中，除了收入以外，影响经济效益的一个决定性因素是成本。而且相对收入来讲，成本是企业能控制的因素，因而在决策分析中要区分相关成本和无关成本，分清影响可供选择方案效益的有关因素和无关因素，抓住主要矛盾，作出正确选择。这对决策分析至关重要。

所谓相关成本，是指与特定决策有关、具有导致决策差别能力的成本项目；无关成本是指对某一未来决策方案的选择没有影响、不能导致决策差别的成本项目。需要注意的是，所谓相关与无关都是相对于决策方案而言的。对于某个决策方案是相关的成本项目对于另外一个决策方案却可能是无关的。相关成本的共同特征是在不同备选方案之间产生差异的未来成本。在实际决策中经常遇到的成本有以下几种。

1. 重置成本与历史成本

一项资产的重置成本是指目前从市场上重新购置这样一项资产所需花费的成本。财务会计中资产主要是按历史成本入账的，但历史成本是购买资产时实际支付的成本，它已经发生，目前的决策无法改变它，因此是无关成本。而在管理会计决策分析中，要考虑的是资产的重置成本。

例如，某服装店的老板三个月前从广州以每件 30 元的价钱进了一批牛仔裤。由于老板的眼光比较前卫，所以目前此种牛仔裤的进价已涨到每件 50 元，老板定价时遵循 25% 的毛利原则，那么老板一条牛仔裤应卖多少钱？

2. 付现成本与沉没成本

付现成本是由于选择某一方案而需要立即或于最近时期支出现金的成本。当企业在经营活动中，现金相对短缺、向市场筹集资金又比较困难或借款利率过高时，企业决策部门应重视付现成本的高低而非总成本的大小。这时，决策的取舍标准是付现成本而不是总成本。

例如，某企业生产线上一项关键设备是核心设备，若其损坏，企业将全面停产。现有两个方案：一是维修，维修费 50 000 元，一次付清；二是购买一项新的，其市场售价是 90 000 元，但可以先付 40 000 元，余款一年内付清。企业目前资金紧张，只能筹集到 45 000 元。那么企业应选择哪个方案？

还有一类成本是过去已经支付，无法再收回或得到补偿的成本。其存在与否和数额的大小都不是目前和未来决策所能改变的，这类成本称为沉没成本。

例如，某公司一年前以 2 万元的价格购入一台计算机，现有一部件发生故障需要更换，为此需要支付 8 000 元。如果将其报废，重新购买一台性能相当的计算机需要 8 000 元，问是报废还是维修？若购买一台新计算机的价格是1万元，决策是否有所改变？

付现成本与沉没成本的相同点是都表现为需要支付现金，但付现成本尚未发生且需要在今后支付现金，沉没成本则是已经发生且支付，在未来时期不需付现的成本。因此，在决策中，付现成本是相关成本，沉没成本是无关成本。

### 3. 机会成本

机会成本是指在使用有限资源时，由于选择一个方案而放弃（或错过）另一个方案所失去的可能的最大收益。它不是一项现实的成本支出，只是用于计算各决策方案潜在的经济影响，因而财务会计核算中不用入账。它是基于资源的"稀缺性"而产生的成本，为实现有限资源的最大效益，使用这一资源所获得的收益必须能够弥补因此而放弃的其他利益，若忽视机会成本，可能会造成决策失误。

例如，大名公司一台设备目前正在生产A产品，每年可获净利20万元。现决定用该台设备生产B产品，那么，产销A产品每年可获20万元的净利即构成生产B产品的机会成本，只有产销B产品所产生的净利大于放弃A产品而损失的20万元净利，B产品产销方案才是可行的。

### 4. 专属成本与共同成本

专属成本是指可以明确直接归属于某个责任单位（对象或某一决策项目）的固定成本。例如，为生产某产品的专用设备的折旧费、保险费等均属于专属成本。此成本为相关成本。

与专属成本对应的一个概念——共同成本，是指那些由若干产品的生产或若干部门的存在或若干项目发生的固定成本。例如，一台设备用以制造两种或多种产品，那么该设备的折旧费、修理费对各种产品来讲均是共同成本。该成本不会造成各种备选方案之间出现差别，因此是无关成本。

需要注意的是，一项成本是专属的还是共同的，取决于决策分析的对象及范围的变化。一般情况下，变动成本都和具体分析对象直接相关，都属于专属成本，因此没有必要对变动成本的这一属性专门分析研究。

### 5. 可避免成本与不可避免成本

可避免成本是指与特定备选方案相关联的成本，其发生与否，取决于与其相关联的备选方案是否被选定。即某个备选方案如果被选定，与其相关联的某项成本就会发生；否则，该项成本就不会发生，则该成本为可避免成本。而不可避免成本是指在业务经营过程中必然发生，其数额与决策活动无关的成本。

例如，海滨市第一糖果厂现生产奶糖、水果糖系列，现要多元化转型生产系列奶粉，以提高经济效益。生产奶粉需要投资100万元的新式设备及投入人力资源等。厂房及原有机器设备折旧60 000元。在这一案例中，谁是可避免成本？谁是不可避免成本？

### 6. 可延缓成本与不可延缓成本

在企业财力负担有限的情况下，对已决定选用的某一方案如推迟执行，若不至于影响企业全局，则与这一方案有关的成本即为可延缓成本。

例如，九华公司原来办公房屋比较简陋，原定计划年度新盖办公楼一座，需花费3 000万元，现在考虑到计划期间资金比较紧张，决定推迟两年再盖大楼，那么与建楼有关的建筑材料、人工等都属于可延缓成本。

有一些决策方案,即使在企业财务资源有限的情况下,也不能推迟执行,否则会对企业生产经营活动的正常运行产生重大的不利影响。此时与该决策有关的成本就必须立即支出,不可以推延,这类成本即为不可延缓成本。

例如,九华公司过去一直采用烧柴油的锅炉,能源浪费很大,而且污染四周环境。现决定在计划年度采用一体式冷凝锅炉,以降低有害气体的排放,需花费200万元。这个方案即使在财力紧张的情况下也必须执行,否则市政机关和环保部门将勒令其停业,则与方案有关的成本(200万元)为不可延缓成本。

### 7. 可分成本与联合成本

所谓可分成本,是指联产品或半成品在进一步加工阶段中所需追加的变动成本和固定成本;而联合成本是指联产品形成之前发生的由各联产品共同负担的成本。所谓联产品是指一种原材料能够同时加工出两种以上的产品。例如,棉花可以先加工成棉纱,棉纱经过纺织可以进一步加工成棉布,其过程为棉花—棉纱—棉布,在这个过程中,棉纱和棉布都可作为商品出售。在联产品是否进一步加工的决策中,从棉花到棉纱的过程中发生的成本为联合成本,对棉纱进一步加工的决策无影响,为无关成本;从棉纱到棉布的过程中发生的成本为可分成本,对棉纱进一步加工的决策有影响,为相关成本。

### 8. 边际成本

边际成本是产量每增减一个单位所引起的成本总额的变动,在一定范围内,边际成本即单位变动成本。与边际成本相对应的收益概念是边际收益,它是产量每增减一个单位所引起的收益总额的变动,在一定范围内,边际收益就是单价。"当某一项目的边际收益等于边际成本时,这一项目的收益总额最大",这一经济学原理在管理会计的生产决策和定价决策中有着重要作用。比如当采用薄利多销的方式扩大销售量时,其价格降低的最低限度是边际收益等于边际成本。

### 9. 差量成本与增量成本

差量成本是可供选择的方案之间预期成本的差异,它可以使决策者从可供选择的备选方案中估计其成本差异,评价备选方案经济效果的优劣。例如,在决定零部件是自制还是外购时,零件自制成本和外购成本的成本差额就是该生产决策的差量成本。

在同一决策方案下,由于不同产量或者生产能力的不同利用程度所引起的差量成本,也称为增量成本。一般地,在相关范围内,增量成本等于变动成本的差异额,但超出相关范围,增量成本就是变动成本差异和固定成本差异之和。因此,不能简单地认为增量成本等于变动成本。

与差量成本相对应的收益概念是差量收入,差量收入是可供选择的方案之间预期收入的差异。决策分析中常用的分析方法——差量分析法即通过比较差量收入与差量成本的大小来判断方案的优劣。

综上所述,重置成本、付现成本、机会成本、专属成本、可避免成本、可延缓成本、可分成本、边际成本、差量成本、增量成本等属于相关成本,而历史成本、沉没成本、共同成本、不可避免成本、不可延缓成本、联合成本等属于无关成本。

## 5.2.3 决策中的相关收入

相关收入是指与特定决策方案相联系、能对决策产生重大影响、在短期经营决策中必须予以充分考虑的收入。如果某项收入只属于某个经营决策方案，即若这个方案存在，就会发生这项收入；若这个方案不存在，就不会发生这项收入，那么，这项收入就是相关收入。相关收入的计算要以特定决策方案的单价和相关销售量为依据。

## 5.2.4 短期经营决策的常用方法

短期经营决策分析不外乎是在本、量、利之间进行总量或差量的比较和优选，因此决策方法也主要分为总量法和差量法，具体有以下几种。

1. 差量分析法

管理会计中，各个不同的决策备选方案之间的差别称为"差量"。这种差量一般涉及两个概念，即"差量收入"和"差量成本"。

差量分析法就是通过对两个备选方案的差量收入与差量成本的比较来确定哪个方案较优的决策方法。如果差量收入大于差量成本，前一个方案较优；反之，若差量收入小于差量成本，则后一个方案较优。

假设现有两个方案 A 和 B，两个方案只能选一个进行，则

差量收入 = A 相关收入 – B 相关收入

差量成本 = A 相关成本 – B 相关成本

若差量收入 > 差量成本，则选择方案 A；若差量收入 < 差量成本，则选择方案 B。

特别需要注意的是：在进行比较时，计算差量收入与差量成本的方案顺序必须保持一致。

该方法比较科学、简单、实用，通常适用于只有两个备选方案的互斥决策。

2. 贡献毛益分析法

短期经营决策中，由于企业生产能力一般不会改变，固定成本总额基本稳定，所以只需要对产品所提供的贡献毛益进行分析，就可以确定最优方案。这种以生产产品所创造的贡献毛益大小来评价和选择最优方案的分析方法称为贡献毛益分析法。必须注意的是，决策分析时决不能以产品的单位贡献毛益大小作为评价方案优劣的标准，而应以产品所提供的贡献毛益总额或单位资源贡献毛益为依据。这是因为生产不同单位产品所耗费的资源（如人工工时或机器工时）往往不同，单位产品贡献毛益没有可比性。

（1）单位资源贡献毛益分析法

单位资源贡献毛益分析法是以有关方案的单位资源贡献毛益指标作为决策评价指标的一种方法。

当企业生产只受到某一项资源（如某种原材料、工人人工工时或机器工时等）的约束，并已知备选方案中各种产品的单位资源贡献毛益和单位产品资源消耗额（如材料消耗定额、工时定额）的条件下，可按下式计算单位资源所创造的贡献毛益指标，并以此作为决策评价指标。

$$单位资源贡献毛益 = \frac{单位贡献毛益}{单位产品消耗定额}$$

哪个方案的单位资源贡献毛益大，哪个方案为优。

该方法比较简单，经常应用于短期经营决策中的互斥方案决策，如新产品开发的品种决策。

**课程思政元素**　企业的资源是有限的，在进行短期经营决策时只有考虑单位资源产生的经济效益才能实现资源效益最大化。如果企业的生产资料为稀缺资源，更应该坚持绿色低碳可持续发展的生态文明理念，作好稀缺资源的最佳利用决策。同时我们要养成环保意识，杜绝资源浪费。

（2）贡献毛益总额分析法

贡献毛益总额分析法是指以有关方案的贡献毛益总额指标作为决策评价指标的一种方法。

当有关决策方案的相关收入均不为零，相关成本全部为变动成本时，可以将贡献毛益总额作为决策评价指标。哪个方案的贡献毛益总额大，哪个方案为优。

该方法经常被应用于短期经营决策中不涉及专属成本和机会成本的单一方案决策或多个方案决策中的互斥方案决策，如亏损产品决策。

3. 成本平衡点法

成本平衡点法是指当各备选方案的相关收入均为零，相关的业务量为不确定因素时，通过判断处于不同水平的业务量与成本平衡点业务量之间的关系，来作出互斥方案决策的一种方法。

此方法要求各方案的业务量单位必须相同，方案之间的相关固定成本水平与单位变动成本水平恰好相互矛盾，否则无法应用该方法。

假设

方案 A 的总成本公式　　　　　　$y_1 = a_1 + b_1 x_1$

方案 B 的总成本公式　　　　　　$y_2 = a_2 + b_2 x_2$

其中　　　　　　　　　　　　$a_1 > a_2，b_1 < b_2$

使两方案总成本相等的业务量即为成本平衡点业务量。

成本平衡点业务量　　　　　　$x_0 = \dfrac{a_1 - a_2}{b_2 - b_1}$

判断：

① 若业务量大于 $x_0$，则选 A 方案（固定成本较高）；

② 若业务量小于 $x_0$，则选 B 方案（固定成本较低）；

③ 若业务量恰好等于 $x_0$，则两方案成本相等，效益无差别。

该方法通常被应用于业务量不确定的零配件取得方式的决策和生产工艺技术方案的决策。

4. 相关损益分析法和相关成本分析法

（1）相关损益分析法

相关损益分析法是在进行短期经营决策时，以相关损益指标作为决策评价指标的一种方法。某方案的相关损益是指该方案相关收入与相关成本之差。哪个方案的相关损益最大，哪个方案最优。此法可以同时用于两个以上方案的决策。

（2）相关成本分析法

相关成本分析法是指在短期经营决策中，当各备选方案的相关收入均为零，通过比较各方案的相关成本指标，作出方案选择的一种方法。哪个方案的相关成本最低，哪个方案最优。此法可以同时用于两个以上方案的决策，如业务量确定的零部件自制或外购的决策。

教学视频：
短期经营决策方法

# 5.3　生产决策

## 5.3.1　生产决策的内容

产品生产是企业经营活动的重要组成部分，只有尽可能地生产足量的、适销对路的产品，企业才能得以生存和发展。因此，合理地组织和安排企业的生产，就成为现代企业管理的一个重要方面，产品生产决策则是加强生产管理、合理组织生产的关键。

所谓生产决策，对企业来说就是在现有生产经营能力的条件下，为争取实现尽可能好的经营成果就下列问题作出选择：

- 生产或不生产什么产品；
- 各种产品的产量是多少；
- 如何组织和实施生产。

生产决策实际上就是关于合理利用现有生产能力扩大企业经营成果的决策。

## 5.3.2　亏损产品的决策

企业在组织产品的生产和经营过程中，由于各种原因，企业所产销的某种或某类产品有时会发生亏损。按照传统的财务会计理论，企业产销亏损产品必定给企业带来损失。因此，及时地停止亏损产品的产销，无疑对企业是有利的。但通常所说的"亏损产品"，都是按传统的会计理论和方法来计算确定的，在这些产品成本中包含着与它们并不相关的固定成本。这类固定成本并不会因停止某项产品的生产而不再发生（相关固定成本除外）。因此，如果不加分析地停止亏损产品的产销，有时反而会给企业带来不利的影响。

按照变动成本法的原理，企业产品的销售收入，首先必须用来补偿销售产品的变动成本和与之相关的固定成本。如果还有剩余就可以分担企业范围内的共同固定成本。它能分担多少主要看它能提供多少的"贡献毛益"。按照完全成本法的原理，往往对企业的共同固定成本采用平均分摊的方式。有些产品所提供的贡献毛益不能弥补它所分摊的共同固定成本而成为"亏损产品"，但它们并不一定毫无补偿能力。如果停止产销这种产品，该产品原先负担的共同固定成本就会转移到其他产品身上，从而加重其他产品的负担。因此，不能简单地判断"亏损产品"，而要经过客观分析，才能得到正确结论。

1. 剩余生产能力无法转移时，是否停产的决策分析

剩余生产能力无法转移是指当亏损产品停产后，其闲置的生产能力不能用于其他方面。这种情况下，一般可采取贡献毛益分析法作出亏损产品是否停产的决策。

**例 5 - 1** W 公司产销 A、B、C 三种产品，其中 A 产品是亏损产品，B、C 产品是盈利产品。它们按传统方式编制的职能式损益表如表 5 - 1 所示。

表 5 - 1   W 公司职能式损益表      元

| 项目 | A 产品 | B 产品 | C 产品 | 合计 |
|---|---|---|---|---|
| 销售收入 | 40 000 | 60 000 | 80 000 | 180 000 |
| 制造成本 | | | | |
|   直接材料 | 9 000 | 8 000 | 14 000 | 31 000 |
|   直接人工 | 8 000 | 7 000 | 8 000 | 23 000 |
|   变动制造费用 | 7 000 | 6 000 | 6 000 | 19 000 |
|   固定制造费用 | 11 000 | 10 000 | 16 000 | 37 000 |
| 非制造成本 | | | | |
|   变动销售管理费用 | 6 000 | 9 000 | 12 000 | 27 000 |
|   固定销售管理费用 | 4 000 | 6 000 | 8 000 | 18 000 |
| 销售成本合计 | 45 000 | 46 000 | 64 000 | 155 000 |
| 税前净利 | (5 000) | 14 000 | 16 000 | 25 000 |

**分析** 假定 A 产品停产后，其生产设备不能移作他用，那么 W 公司是否应停产 A 产品？根据给定的职能式损益表，编制贡献式损益表如表 5 - 2 所示。

表 5 - 2   W 公司贡献式损益表      元

| 项目 | A 产品 | B 产品 | C 产品 | 合计 |
|---|---|---|---|---|
| 销售收入 | 40 000 | 60 000 | 80 000 | 180 000 |
| 变动成本 | | | | |
|   变动生产成本 | 24 000 | 21 000 | 28 000 | 73 000 |
|   变动销售及管理成本 | 6 000 | 9 000 | 12 000 | 27 000 |
|   变动成本小计 | 30 000 | 30 000 | 40 000 | 100 000 |
| 贡献毛益总额 | 10 000 | 30 000 | 40 000 | 80 000 |
| 减：固定成本总额 | 15 000 | 16 000 | 24 000 | 55 000 |
| 税前净利 | (5 000) | 14 000 | 16 000 | 25 000 |

从以上贡献式损益表的资料可见，W 公司的 A 产品按照传统方式计算是亏损的，但根据贡献方式计算，还能为公司创造贡献毛益 10 000 元，能为公司抵补固定成本做出一定的贡献，若 A 产品停止生产，则将失去贡献毛益 10 000 元，而固定成本总额 55 000 元则不能减少，可以预见 W 公司的税前净利将从原来的 25 000 元降至 15 000 元。因此，A 产品仍具备补偿共同固定成本的能力，可为 W 公司提供贡献毛益，它并不是真正的"亏损产品"。公司在没有更好的产品供选择的条件下，不应停止生产 A 产品。

2. 剩余生产能力可以转移时，是否停产的决策分析

假若企业将其"亏损产品"停产后，其闲置多余的生产能力可以转移（如出租、承包业务等），这种情况下，决策分析就必须考虑与生产能力转移相关的机会成本。

**例 5 - 2** 承例 5 - 1，若 A 产品停产后，其生产设备可出租给别的工厂，预计每年可获得租金净收入 14 000 元，其他条件不变，那么在这种情况下 A 产品是否应停产？

**分析** A产品停产后，把腾出来的生产设备租给他厂，使W公司每年获得租金净收入14 000元，这就构成继续生产A产品的机会成本。租金净收入比A产品原来提供的贡献毛益10 000元多4 000元，在这种情况下，该W公司应选择停产出租的方案。

3. 亏损产品是否转产的决策分析

由以上分析可知，企业一般不能轻易停止"亏损产品"的生产。那么，企业能否考虑增加"亏损产品"的生产或利用"亏损产品"剩余生产能力转产其他产品呢？如果新方案所提供的产品贡献毛益大于原"亏损产品"的贡献毛益，企业就应当采取增产决策方案或转产决策方案；反之，不应停止生产"亏损产品"。

**例5-3** 承例5-1，假定W公司C产品市场销售情况极好，但产品供不应求，公司管理当局决定A产品停产后，其生产设备用来生产C产品，预计C产品的销售收入将增加30 000元，不需要再追加专属成本。W公司应否停产A产品而增产C产品？

**分析** 在这种情况下，只需比较A产品的贡献毛益与新增C产品提供的贡献毛益。C产品新增收入30 000元，按照已知条件，其贡献毛益率为50%〔（40 000/80 000）× 100%〕，所以新增产品能够提供的贡献毛益等于30 000 × 50% = 15 000（元），比A产品原来提供的贡献毛益10 000元多5 000元，在这种情况下，该公司应选择转产的方案。

**课程思政元素** 在对亏损产品进行决策时，企业不仅要考虑财务效益，还要考虑非财务因素，充分评估停产亏损产品对其他产品的生产、销售的影响，以及造成的人员、设备等处置问题。人员安置处理方面应以人为本，坚持构建和谐社会的理念；设备处置方面要注意减少浪费，充分利用停产后闲置的生产、经营资源，秉持建设资源节约型社会的理念。

## 5.3.3 新产品开发决策

当企业有剩余生产能力时，可以考虑开发新的产品，充分利用现有生产能力，获取更多利润。当有几种新产品可供选择时，提供贡献毛益最多的产品是最佳选择；如果牵涉专属固定成本或机会成本，则可采用相关损益分析法或差量分析法。

**例5-4** 通达公司的年设计生产能力为1 800 000机时，目前只生产甲产品，生产能力尚有20%的剩余。现有乙和丙两种新产品可供选择，两种产品的有关资料见表5-3。假设新产品的投产不会引起企业原有固定成本的变动，要求分别就以下几种情况作出生产哪一种产品的决策分析。

表5-3 产品的有关资料

| 项目 | 甲产品 | 乙产品 | 丙产品 |
|---|---|---|---|
| 单位所耗机时/(h/件) | 20 | 10 | 15 |
| 销售单价/(元/件) | 22 | 8 | 12 |
| 单位变动成本/(元/件) | 12 | 4 | 7 |

（1）增加新产品不需要追加专属固定成本，也不影响原有产品的生产和销售，且剩余生产能力无法转移，同时新产品的销售没有市场限制。

**分析** 在这种情况下，由于该项决策不引起固定成本的变动，且没有机会成本，因此可以采用单位资源贡献毛益分析法或贡献毛益总额分析法。根据单位资源贡献毛益或贡献毛益总额指标，可以得出生产乙产品较优的结论，具体分析见表5-4。

**表5-4 乙、丙两种产品的具体分析数据1**

| 项 目 | 乙产品 | 丙产品 |
| --- | --- | --- |
| 剩余生产能力/h | 360 000 | 360 000 |
| 最大生产量/件 | 36 000 | 24 000 |
| 单位贡献毛益/(元/件) | 4 | 5 |
| 贡献毛益总额/元 | 144 000 | 120 000 |
| 单位资源贡献毛益/(元/h) | 0.4 | 0.33 |

（2）在情况（1）的基础上，乙产品和丙产品的市场需求量分别为28 000件和25 000件。基于规模经济的考虑，该公司不能同时安排乙、丙两种产品的生产。

**分析** 在这种情况下仍然可以采用贡献毛益总额法。但需要注意的是，计算贡献毛益时，选定的成本动因是销售量，因此需要先判断预计生产量与预计销售量的大小，当预计生产量大于预计销售量时，选择销售量计算贡献毛益；当预计生产量小于预计销售量时，选择生产量计算贡献毛益。也就是说，两者中的较小者决定了实际可达到的最大销售量。通过比较贡献毛益总额指标，可以得出结论：丙产品较优。具体分析见表5-5。

**表5-5 乙、丙两种产品的具体分析数据2**

| 项 目 | 乙产品 | 丙产品 |
| --- | --- | --- |
| 剩余生产能力/h | 360 000 | 360 000 |
| 最大生产量/件 | 36 000 | 24 000 |
| 实际可达到的最大销售量/件（1） | 28 000 | 24 000 |
| 单位贡献毛益/（元/件）（2） | 4 | 5 |
| 贡献毛益总额/元（1）×（2） | 112 000 | 120 000 |

**小讨论** 如果该公司各种产品的生产不受规模经济的限制，公司能够同时安排乙、丙两种产品的生产，那么公司应如何进行决策？

（3）生产乙产品需要增加一批专用模具，总价值160 000元，假设无残值；而生产丙产品时，受某一道关键工序的限制，老产品将要减产5 000件。剩余生产能力也不能转移，同时新产品的销售没有市场限制。

**分析** 在这种情况下，如果生产乙产品，购买专用模具的支出属于专属成本；如果生产丙产品，会导致原有产品的减产，由此造成的损失应属于生产丙产品的机会成本。在这种情况下，可采用相关损益分析法或差量分析法进行决策。以相关损益分析法为例进行决策，可以得出结论：丙产品较优。具体分析见表5-6。若每年可节约外购B配件成本为30 000元，该公司应如何选择？

表5-6　乙、丙两种产品的具体分析数据3

| 项　目 | 乙产品 | 丙产品 |
|---|---|---|
| 最大生产量/件 | 36 000 | 24 000 |
| 单位贡献毛益/(元/件) | 4 | 5 |
| 贡献毛益总额/元 | 144 000 | 120 000 |
| 专属成本/元 | 160 000 | |
| 机会成本/元 | | 50 000 |
| 相关损益/元 | -16 000 | 70 000 |

（4）在第3种情况的基础上，假设剩余生产能力可以对外出租，租金收入100 000元。

**分析**　在这种情况下，剩余生产能力不仅可以用于开发新产品，还可以出租。实际上就有三个备选方案可供选择。采用相关损益分析法，比较相关损益。

① 生产乙产品，则相关损益为-16 000元；

② 生产丙产品，则相关损益为70 000元；

③ 对外出租，则相关损益为100 000元。

通过分析可以得出结论：剩余生产能力出租比开发新产品更合算。

## 5.3.4　零部件自制或外购决策

在很多制造行业中，公司必须决定某些零部件是自行制造还是从外部供应商那里购买。如果公司目前制造的零部件能够以更低的价格从外部购入，那么从外部购入该部件，将生产该部件所消耗的资源用于其他目的就会增加公司的利润。

从定性分析的角度看，外购零部件可以分享供应商规模化生产的成本优势和技术优势，可以减少投资从而减少风险等。但从外部购入，无法控制零部件的质量，并且管理当局需要考虑如何保持与供应商的长期关系。而自制零部件则可以控制零部件质量，保证及时供货，因此各有长处。从定量分析的角度看，无论是自制还是外购，其收益都是相同的，因此只要比较成本的高低就可以作出适当决策了。需要注意的是，短期决策中的零部件自制或外购决策是在现有设备闲置且没有更好用途的情况下进行的，因此自制或外购决策的本质是剩余生产能力的利用问题。

实际分析过程中有关零部件自制或外购决策分析有两种情况。

1. 零部件需求量确定条件下的自制或外购决策分析

一般地，如果企业在一定时期内的零部件需求量能预测确定，则可用相关成本分析法比较自制和外购方案的相关成本，成本较低的方案为较优方案。自制方案的相关成本包括制造过程中的变动成本、可能发生的专属成本和机会成本及未来可避免的固定成本；外购方案的相关成本即为此而支付的外购价格、运费等。

1）剩余生产能力不能转移时的自制或外购决策分析

在这种情况下，由于企业剩余生产能力无法转移（即不存在机会成本），只要比较其自制方案的变动成本（有时会发生专属固定成本）与外购方案的成本高低即可。

**例5-5**　Z公司生产甲产品需用A零件20 000件，若外购，预计每件单价为30元，若利用其剩余生产能力自制，每件单位制造成本为32元，其中直接材料12元，直接人工9

元，变动制造费用 7 元，固定制造费用 4 元。

（1）若公司具备自制全部 A 零件的生产能力，应选择自制还是外购？

**分析** 此处可采用差量分析法。外购相关成本为买价 30 元/件，而自制的相关成本为制造过程中发生的变动成本 28 元/件（32－4），分摊的固定制造费用不是专属成本，即使不生产 A 零件也要发生，所以是无关成本。通过分析可以得出结论：应采取自制方案。具体分析见表 5－7。

表 5－7　Z 公司采取自制方案的具体分析 1　　　　　　　　　　　元

| 项　目 | 自　制 | 外　购 | 差　量 |
|---|---|---|---|
| 差量成本 | | | －40 000 |
| 自制成本 | 20 000×28＝560 000 | | |
| 外购成本 | | 20 000×30＝600 000 | |
| 自制方案比外购方案可节约成本 | | | －40 000 |

（2）若公司自制 A 零件，需租赁一台设备，预计租金为 60 000 元，此时，公司应选择自制还是外购？

**分析** 在这种情况下，租赁设备的租金为自制方案的专属成本，在决策时需要考虑。通过分析可以得出结论：应选择外购方案。具体分析见表 5－8。

表 5－8　Z 公司选择外购方案的具体分析　　　　　　　　　　　元

| 项　目 | 自　制 | 外　购 | 差　量 |
|---|---|---|---|
| 差量成本 | | | 20 000 |
| 自制变动成本 | 20 000×28＝560 000 | | |
| 专属成本 | 60 000 | | |
| 外购成本 | | 20 000×30＝600 000 | |
| 自制方案比外购方案多支出成本 | | | 20 000 |

2）剩余生产能力可以转移时的自制或外购决策分析

当企业多余的生产能力可以转移时，则生产能力转移所产生的收益构成自制方案的一项机会成本，企业决策时必须予以考虑。

**例 5－6** 承例 5－5，若公司具备生产 A 零件的能力，若不生产 A 零件，可以生产 B 配件，每年可节约外购 B 配件成本 20 000 元。这种情况下公司应选择外购还是自制方案？

根据上述有关资料，编制差量分析表，通过分析可以得出结论：公司应采取自制方案。具体分析见表 5－9。若每年可节约外购 B 配件成本为 30 000 元，该公司应如何选择？

表 5－9　Z 公司采取自制方案的具体分析 2　　　　　　　　　　　元

| 项　目 | 自　制 | 外　购 | 差　量 |
|---|---|---|---|
| 差量成本 | | | －20 000 |
| 自制变动成本 | 20 000×28＝560 000 | | |
| 机会成本 | 20 000 | | |
| 外购成本 | | 20 000×30＝600 000 | |
| 自制方案比外购方案可节约成本 | | | －20 000 |

2. 零部件需求量不确定条件下的自制或外购决策分析

在零部件的需求量不确定的情况下，无法采用相关成本分析法来进行决策，这时，一般采用成本平衡点分析法。

**例 5 – 7** P 公司所需用的 G 零件的外购单价和自制单位成本的有关数据如表 5 – 10 所示。

表 5 – 10 G 零件的有关数据 元/件

| 外购方案 | | 自制方案 | |
| --- | --- | --- | --- |
| 800 件以内（含 800 件）购进单价 | 10 | 直接材料 | 4 |
| 800 件以上购进单价 | 9 | 直接人工 | 2 |
| | | 变动制造费用 | 2 |
| | | 专属固定成本/元 | 1 000 |

**要求** 根据以上资料，为该公司分析 G 零件的全年需要量在何种情况下采用外购方案为宜？在何种情况下采用自制方案较优？

**分析** 这项决策分析事先不知道零件的全年需要量，所以只能通过成本平衡点法来分析。由于外购价格视采购量大小有两种，这时需要计算两个成本平衡点。

（1）先求零件在 800 件以内的成本平衡点。

设 $x_1$ 为零件在 800 件以内的成本平衡点，因为

自制的预期成本 $\qquad y_1 = a_1 + b_1 x_1 = 1\,000 + 8x_1$

外购的预期成本 $\qquad y_2 = a_2 + b_2 x_1 = 0 + 10x_1 = 10x_1$

$$\Delta y = y_1 - y_2 = 1\,000 + 8x_1 - 10x_1 = 1\,000 - 2x_1$$

令 $\Delta y = 0$，求成本平衡点 $x_1$ 的值

$$1\,000 - 2x_1 = 0$$

所以 $\qquad\qquad\qquad\qquad\qquad x_1 = 500（件）$

若 $x_1 < 500$ 件，则 $\Delta y > 0$，即 $y_1 > y_2$，应选择外购方案；

若 $x_1 > 500$ 件，则 $\Delta y < 0$，即 $y_1 < y_2$，应选择自制方案；

若 $x_1 = 500$ 件，则 $\Delta y = 0$，即 $y_1 = y_2$，则自制、外购方案均可。

（2）再求 800 件以上的成本平衡点。

设 $x_2$ 为零件在 800 件以上的成本平衡点，因为

自制的预期成本 $\qquad y_1 = a_1 + b_1 x_2 = 1\,000 + 8x_2$

外购的预期成本 $\qquad y_3 = a_2 + b_2 x_2 = 0 + 9x_2 = 9x_2$

$$\Delta y = y_1 - y_3 = 1\,000 + 8x_2 - 9x_2 = 1\,000 - x_2$$

令 $\Delta y = 0$，求成本平衡点 $x_2$ 的值

$$1\,000 - x_2 = 0$$

所以 $\qquad\qquad\qquad\qquad\qquad x_2 = 1\,000（件）$

若 $x_2 < 1\,000$ 件，则 $\Delta y > 0$，即 $y_1 > y_3$，应选择外购方案；

若 $x_2 > 1\,000$ 件，则 $\Delta y < 0$，即 $y_1 < y_3$，应选择自制方案；

若 $x_2 = 1\,000$ 件，则 $\Delta y = 0$，即 $y_1 = y_3$，则自制、外购方案均可。

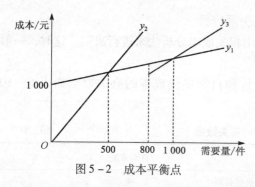

图 5-2 成本平衡点

（3）结论：综上所述，当零件的全年需要量在 500 件以内时，外购方案较优；500～800 件时，以自制方案为宜；800 件以上、1 000 件以内时又以外购方案为宜；超过 1 000 件时，则应该自制。若零件需要量正好是 500 或 1 000 件整数时，自制与外购的预期成本相同，故两方案均属可行。本例的成本平衡点可以表示在坐标图中，如图 5-2 所示。

## 5.3.5 联产品是否深加工的决策

联合生产过程导致两种或者更多种产品的诞生，这类产品称为联产品。例如，可可豆的加工过程可产出可可粉和可可脂，可可粉和可可脂就属于可可豆的两个联产品。有的联产品不需要加工就可以直接出售，有些则需要进一步加工。在联产品是否深加工的决策中，联产品分离前的联合成本是无关成本，不需要考虑，只需将联产品分离后发生的可分成本与进一步加工所增加的收入进行比较，来进行判断。

这类决策分析一般采用差量分析法。

**例 5-8** Q 公司在一生产过程中产出联产品甲、乙、丙三种，其有关资料如表 5-11 所示。

表 5-11　Q 公司有关产品的资料

| 产品名称 | 产量/t | 联合成本/元 | 分离后立即出售的单价/（元/t） | 分离后进一步加工的成本/元 | 加工后的销售单价/（元/t） |
|---|---|---|---|---|---|
| 甲 | 800 | 8 000 | 26 | 13 600 | 48 |
| 乙 | 400 | 24 000 | 380 | 36 000 | 490 |
| 丙 | 200 | 2 000 | 18 | 2 000 | 25 |

**要求** 根据上述资料，分析哪些联产品分离后立即出售有利？哪些联产品进一步加工后再出售有利？

**分析** 根据给定的资料，对甲、乙、丙三种联产品分别进行差量分析，如表 5-12～表 5-14 所示。

表 5-12　对甲联产品的差量分析

差量收入＝加工（48×800）－不加工（26×800）＝17 600（元）

差量成本＝加工（13 600）－不加工（0）＝13 600（元）

差量利润＝17 600－13 600＝4 000（元）

表 5-13　对乙联产品的差量分析

差量收入＝加工（490×400）－不加工（380×400）＝44 000（元）

差量成本＝加工（36 000）－不加工（0）＝36 000（元）

差量利润＝44 000－36 000＝8 000（元）

表 5 – 14　对丙联产品的差量分析

| |
|---|
| 差量收入 = 加工(25×200) – 不加工(18×200) = 1 400(元) |
| 差量成本 = 加工(2 000) – 不加工(0) = 2 000(元) |
| 差量利润 = 1 400 – 2 000 = – 600(元) |

结论：根据以上差量分析的结果可知，甲、乙两种联产品加工后再出售有利；丙联产品则分离后立即出售有利。

## 5.3.6　不合格产品是否改制的决策

企业中有些产品的不合格主要是指外观、形状等方面不符合要求，并不影响使用或可以降低标准使用，这种不合格产品也称为次品。对不合格产品的处理有两种方法：一是经过改制使产品恢复原来的功能和质量，投放市场；二是降价处理或报废。从市场竞争及维护企业信誉角度考虑，企业一般的做法是对产品进行改制后重新投放市场，而较少进行降价处理。因为产品的降价处理会给消费者一种该企业的次品太多的印象，从而造成消费者对产品的不信任感。

对于不合格产品是否应加以返工改制，除了必须具备技术力量、生产能力外，决定不合格产品是否改制的因素还包括：改制不合格产品所支付的成本是否低于改制成合格品所能增加的收入。至于在不合格产品上已发生的支出，均属"沉没成本"，与此决策无关。如果改制受现有生产能力与技术条件的限制，进行改制会影响企业正常产销，则还应考虑由此而引起的机会成本。

**例 5 – 9**　开拓计算机技术公司有 500 台计算机存货，这些存货的成本为 325 000 元。这些计算机的处理器相对于现在的技术来讲已经落后了。因此管理层必须决定怎样处理这些计算机。现在有以下三个方案：

（1）将计算机销售给宇天公司，作价 250 000 元；

（2）将计算机销售给附近学校的计算机实验室，作价 235 000 元；

（3）废弃这些计算机中的过时处理器，以 190 000 元的成本替换更快的高质量处理器。如果这样处理，经过更新的计算机将以 450 000 元的价格被出售。

**分析**　无论开拓计算机技术公司选择哪种方案，为取得这批计算机支付的 325 000 元的初始费用都是沉没成本，因此与目前的决策无关。唯一相关的成本和收入是那些随采取方案变化而变化的成本和收入。对三种方案的分析结果如表 5 – 15 所示。

表 5 – 15　三种方案的分析结果　　　　　　　　　　　　　　　　元

| 项　　目 | 向宇天公司销售 | 向学校销售 | 重新制造 |
|---|---|---|---|
| 相关收入 | 250 000 | 235 000 | 450 000 |
| 相关成本 | 0 | 0 | 190 000 |
| 相关损益 | 250 000 | 235 000 | 260 000 |

无论开拓计算机公司选择哪一种方案，都不能完全补偿已经投资于这些计算机的初始成本 325 000 元。

更新这批计算机的处理器看上去是利润最高的选择。但是，管理层可能会考虑几个其他的因素。例如，公司是否拥有足够的生产能力，能够在不影响其他产品生产的情况下完成这些计算机的改造呢？

如果改造这些计算机会影响其他产品的生产，改造方法就涉及一个机会成本——受到影响的产品可能带来的利润。如果这个机会成本超过了 10 000 元，计算机公司为使利润最大化将选择向宇天公司销售，将其生产能力用于制造其他产品。

此外，将计算机销售给学校可能有长期的好处，即使这看上去是利润最少的选择。相对于将计算机销售给宇天公司，销售给学校涉及 15 000 元的机会成本（两个方案相关损益的差额）。管理层认为这个机会成本是一笔值得的广告宣传费用。使用这些计算机的学生或他们的家长，都可能会购买公司的其他产品。

**课程思政元素**    企业将计算机低价转让给学校看似损失了一部分利润，但企业不仅可以获得由此带来的广告效益，而且增加了在学生和家长群体中的知名度，未来能吸引人才加入公司。可见，承担社会责任与企业经济效益之间并不矛盾，企业应利用好二者之间的协同效应。

通过这个例子，应该注意短期经营决策的分析方法为很多商业决策提供了很好的起点，但是，这种分析并不能说明全部问题。

# 5.4    定价决策

在市场经济条件下，企业为其产品和劳务定价，是一项重要的决策。产品和劳务价格是影响市场需求的重要因素，商品市场的竞争在某种程度上可以说是价格的竞争。定价过低，企业的总收入会下降，利润也会随之减少；定价过高，企业的总收入也会因产品销路不畅而下降，还影响产品在市场上的竞争力。而且通过前面的本量利分析可知，单价是引起利润变化的最敏感因素。因此，如何选择适当的售价，需要进行科学的定价决策分析，这是短期经营决策中的一项重要课题。

定价决策分析的基本目标是：第一，确定适当的产品和劳务价格，保证企业合理的盈利水平；第二，确定适当的产品和劳务价格并制定一系列定价策略，保持和增强企业在市场上的竞争力，有力地促进企业生产经营的发展；第三，合理定价，正确反映企业的经济效益水平，继而促进企业经营管理水平的提高。在不合理的价格体系下，较高的盈利往往可以掩盖低劣的经营管理水平，这正是宏观上物价体系改革的主要动因之一。

## 5.4.1    产品的基本定价方法

对产品定价的基本准则是：从长期的角度看，销售价格必须足以补偿全部的生产、行政管理和营销成本，不管其是固定成本还是变动成本，并为投资者提供合理的利润，以维持企业的生存和发展。因此一般采用成本导向定价法来进行定价决策。

成本导向定价法是以产品成本为基础，再加上一定的利润等因素来考虑制定产品价格的方法。产品定价的基础可以是单位成本指标，也可以是总成本指标，可以根据完全成本法提供的数据定价，也可以根据变动成本法提供的数据定价。成本导向定价的主要方法是成本加成定价法。

成本加成定价法，一般是以单位产品成本为基础，而后加上一定的成本加成率来确定产品价格。其计算公式为

$$产品价格 = 预计(目标)单位成本 \times (1 + 成本加成率)$$

其中

$$成本加成率 = \frac{加成内容}{相关成本} \times 100\%$$

假若企业是以完全成本进行产品定价，其成本基础和加成内容分别为：成本基础——单位产品制造成本；加成内容——全部期间成本和目标利润。

假若企业是以变动成本进行产品定价，其成本基础和加成内容分别为：成本基础——单位产品变动生产成本；加成内容——固定制造费用、期间成本和目标利润。

**例 5 – 10** 跃阳公司产销单一甲产品，预计年产销量为 15 000 件，目标利润为 30 000 元，其有关成本资料见表 5 – 16。

表 5 – 16 跃阳公司有关的成本资料

| 成本项目 | 单位成本/（元/件） | 总成本/元 |
| --- | --- | --- |
| 直接材料 | 2.00 | 30 000 |
| 直接人工 | 1.00 | 15 000 |
| 变动制造费用 | 1.00 | 15 000 |
| 固定制造费用 | 2.00 | 30 000 |
| 推销及管理费用 | 1.00 | 15 000 |

**分析** 甲产品单位售价。

（1）以单位制造成本为基础确定

$$单位成本加成率 = \frac{15\ 000 + 30\ 000}{30\ 000 + 15\ 000 + 15\ 000 + 30\ 000} \times 100\% = 50\%$$

$$甲产品单位售价 = 6 \times (1 + 50\%) = 9(元/件)$$

（2）以单位变动成本为基础确定

$$单位成本加成率 = \frac{30\ 000 + 15\ 000 + 30\ 000}{30\ 000 + 15\ 000 + 1\ 500} \times 100\% = 125\%$$

$$甲产品单位售价 = 4 \times (1 + 125\%) = 9(元/件)$$

由此可见，企业无论采取何种成本为定价基础，其最终售价是相同的。

成本加成定价法计算简便，特别是在市场诸因素基本稳定的情况下，可以保证企业获取正常的预期利润。然而，成本加成定价法也有明显不足，它只考虑产品本身成本的补偿和获取的预期利润，而基本忽视了产品的社会价值、市场供求和竞争情况，也没有考虑消费者的心理因素。因此根据此种方法确定的产品价格，很难为客户所接受，或者缺乏市场竞争能力，最终导致企业预期利润难以实现。由此可见，此方法适用于非竞争性产品的定价，而竞争性产品的定价则应采用以市场为基础的"目标成本法"（将在第 9 章中介绍）。

## 5.4.2 特殊定价决策

在竞争激烈、市场环境复杂多变的情况下，定价决策必须具有一定的灵活性。比如在面

临可以利用企业剩余能力的追加订货时，或者在与竞争对手的削价竞争中应如何定价。

根据本量利分析的基本原理，在企业尚有剩余生产能力的情况下，特殊追加订货在增加销售收入、变动成本总额的同时，并不增加固定成本，因此可以根据成本、业务量和利润之间的依存关系，以利润最大化为目标，制定追加订货可以接受的最低价格。

1. 追加订货决策

追加订货决策在条件不同的情况下，定价的方法也有所不同。在追加订货不引起固定成本变动，不接受订货其相应的剩余生产能力也不能转移时，由于没有机会成本，只要追加订货能够带来贡献毛益就会带来利润的增加。因此，定价的下限是单位变动成本。如果追加订货带来专属固定成本增加，如专用设备的租金等，或由于剩余生产能力有其他用途而产生机会成本的情况下，追加订货可以接受的价格下限为

$$价格下限 = 单位变动成本 + \frac{专属成本 + 机会成本}{追加订货量}$$

例 5 – 11　大明机器厂专门生产某种机床，全年最大生产能力为 500 台，正常产销量为 400 台，若机床的销售单价为 24 000 元，其单位成本资料如下：

| | |
|---|---|
| 直接材料 | 6 500 元/台 |
| 直接人工 | 5 400 元/台 |
| 制造费用 | 8 000 元/台 |
| 　其中：变动费用 | 3 100 元/台 |
| 　　　　固定费用 | 4 900 元/台 |
| 单位产品成本 | 19 900 元/台 |

（1）现有外地客户前来订货 100 台，只愿出价 15 800 元/台，试问该项订货能否接受？

分析　由于大明机器厂是利用剩余生产能力接受 100 台订货，固定成本一般不变，在决策分析中属于无关成本，故只需对方出价略高于产品的单位变动成本，即可接受。现根据给定的资料，编制如表 5 – 17 所示的贡献毛益分析表。

表 5 – 17　贡献毛益分析表

| 摘　要 | 龙门刨床 |
|---|---|
| 订货量 | 100 台 |
| 对方开价 | 15 800 元/台 |
| 单位变动成本 | 15 000 元/台 |
| 单位贡献毛益 | 800 元/台 |
| 贡献毛益总额 | 80 000 元 |

根据以上计算结果，可知大明机器厂接受外地客户 100 台订货，可获得贡献毛益 80 000 元，因此这笔订货是可以接受的。

（2）若外地客户来订货 110 台，这时大明机器厂如接受订货，需减少正常的产品销售量 10 台，但对方出价仍为每台 15 800 元，试问这项订货能否接受？

分析　若外地客户订货 110 台，就需要减少正常销售量的 10 台，因而能否接受该项订货，需视订货的销售收入能否补偿减少的正常销售 10 台所损失的贡献毛益总额，现另编制

如表 5 - 18 所示的贡献毛益分析表。

表 5 - 18 新编制的贡献毛益分析表

| 摘 要 | 龙门刨床 |
|---|---|
| 订货量 | 110 台 |
| 对方开价 | 15 800 元/台 |
| 单位变动成本 | 15 000 元/台 |
| 单位贡献毛益 | 800 元/台 |
| 贡献毛益总额 | 88 000 元 |
| 减：补偿正常销售 10 台所丧失的贡献毛益 =（24 000 - 15 000）×10 | 90 000 元 |
| 净损失 | 2 000 元 |

根据以上计算结果可见，大明机器厂如接受 110 台的订货业务，会使该厂亏损 2 000 元，因而该订货是不能接受的。

2. 削价竞争中的定价决策

对于暂时的削价竞争来说，原则上价格的最低限也是单位变动成本。在特殊情况下，价格甚至可以降低到单位变动成本以下。但这必须是暂时现象。如果价格长期低于完全成本，甚至低于变动成本，最终收益不能完全补偿企业的耗费，将导致企业的亏损和破产。

如果削价竞争带来的后果是价格的稳定下降，则要考虑到销售价格与销售量之间的平衡，以追求利润最大。

**课程思政元素** 企业在进行是否接受低价追加订货决策时，不仅要判断接受追加订货是否增加收益，还应考虑接受低价订货会对老客户造成哪些影响，是否会对正常市场秩序造成冲击，企业应切实承担起社会责任。企业在定价和调价决策中不仅要考虑自身利益，还应考虑市场需求和消费者利益等。

教学视频：<br />生产及定价决策

## 5.4.3 不同生命周期阶段的产品定价策略

通过产品的定价方法决定产品的基本价格后，在实践中还要结合具体的市场情况，对产品的基础定价进行调整，这就是定价策略。企业往往根据产品所处生命周期的不同阶段，制定不同的定价策略。

1. 进入期定价策略

对企业来说，新产品通常有两层含义：一是企业从未产销过，但市场上已有销售的产品；二是市场上尚无其他企业产销的产品。由于新产品均是企业不曾生产和销售过的产品，所以在新产品面市阶段，定价时一般具有"不确定性"的特点，难以捉摸。这是因为企业产销一种新产品是否能够成功，能否获得较好的经济效益，除产品必须具备优异的质量和功能之外，还与开始投入市场时的定价有极大的关系。

鉴于新产品的性质和市场竞争情况，企业在对新产品定价时，一般可考虑采用如下方法。

（1）撇油定价法

撇油定价法，即在试销初期，新产品以较高的价格投放市场，尽可能在产品寿命周期的初期就赚取最大的利润。以后，待市场扩大，产品趋于成长或成熟阶段时，再把价格逐渐降低。这种策略能保证试销初期获取巨额利润，并可以保障新产品在研制试产阶段的成本得以补偿。但是，正因为试销的巨额利润，会迅速引来竞争，高价不能维持长久。因此，这种定价法多适用于开始没有竞争对手，容易开辟市场的新产品。

（2）渗透定价法

这种定价法主要适用于其他企业产品已在市场上销售，同时已经享有一定的品牌声誉的那些产品，或是使消费者改变原有消费习惯升级换代的新产品。企业在试销初期采用低价以吸引消费者，为新产品开路，等到产品创出品牌，赢得市场好评后，再逐步提价。这种方法尽管在试销初期，利润有所牺牲，但它能有效地排除其他企业的竞争，便于在市场上树立长期的领先地位，能给企业带来持久的利润，是一种长期的定价策略。

2. 成长期定价策略

在产品的成长阶段，产品技术趋于成熟，质量稳定，单位成本下降，市场需求量迅速扩大，销售量和销售增长率上升。产品定价的着眼点是扩大并巩固市场份额，提高企业经营效益。进入期如果采用撇油定价法，则此时应适当降价，以吸引购买力低、对价格比较敏感的顾客，以继续扩大市场占有率；进入期如果采用渗透定价法，已经逐步建立品牌信誉，拥有稳定的消费群体，则此阶段可以适当提高价格；如果企业希望继续扩大市场份额，阻止竞争对手的进入，则可以选择维持原价或适当降价。

3. 成熟期定价策略

在产品的成熟阶段，产品已经被市场接受，市场份额也基本稳定，这个阶段企业主要根据占领的市场份额和相对品质确定定价策略。由于规模化生产的原因，成熟期的产品成本一般比较低，价格高于平均成本，企业可实现较稳定的利润。在这个阶段，为保持现有市场份额和竞争地位，一般企业会采用降价策略或维持原价不变。另外，企业也可以通过附加功能等方法，如提高产品质量、增加产品功能、提供优质完善的售后服务等，创造差异性，也创造提价空间。

4. 衰退期定价策略

在产品的衰退阶段，产品剩余的寿命有限，市场迅速萎缩，企业基本不再进行研发投入，也不扩大生产能力，企业的目标在于迅速收回资金用于支持企业的其他产品。该阶段产品定价着眼于如何在损失最小的情况下退出市场，或者保护甚至加强自身的竞争地位，以便在衰退期生存下去。这时企业往往采取以变动成本为底线的大幅降价策略，吸引消费者尽快购买。但对于那些需求弹性小的产品，企业也可能会维持原有价格，以期最大限度地获取产品最后阶段的经济效益。

**小提示**　决策信息都是对未来的估计，为提高决策的可靠性，在决策过程中应该对决策的关键相关信息进行敏感性分析。

# 本 章 小 结

进行决策需要收集相关信息。所谓相关与无关，都是相对于决策方案而言的。相关成本的共同特征是在不同备选方案之间产生差异的未来成本。在管理会计决策中要注意区别相关成本与无关成本，这样有利于分清可供选择方案效益的相关因素和无关因素，抓住主要矛盾，真正有效地利用信息，避免信息过量，进而作出正确选择，这对决策分析至关重要；同时在理解各种相关成本的概念、明确经营决策目标的基础上进行决策分析。

　　短期经营决策分析包括生产决策和定价决策，具体决策时有多种决策方法，每种方法有其一定的适用条件，应恰当地选择分析方法解决一些具体决策问题。

## 延伸阅读

**管理会计应用指引**
第 403 号——边际分析
（财会〔2017〕24 号）

**管理会计应用指引**
第 504 号——约束资源优化
（财会〔2018〕22 号）

**客户管理**

## 思 考 题

1. 定义机会成本，解释为什么它是很多商业决策失误的关键。

2. 沉没成本和付现成本的区别是什么？

3. 决定是否接受特殊订单时，应当考虑什么样的非财务因素？

4. 中盛石油公司用同样的原材料和一种生产过程生产多个联产品，为什么分离点之前的成本信息在决定分离点销售产品的类型和继续加工产品的类型时是无关的？

5. 吉列公司以接近或低于其制造成本的价格销售剃刀。公司同时也销售具有高贡献毛益的刀片。解释为什么吉列不撤销其不产生利润的剃刀生产线，只销售具有高收益的刀片。

## 练 习 题

1. 下面列出了 7 个本章介绍的技术术语：

| 机会成本 | 沉没成本 | 付现成本 | 分离点 |
|---|---|---|---|
| 联产品 | 相关信息 | 增量分析 | |

指出以下每个论述与哪个术语有关，如果没有上面列出的术语，就标明"无"。

① 对不同行动方案下的成本和收入变动进行研究的过程。

② 过去发生的，不受未来行动影响的成本。

③ 随所采取的行动方案变化而变化的成本和收益。

④ 不采取某种行动所放弃的收益。

⑤ 用相同的原材料和相同的生产过程生产的多种不同的产品。

⑥ 尚未发生的，需要未来支付，随不同的行动方案变化的成本。

⑦ 制造费用在期末存货和销售成本之间平均分配的时点。

2. 假定某公司原来生产老产品甲，现拟利用现有生产能力开发新产品 A 或新产品 B。若开发新产品 A，老产品甲需减产 1/3；若开发新产品 B，老产品甲需减产 2/5。这三种产品的产量、销售单价和成本资料如表 5 – 19 所示。

表 5 – 19　产品资料表

| 产品名称 | 老产品甲（实际数） | 新产品 A（预计数） | 新产品 B（预计数） |
|---|---|---|---|
| 产量/台 | 6 000 | 2 000 | 2 500 |
| 销售单价/（元/台） | 60 | 80 | 73 |
| 单位变动成本/（元/台） | 40 | 56 | 51 |
| 固定成本总额/元 | 40 000 | | |

要求　根据上述资料为该公司作出开发哪种新产品较为有利的决策分析。

3. 旭日公司生产甲产品需用 A 零件 30 000 件，若外购，预计每件单价为 32 元；若利用其剩余生产能力自制，每件单位制造成本为 31 元，其中直接材料 12 元，直接人工 9 元，变动制造费用 7 元，固定制造费用 3 元。若公司自制 A 零件，需租赁一台设备，预计租金为 80 000 元。此时，公司应选择自制还是外购？

4. 某公司生产高档酒瓶起子，年生产能力为 3 050 个，公司预测本年的经营成果为：

| | |
|---|---|
| 生产和销售 2 000 个，总销售额 | 180 000 元 |
| 制造成本 | |
| 　固定的（总额） | 60 000 元 |
| 　变动的（单位产品） | 26 元/个 |
| 销售和管理费用 | |
| 　固定的（总额） | 30 000 元 |
| 　变动的（单位产品） | 10 元/个 |

要求　计算下列各项（忽略所得税）：

（1）假设公司接受一份特殊订单：以每个 40 元的价格销售 300 个酒瓶起子，则本年总的经营利润会受到怎样的影响（假设订单不影响以正常价格进行的正常销售）？

（2）该公司在不花费任何销售和管理费用情况下销售额外的 1 000 个酒瓶起子，能够接受的最低价格是多少（假设订单不影响以正常价格进行的正常销售）？

## ▶ 案例分析 ◀

乐冰食品有限公司主要生产冷饮，其主打产品是咖啡雪糕与红豆雪糕。由于今年天气的原因，红豆歉收，价格上涨了 100%。公司的总经理要求财务经理对这种价格上涨可能造成的影响进行分析，并提出合适的建议。

财务经理首先整理了这两种产品去年的盈利情况报告，如表 5 – 20 所示。

表 5 – 20　去年两种产品的盈利情况　　　　　　　　　　　　　　　元

| 项　　目 | 咖啡雪糕 | 红豆雪糕 |
|---|---|---|
| 销售收入 | 500 000 | 500 000 |
| 减：变动成本 | 300 000 | 300 000 |
| 贡献毛益 | 200 000 | 200 000 |
| 减：固定成本 | 100 000 | 100 000 |
| 经营利润 | 100 000 | 100 000 |

　　财务经理根据明细账户分析得知，企业的固定成本基本都是长期生产能力成本，在相关范围内不变，原材料红豆成本占红豆雪糕变动成本的80%。经过初步测试，如果今年红豆雪糕的销售量与价格不变，由于红豆价格上涨，那么公司红豆雪糕业务将出现一定的亏损。价格变化后红豆雪糕产品的盈利情况如表5 – 21所示。

表 5 – 21　价格变化后红豆雪糕产品的盈利情况　　　　　　　　　元

| 项　　目 | 红豆雪糕 |
|---|---|
| 销售收入 | 500 000 |
| 减：变动成本 | 540 000 |
| 贡献毛益 | – 40 000 |
| 减：固定成本 | 100 000 |
| 经营利润 | – 140 000 |

　　为此，财务经理提出两个分析性的建议：

　　第一，红豆雪糕的贡献毛益为负，获利能力不足，应该停产。

　　第二，红豆雪糕涨价10%基本可以保证贡献毛益为正，以减少企业总体亏损。

　　但是销售经理认为：

　　第一个方案，如果停产红豆雪糕，将导致经销商流失。咖啡雪糕的销售数量因此也会比上一年度减少30%。

　　第二个方案也很难。市场消费者并不了解今年红豆涨价，而且宏观经济萎缩，消费价格指数低迷。如果红豆雪糕涨价10%，红豆雪糕的销售数量将会比上一年度减少20%。同时，由于红豆雪糕涨价导致一部分经销商的流失，由此会导致咖啡雪糕的销售量可能减少10%。

　　销售经理提出第三个方案：考虑到公司的市场份额，而且红豆涨价也不是一个长期因素，红豆雪糕如果不涨价，公司的两个产品将会取得与去年同样的销售数量。

　　根据上述资料，要求：

　　(1) 请你为该公司就上述三个方案作出决策。

　　(2) 如果你是这家公司的员工，你有什么更好的建议？

## � 课程实验设计 averteren

## 短期经营决策

### 一、实验目的

1. 熟悉短期经营决策的基本方法及其应用。

2. 训练学生运用 Excel 表格相关函数分析处理相关数据的能力。

## 二、实验资料及具体要求

**资料** 假定中华电器有限公司 20×1 年对 A 型零件的年需要量为 20 000 件。该零件可以从外部市场购入,单价为 100 元/件;也可以由本企业机修车间自行加工。自行加工 20 000 件 A 型零件的有关成本资料如下:

| | |
|---|---|
| 单位直接材料 | 45 元/件 |
| 单位直接人工 | 30 元/件 |
| 单位变动制造费用 | 15 元/件 |
| 固定制造费用总额 | 300 000 元 |

**要求**

1. 根据以上资料创建自制或外购零件决策模型并计算下列指标:

(1) 自制 A 型零件的成本;

(2) 外购 A 型零件的成本。

2. 因素变动假设分析。假定中华电器有限公司 20×1 年有关影响自制或外购零件决策的因素发生了以下变化:

(1) 单位直接材料由 45 元/件下降到 43 元/件;

(2) 单位直接人工由 30 元/件下降到 29 元/件;

(3) 单位变动制造费用由 15 元/件下降到 12 元/件;

(4) 固定制造费用总额由 300 000 元上升到 360 000 元;

(5) A 型零件的年需要量由 20 000 件上升到 25 000 件。

应用创建自制或外购零件决策模型分析:如果以上因素单独发生变化会对自制或外购决策产生什么影响? 如果以上因素同时发生变化会对自制或外购零件决策产生什么影响?

3. 结果变动假设分析。应用创建自制或外购零件决策模型分析:如果中华电器有限公司期望将自制 A 型零件的目标成本控制在低于外购成本 10 000 元的水平,那么:

(1) 单位直接材料成本应是多少?

(2) 单位直接人工成本应是多少?

(3) 单位变动制造费用应是多少?

(4) 固定制造费用总额应是多少?

(5) A 型零件的年需要量应是多少?

## 三、模型功能要求

1. 能运用生产决策模型进行相关的敏感性分析

在模型中输入所要替代的数据,很快可以得出相应的结果。如可以解决在零部件的需要量、直接材料、直接人工、变动的制造费用和固定成本中的一项、几项甚至全部数据同时发生变动的情况下的自制或外购决策。同时,企业管理者需要了解要确保实现某一期望的成本水平,影响该成本水平的各因素的变动情况如何。

2. 能运用定价决策模型进行相关的敏感性分析

在模型中输入所要替代的数据,很快可以得出相应的结果。企业管理者可以利用该定价决策模型了解各因素变化对企业利润的影响程度,同时也可以了解在其他条件不变的情况下要确保实现期望的利润,对特别订单价格有何影响。

# 第4篇　计划与控制

## 第6章　全面预算系统

▶▶ 学习目标

1. 定义预算，并讨论预算在企业管理中的作用、预算目标及预算执行主体的特点；
2. 说明全面预算系统的构成，并解释各构成部分的相互关系；
3. 解释各种行为模式对全面预算的影响；
4. 解释各种预算方法的区别，并在预算编制过程中灵活使用这些方法；
5. 通过具体的预算编制案例，了解预算编制的过程；
6. 了解超越预算的主要思想。

## 本章知识结构

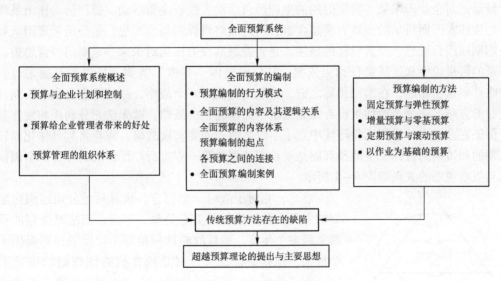

## 引言

　　任何企业的资源都是有限的，因而为提升其资源的利用效率，企业在具体开展经营前要做好规划，明确企业预期想要实现的目标利润是多少，为了达成这一目标企业将有限的资源投放在哪里，具体应该投放多少，由谁来具体使用这些资源完成具体任务？具体而言，销售、研发、采购、生产等部门需要拥有哪些资源，完成哪些具体经营指标？本章所介绍的全面预算就是围绕这些核心内容展开讨论。对于企业而言，自全面预算管理在美国杜邦化学公司、通用汽车等公司产生之后，这一方法很快成为现代工商企业的标准管理模式。它从最初的计划、协调生产逐渐发展为现在集约束、激励、评价于一体的综合贯彻企业战略方针的经营机制，预算管理已处于企业内部控制系统的核心位置。

# 6.1　全面预算系统概述

资源是一个企业或组织的资产，它包括财务资源（货币资金、银行存款、应收账款等）、物质资源（设备、建筑物、原材料和其他有形资产）、无形资产（商标、专利、声誉、品牌等）、文化资源（历史、文化、工作系统、工作关系、相互信任水平、政策及组织结构）。一个企业所拥有的资源是有限的，企业管理者必须考虑如何将有限的资源合理配置在不同方面，预算是一种对资源实施有效配置的科学方法。全面预算管理是科学、合理、优化分配企业财务资源和非财务资源并全面控制企业生产经营活动的重要工具。

## 6.1.1　预算与企业计划和控制

计划与控制紧密联系。计划是事前管理活动，事先规划了要达到的特定目标及应采取的行动；而控制则是事中与事后管理活动，确定实际发生的结果并将其与计划的结果相比较，以发现实际运作过程中的问题。

预算是企业管理者计划与控制的重要工具，其实质是一份未来的行动计划，以货币或其他计量形式对企业未来某一特定时期的生产经营活动、投资决策活动、资产活动作出系统而详尽的描述。因而科学的预算方案蕴含着公司的战略目标和经营思想，是公司管理团队对未来一定期间经营思想、经营目标的描述，是企业最高权力机构对未来一定期间经营思想、目标决策的数量说明和经济责任约束依据，是公司整体"作战"方案。所以预算通常与公司的战略计划紧密相连，在编制预算之前，企业应先制定一个战略，战略是企业实现长期目标和使命的方略，一个企业如果没有高瞻远瞩、高屋建瓴的战略，就无法充分利用和发挥其优势，保证它在国内外激烈竞争环境中立于不败之地。而要实现战略，需要将其具体化即转化为长期的和短期的目标，全面预算则是对长期计划的第一年进行广泛详细的分析。全面预算体系与战略规划的关系如图 6-1 所示。

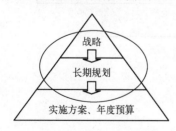

图 6-1　全面预算体系
与战略规划的关系

总之，相对于战略计划而言，预算只是公司组织短期计划的工具。预算编制的重点是单一年度，而战略计划的重点通常跨多个年度，而且战略计划给每个年度的预算提供了一个框架。预算要有意义，就必须在战略性规划的指导下制定。所以管理者在编制预算时一定要注意到预算与企业战略的关系，避免仅关注短期事项。

另外，编制预算的目的是计划未来，预先发现问题和避免浪费，因而实施预算时一定关注实际效果与预算的关系，要保持实际经营活动与预算计划一致，这就是预算控制的本质含义。图 6-2 显示了全面预算与企业计划和控制的关系。

比如黄川医生开办了一家牙科诊所。黄川医生的战略计划是通过优质而及时的服务建立起信誉，从而扩大业务规模，提高获利能力。而要实现该战略，关键在于增设一间牙科实验室。这是他的长期目标。为了增设这个实验室，他需要额外资金。但由于诊所目前规模较小，融资能力有限，这笔资金只能来源于收入的提高。经过详细计算，黄川医生确定其年收入必须增长10%才能满足资金需求，这是一个短期目标。

应如何实现诊所的长期和短期目标呢？黄川医生发现，他收取的镶牙费和补牙费低于其他诊所的平均水平，于是他决定提高收费来实现10%的增长目标。然后他编制了销售预算，具体包括次年的补牙和镶牙的数量、新的收费标准和预计收费总额。这样，该销售预算就成为实现10%收入增长目标的具体行动计划。到了年底，黄川医生可以将实际收入与预算数进行比较（监控和比较）。如果实际收入低于预算数，他就要查明原因（调查）；然后他可以采取相应的补救措施来缩短这个差距，如延长工作时间、提高其他项目的收费等（改进措施）。当然，这一差距的原因也可能导致修订未来计划（反馈）。这一过程体现了整个全面预算管理的基本流程，具体如图6－3所示。

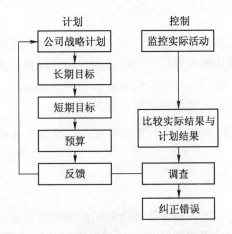

图6－2　全面预算与企业计划和控制的关系

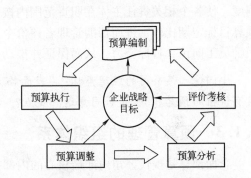

图6－3　全面预算管理的基本流程

## 6.1.2　预算给企业管理者带来的好处

综上所述，有了预算的企业犹如有了指南针，管理者可以随时根据预算来分析企业经营情况，具体而言预算可以给企业管理者带来下列好处。

1. 更好地应对外界环境变化

预算过程明确了经理们在计划中所负的管理责任，迫使经理们在进行工作前能够对未来可能发生的情况进行前瞻性的思考，事先规划他们的行为，对未来作出计划。这样，预算不仅能帮助管理人员预测和辨别各种业务的未来行为及这些行为引发的后果，还能提醒公司管理人员有目的地行事，防患于未然，并能对未来的变化做出系统的反应。

2. 使组织的整体目标与部分目标一致

预算是面向未来的计划，它确定了目标及实现这些目标应采取的行动，是加强企业内部沟通和协调的重要工具。通过预算，高层管理者可将计划和目标传达到企业内部的各个层次，每个部门由此确定履行完成企业总体目标中应尽的责任，企业高级管理层也可借此来协调不同部门的活动。例如，预算迫使采购人员将他们的计划与生产需求相协调，而生产经理将他们的计划与销售需求相协调，财务经理用销售预算与购货单来预测公司的现金需求。

总之，做预算迫使经理们把本部门与其他部门或整个公司的关系具体化，能够使组织的整体目标与部分目标统一起来，以达到管理上的一致性要求。总经理在他的预算指令中明确组织目标和目的；随后员工和低层管理者告诉高层管理者他们如何实现目标和目的。

3. 分配资源

一般来说，组织的资源是有限的，预算为企业内部进行资源分配提供了一种方法。预算编制要求管理者认真研究公司可能面临的问题和存在的潜力，以及可能存在的瓶颈，以合理配置和利用企业的资源。

4. 实施控制

预算是指导企业员工从事经营活动的准绳。它作为企业经济活动的行为准则，能使各项活动的实际执行有章可循。

5. 业绩评价与激励

公司在预算指标建立的基础上，通过分解预算指标和落实责任，建立与预算相关的奖惩制度，使各个相关责任主体在职责范围内按照既定的预算目标安排工作，将实际执行情况与预算目标定期比较，进而帮助管理者评价个人、部门、分支机构或者公司整体的业绩，同时激励员工向预算目标努力，从而保证并推动公司中长期发展战略目标的实现。

**小讨论** 某公司的经理声称："我面临太多的不确定性和复杂问题，以至于没法编制对我有价值的预算。"你是否同意这种观点？

## 6.1.3 预算管理的组织体系

全面预算是现代公司内部最核心的内部控制制度。预算管理使公司的高层管理者逐步从繁重的日常工作中摆脱出来，将更多的精力放在对资源的长远规划与对下级的绩效管理上。随着预算管理在公司经营活动中的渗透，公司几乎所有的组织机构职责都和预算相关，作为控制的重要手段，预算管理要求现代公司组织机构具备相对规范的组织体系。通常，根据全面预算管理的科学内涵，预算管理的组织体系包括：预算决策机构、预算编制部门、预算执行部门和预算审计部门。

1. 预算决策机构

企业一般将预算决策机构称为预算管理委员会。预算管理委员会是预算管理的最高权力机构，其组成主要取决于公司的规模、性质和其所在的行业。预算管理委员会成员由公司的董事会成员、公司高级管理团队成员组成。董事会成员代表股东的利益，在预算编制阶段提出公司的战略方针、保证预算内容符合公司的管理目标。高级管理团队人员的作用是参与预算讨论会议，制定有关预算管理流程。预算管理委员会作为预算管理的最高机构，对于预算的计划与控制起着重要的作用。具体包括以下内容。

（1）颁发预算指导性文件

这些文件可以保证每个预算编制人员明白编制预算所需要搜集的资料及编制预算的假设条件，从而保证预算编制口径的一致。

（2）审议批准预算草案

一般而言，公司每年至少会有一次预算"碰头会"以确定下一年度的预算。预算管理委员会需要和各个部门经理人员共同探讨，审查各项预算中数据和内容是否与公司的经营目标相一致，以及各项预算内容是否具有可行性。同时，预算管理委员会还会向各个部门提出问题，包括在各种事件发生情况下有可能出现的问题，要求各个部门提出各类解决问题的方案并评估。经过多次讨论的预算需要预算管理委员会的批准才能最终生效。

（3）预算调整的批准及仲裁

预算并非总是合情合理，在公司运营过程中总会出现与预算假设不一致的情况。当下属事业部或子公司提出变更预算（如增加预算）时，预算管理委员会需要组织人员进行调查判断该要求的合理性，并最终决定是否变更预算。此外，各个部门在执行预算过程中，可能由于公司的价格体系或交易规则的改变影响到其预算的完成，从而出现内部矛盾。预算管理委员会需要对此类事件进行处理，做出仲裁决定，以保证公司的预算与年终考核的公正性。

2. 预算编制部门

预算管理涉及大量文字性及数据处理工作，随着公司规模的扩大，预算编制的工作量也会随之迅速扩大，而且由于公司组织机构的日益庞杂，各项费用和成本名目日趋增多，预算编制的技术要求随之提高，公司不可能仅仅依靠预算管理委员会的核心成员来完成大量的数据统计与分析工作，那样无疑将公司的高层管理者置于"复杂的文字与数据泥潭"，不利于公司管理团队将精力放在战略性的规划与控制上。一般情况下，公司财务部负责汇总各业务部门数据，完成具体预算编制工作。

3. 预算执行部门

预算执行部门即为预算责任主体，是根据各环节、各部门在企业预算总目标的实现过程中的作用和职责，分层设置。公司的各个职能部门都是具体的预算执行部门，在预算中发挥不同的作用。

4. 预算审计部门

预算审计部门作为一个相对独立的部门在全面预算中发挥独特的作用。该部门由预算管理委员会直接领导，其主要职责包括：

① 根据年初预算审计计划进行预算审计；

② 对预算差异较大的业务进行审计；

③ 对重点项目预算执行情况进行审计；

④ 对预算编制质量和有效性进行评估。

# 6.2　全面预算的编制

## 6.2.1　预算编制的行为模式

预算系统的有效性直接取决于经理与员工是否接受预算。因此，在编制预算时必须强调预算需要公司全体员工的支持。一般而言，预算编制的行为模式包括自上而下式、自下而上式和上下结合式三种方式，它们分别适用不同的企业环境和管理风格，并各具优缺点。

### 1. 自上而下式

在这种方式下，由企业总部按照战略管理需要制定预算，各分部或分公司只是预算执行主体，没有独立的决策权。这种方式的最大好处在于能保证总部利益，同时考虑企业战略发展需要。但这种方式权力高度集中在总部，不能发挥分部自身的管理主动性和创造性，给员工的感觉是"这是你强加给我的预算"，不利于"人本管理"及企业未来长远的发展。

### 2. 自下而上式

在这种方式下，由分部编制并上报预算，强调预算来自下属预算主体的预测，总部只对预算负有最终审批权，而并不过多介入过程控制。这种方式的优点是有利于提高分部的主动性，充分体现了分权管理思想和人本管理理念，能使员工感觉到"这是我们的预算"。但这种方式也存在不足，太多主体的参与和讨论会导致决策时的犹豫不决，同时不利于分部盈利潜能的最大限度发挥，如分部经理往往会故意压低其利润预算，只在上年度基础上"适当"增长，以保持利润逐年增长的"业绩"。

### 3. 上下结合式

这种方式博采上述两者之长，在预算编制过程中，经历了自上而下和自下而上的往复。一般而言，预算目标应自上而下下达，预算编制则应自下而上地体现目标的具体落实，各责任部门通过编制预算，需要明确"应该完成什么，应该完成多少"的问题。这种方式的优点是能够有效保证企业总目标的实现；按照统一、明确的"游戏规则"分解目标，体现了公平、公正的原则；预算的编制必须以目标的实现为前提，避免了预算编制过程中的讨价还价、"宽打窄用"等现象，提高了预算编制效率。

在实务上，全面预算的编制涉及经营管理的各个部门，只有各部门共同参与才能使预算成为他们自愿努力完成的目标，而不是外界强加给他们的枷锁，一般应按照"上下结合、分级编制、逐级汇总"的程序进行编制。具体分为以下 5 个步骤。

第一步，下达目标。企业董事会或经理办公会根据企业发展战略和预算期经济形势的初步预测，在决策的基础上，一般于每年 9 月底以前提出下一年度企业预算目标，包括销售或营业目标、成本费用目标、利润目标和现金流量目标，并确定预算编制的政策，由预算委员会下达各预算执行单位。

第二步，编制上报。各预算执行单位按照企业预算委员会下达的预算目标和政策，结合自身特点以及预测的执行条件，提出详细的本单位预算方案，于 10 月底以前上报企业财务管理部门。

第三步，审查平衡。企业财务管理部门对各预算执行单位上报的预算方案进行审查、汇总，提出综合平衡的建议。在审查、平衡过程中，预算委员会应当进行充分协调，对发现的问题提出初步调整的意见，并反馈给有关预算执行单位予以修正。

第四步，审议批准。企业财务管理部门在有关预算执行单位修正调整的基础上，编制出企业预算方案，报预算委员会讨论。对于不符合企业发展战略或者预算目标的事项，企业预算委员会应当责成有关预算执行单位进一步修订、调整。在讨论、调整的基础上，企业财务管理部门正式编制企业年度预算草案，提交董事会或经理办公会审议批准。

第五步，下达执行。企业财务管理部门对董事会或经理办公会审议批准的年度总预算，一般在次年 3 月底以前，分解成一系列的指标体系，由预算委员会逐级下达各预算执行单位执行。

**课程思政元素** 　　　　　　　　预算中的财务职业道德问题

部门或分支机构的预算经常被用来作为评价管理人员业绩的基础。实际结果同预算业绩水平相比较，业绩超出预算的人经常被奖以提升或增加工资。例如，如果分支机构利润超过预算利润的10%，则机构的高层管理人员可获得一定数量的奖金。如果无法通过改善公司的业务情况而达成预算目标，则可能诱发严重的道德问题：一方面管理层可能要求财务人员虚报利润以使预算变得更容易实现；另一方面也存在迫使财务人员操纵实际利润，如将年末销售在年度之间转移，从而增加特定年度报告收入。

财务人员虚报预算或操纵利润的动机可能基于下面两个理由：一是他们可能分享到奖金；二是他们可能会感受到能分享到奖金的管理人员的压力。对于一名管理会计师而言，这种行为违反了若干条职业道德标准（参见第1章相关内容）。

教学视频：
预算编制
行为模式

## 6.2.2　全面预算的内容及其逻辑关系

### 1. 全面预算的内容体系

全面预算是企业对预算期内的经营决策所定目标的全面综合的表述，它由涉及公司所有计划活动的、很多互相关联的具体预算组成，是公司战略落地的过程。它包括业务预算和财务预算两大组成部分，具体关系如图6-4所示。

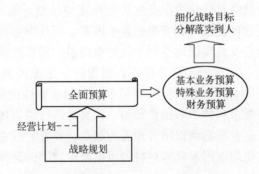

图6-4　全面预算的内容体系与战略规划间关系

业务预算是指针对企业生产经营活动中某一方面的特定职能而编制的预算，旨在规划各项具体业务，又称为职能预算，具体包括基本业务预算和特殊业务预算。基本业务预算是反映企业基本业务活动的预算，包括销售预算、生产预算、直接材料预算、直接人工预算、制造费用预算、期末产成品存货预算、销售与管理费用预算。特殊业务预算是反映企业基本业务活动之外的特殊业务的预算，包括资本支出、融资预算等。

财务预算是以货币形式对各种职能预算的汇总，以确定经营活动所需资金的来源及在预算期内如何将资金用于预算活动的计划，旨在综合反映各项业务对企业现金流量和经营成果的影响，从而规划企业的现金流量和经营成果，包括现金预算、预计利润表和预计资产负债表。图6-5以流程图的方式简单描绘了它们之间的关系。

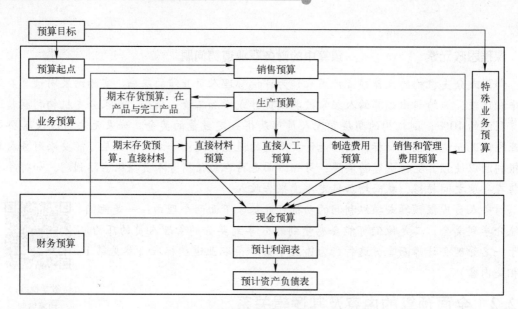

图6-5 全面预算的构成及逻辑关系流程图

**2. 预算编制的起点**

预算编制的起点即第一项开始编制的预算，它在预算内容体系中居于基准的地位，其合理性和准确性关系着整个预算内容体系的有效性。

如上所述，预算是指引经理实现其战略目标的具体路径，所以编制预算以企业战略目标分析为基础，首先将企业战略具体化为企业的长期与短期计划。而在企业目标实现过程中，始终存在着约束企业发展和目标最大化实现的若干因素，而其中必有一个最主要、最严峻的约束因素。预算目标的确定及其实现均受制于该约束因素，预算的编制也就应该由与此因素直接相关的业务预算开始。在市场经济环境下，销售数量是绝大多数企业的约束因素，因此，销售预算便是通常意义上的全面预算编制起点，它的准确性决定着整个预算的有效性。为此必须结合企业目标的要求和科学的销售预测，认真地进行销售规划。

但是要注意并非所有企业都必须以销售预算为起点，要看它的主要约束因素是什么，如稀有原材料的企业，其主要约束因素是原材料的可供给量，因此其预算编制起点应该是原材料采购预算。

**相关资料** 预算中最困难的就是确定预算的编制起点及如何能准确预测这一关键因素，对于大多数企业而言这一难点就具体体现在销售预测上。销售预测考虑的主要因素有：

- 宏观经济发展状况（预计经济繁荣、衰退或增长放缓）；
- 公司所在行业的发展状况（如共享汽车经营模式的出现对汽车行业的影响）；
- 政治与法律因素（如国家对新能源汽车的补贴政策、城市汽车限行制度）；
- 公司历史的销售水平和趋势；
- 公司的市场营销策略及定价策略；
- 预计竞争对手采取的行动（竞争对手布局新能源汽车）；
- 市场出现替代产品的情况（如新能源汽车的大量推广）。

### 3. 各预算之间的连接

全面预算的内容体系具有系统性特征，业务预算与财务预算两者不仅缺一不可，而且它们是一个整体，相互支撑、相互依赖，是一个完整而紧密的系统。有点像一盒拼图，只有所有的拼块组合在一起，才会形成一个完整、清晰的拼图，少了任意一个小的拼块，都是不连贯的。而且有一块发生变化则整个拼图都将随之改变。各预算之间也如此。某些事件比如某一个客户增加订货量会直接影响销售预算，同时就会出现多米诺骨牌现象，其他预算也必然受到影响。因此，在确定预算编制起始点的基础上，还应进一步弄清楚各预算之间的逻辑关系。对于典型的制造业而言，图6－5能很好地显示各预算之间的关系。

## 6.2.3 全面预算编制案例

通过对图6－5的理解，即可明了全面预算内容体系的逻辑关系。本部分内容针对制造业企业，以案例的方式对全面预算具体编制加以说明。

### 1. 基本资料及信息

赵天宇是一名毕业不久的大学生，在几家公司工作了一段时间后，决定自己做老板。他通过市场调查，发现饮水机市场潜力很大。赵天宇联合其他几个同学于20×0年7月共同出资成立天宇公司，开发生产饮水机。他的同学张涛刚好在一家饮水机厂做技术工作，赵天宇聘请张涛做天宇公司的技术顾问。

20×1年的资产负债表如表6－1所示。

表6－1　20×1年的资产负债表　　　　　　　　　　　　　　　　　　元

| 资产 | 年末数 | 负债与所有者权益 | 年末数 |
|---|---|---|---|
| 现金 | 8 000 | 应付账款 | 2 350 |
| 应收账款 | 6 200 | 长期借款 | 9 000 |
| 存货 | | 普通股 | 20 000 |
| 原材料 | 1 500 | 未分配利润 | 16 250 |
| 产成品 | 900 | | |
| 固定资产 | 35 000 | | |
| 累计折旧 | 4 000 | | |
| 资产总额 | 47 600 | 负债与所有者权益总额 | 47 600 |

经过进一步市场调研与分析，决定20×2年先生产技术比较成熟的Ⅰ型饮水机，待公司规模进一步扩大后再考虑生产其他型号的产品。

### 2. 基本业务预算

（1）销售预算

对于天宇公司而言，显然限制其达到其战略目标的主要因素是市场的销售情况，因而销售预算是整个预算的编制起点，其他预算的编制都以销售预算作为基础。销售预算通常由销售量、单价和销售收入及预计现金收入计算附表构成。编制预计现金收入计算附表是为编制现金预算提供必要的资料。另外，销售预算通常要分品种、分月份、分销售区域、分推销员来编制。为了简化，本例只划分了季度销售数据。

　　根据上述销售预测需要考虑的因素，天宇公司相关人员给出了公司 20×2 年的销售预算（见表 6-2）。在本例中，假设每季度的销售收入在当季收到 60%，另外的 40% 现金要到下季度才能收到。同时假设上年年初的应收账款来自表 6-1。

**表 6-2　销售预算**

预算年度：20×2　　　　　　　　　　　　　　　　　　　　　　　　　　　　　　　　　　　　　元

| 季　　度 | 一 | 二 | 三 | 四 | 全年 |
|---|---|---|---|---|---|
| 预计销售量/台 | 100 | 150 | 200 | 180 | 630 |
| 预计销售单价/（元/台） | 200 | 200 | 200 | 200 | 200 |
| 销售收入 | 20 000 | 30 000 | 40 000 | 36 000 | 126 000 |
| 预计现金收入 | | | | | |
| 上年应收账款 | 6 200 | | | | 6 200 |
| 第一季度销售收现 | 12 000 | 8 000 | | | 20 000 |
| 第二季度销售收现 | | 18 000 | 12 000 | | 30 000 |
| 第三季度销售收现 | | | 24 000 | 16 000 | 40 000 |
| 第四季度销售收现 | | | | 21 600 | 21 600 |
| 现金收入合计 | 18 200 | 26 000 | 36 000 | 37 600 | 117 800 |

注：此处为简化问题而忽略了增值税问题

　　（2）生产预算

　　生产预算是在销售预算的基础上编制的，通常，企业的生产和销售不能做到"同步同量"，需要设置一定的存货，以保证能在发生意外需求时按时供货，并可均衡生产，节省赶工的额外支出。为简便起见，存货数量通常按下期销售量的一定百分比确定，本例按 10% 安排期末存货，年初存货是基于表 6-1 中产成品数据估计的，年末存货根据长期销售趋势来确定。本例年初有存货 10 台，年末留存 20 台。天宇公司 20×2 年度的生产预算如表 6-3 所示。

**表 6-3　生产预算**

预算年度：20×2　　　　　　　　　　　　　　　　　　　　　　　　　　　　　　　　　　　　　台

| 季度 | 一 | 二 | 三 | 四 | 全年 |
|---|---|---|---|---|---|
| 预计销售量 | 100 | 150 | 200 | 180 | 630 |
| 加：预计期末存货 | 15 | 20 | 18 | 20 | 20 |
| 预计存货需要量 | 115 | 170 | 218 | 200 | 650 |
| 减：预计期初存货 | 10 | 15 | 20 | 18 | 10 |
| 预计本期生产量 | 105 | 155 | 198 | 182 | 640 |

　　生产预算的"预计销售量"来自销售预算，其他数据在表 6-3 中计算得出，即

预计期末存货 = 下季度销售量×10%

预计期初存货 = 上季度期末存货

预计本期生产量 =（预计销售量 + 预计期末存货）- 预计期初存货

　　生产预算在实际编制时是比较复杂的，产量受到生产能力的限制，存货数量受到仓库容量的限制，只能在此范围内来安排存货数量和各期生产量。此外，有的季度可能销量很大，可以用赶工方法增产，为此要多付加班费。如果提前在淡季生产，会因增加存货而多付资金利息。因此，要权衡两者得失，选择成本最低的方案。

**小测试**　　　　　　　　　**如果你是生产经理**

假设你是天宇公司的生产经理。如果销售部经理通知你第二季度销售量预测为 210 台，而不是 150 台。为了协调计划，你需要和谁进行协商？

（3）直接材料预算

直接材料预算，是以生产预算为基础编制的，同时要考虑原材料期初、期末存货水平。它主要是用于确定预算期直接材料的采购数量、采购成本及与之相关的预计现金支出数额。其中，一个至关重要的因素就是如何制定单位产品材料计划用量与采购单价标准。

表 6 – 4 是天宇公司的直接材料预算。其主要内容有直接材料的单位产品用量、生产需用量、预计期初存量和预计期末存量等。"预计生产量"的数据来自生产预算，"单位产品用量"的数据来自标准成本资料或消耗定额资料，"生产需用量"是上述两项的乘积。年初和年末的材料存货量，是根据当前情况和长期销售预测估计的。各季度"预计期末存量"根据下季度生产量的一定百分比确定，本例按 20% 计算。各季度"预计期初存量"是上季度的期末存货。其中本年年初的材料数量是根据表 6 – 1 中原材料数据估计出来的，年末材料数量是 400 kg。预计各季度"采购量"的计算公式为：

预计采购量 =（生产需用量 + 预计期末存量）– 预计期初存量

同时，为了便于以后编制现金预算，通常要预计材料采购各季度的现金支出。每个季度的现金支出包括偿还上期应付账款和本期应支付的采购货款。本例假设材料采购的货款有 50% 在本季度内付清。这个百分比是根据经验确定的。如果材料品种很多，需要单独编制材料存货预算。本例中为简便起见，假设只涉及一种原材料；如涉及多种材料则原理相同。

**表 6 – 4　直接材料预算**

预算年度：20 × 2　　　　　　　　　　　　　　　　　　　　　　　　　　　　　元

| 季　　度 | 一 | 二 | 三 | 四 | 全年 |
|---|---|---|---|---|---|
| 预计生产量/台 | 105 | 155 | 198 | 182 | 640 |
| 单位产品用量/（kg/台） | 10 | 10 | 10 | 10 | 10 |
| 生产需用量/kg | 1 050 | 1 550 | 1 980 | 1 820 | 6 400 |
| 加：预计期末存量/kg | 310 | 396 | 364 | 400 | 400 |
| 预计需要量/kg | 1 360 | 1 946 | 2 344 | 2 220 | 6 800 |
| 减：预计期初存量/kg | 300 | 310 | 396 | 364 | 300 |
| 预计采购量/kg | 1 060 | 1 636 | 1 948 | 1 856 | 6 500 |
| 单价 | 5 | 5 | 5 | 5 | 5 |
| 预计采购成本 | 5 300 | 8 180 | 9 740 | 9 280 | 32 500 |
| 预计现金支出 | | | | | |
| 上年应付账款 | 2 350 | | | | 2 350 |
| 第一季度购料现金支出 | 2 650 | 2 650 | | | 5 300 |
| 第二季度购料现金支出 | | 4 090 | 4 090 | | 8 180 |
| 第三季度购料现金支出 | | | 4 870 | 4 870 | 9 740 |
| 第四季度购料现金支出 | | | | 4 640 | 4 640 |
| 合计 | 5 000 | 6 740 | 8 960 | 9 510 | 30 210 |

（4）直接人工预算

直接人工预算也是以生产预算为基础编制的。其主要内容包括预计产量、单位产品标准工时、直接人工总工时、标准单位工时工资率（每小时人工成本）和预计直接人工总成本及预计现金支出。"预计产量"数据来自生产预算，"单位产品标准工时"和"标准单位工时工资率"数据来自标准成本资料，"直接人工总工时"和"预计直接人工总成本"是在直接人工预算中计算出来的。天宇公司的直接人工预算见表6-5。

**表6-5　直接人工预算**

预算年度：20×2　　　　　　　　　　　　　　　　　　　　　　　　　　　　　　　　　　　　　元

| 季　　度 | 一 | 二 | 三 | 四 | 全年 |
|---|---|---|---|---|---|
| 预计产量/台 | 105 | 155 | 198 | 182 | 640 |
| 单位产品标准工时/（h/台） | 10 | 10 | 10 | 10 | 10 |
| 直接人工总工时/h | 1 050 | 1 550 | 1 980 | 1 820 | 6 400 |
| 标准单位工时工资率 | 2 | 2 | 2 | 2 | 2 |
| 预计直接人工总成本 | 2 100 | 3 100 | 3 960 | 3 640 | 12 800 |
| 预计现金支出 | | | | | |
| 第一季度直接人工现金支出 | 2 100 | | | | 2 100 |
| 第二季度直接人工现金支出 | | 3 100 | | | 3 100 |
| 第三季度直接人工现金支出 | | | 3 960 | | 3 960 |
| 第四季度直接人工现金支出 | | | | 3 640 | 3 640 |
| 合计 | 2 100 | 3 100 | 3 960 | 3 640 | 12 800 |

（5）制造费用预算

制造费用预算通常分为变动制造费用和固定制造费用两部分。变动制造费用以生产预算为基础编制。如果有完善的标准成本资料，用单位产品的标准成本与产量相乘，即可得到相应的预算金额；如果没有标准成本资料，就需要逐项预计计划产量需要的各项制造费用。固定制造费用，需要逐项进行预计，通常与本期产量无关，按每季度实际需要的支付额预计，然后求出全年数。表6-6是天宇公司的制造费用预算。

**表6-6　制造费用预算**

预算年度：20×2　　　　　　　　　　　　　　　　　　　　　　　　　　　　　　　　　　　　　元

| 季　　度 | 一 | 二 | 三 | 四 | 全年 |
|---|---|---|---|---|---|
| 变动制造费用 | | | | | |
| 间接人工 | 105 | 155 | 198 | 182 | 640 |
| 间接材料 | 105 | 155 | 198 | 182 | 640 |
| 维修费 | 210 | 310 | 396 | 364 | 1 280 |
| 水电费 | 105 | 155 | 198 | 182 | 640 |
| 小计 | 525 | 775 | 990 | 910 | 3 200 |
| 固定制造费用 | | | | | |
| 维护费 | 1 000 | 1 140 | 900 | 900 | 3 940 |

续表

| 季 度 | 一 | 二 | 三 | 四 | 全年 |
|---|---|---|---|---|---|
| 折旧费 | 1 000 | 1 000 | 1 000 | 1 000 | 4 000 |
| 管理人员工资 | 200 | 200 | 200 | 200 | 800 |
| 保险费 | 75 | 85 | 110 | 190 | 460 |
| 财产税 | 100 | 100 | 100 | 100 | 400 |
| 小计 | 2 375 | 2 525 | 2 310 | 2 390 | 9 600 |
| 合计 | 2 900 | 3 300 | 3 300 | 3 300 | 12 800 |
| 减：非付现成本 | 1 000 | 1 000 | 1 000 | 1 000 | 4 000 |
| 付现制造费用合计 | 1 900 | 2 300 | 2 300 | 2 300 | 8 800 |

为了便于以后编制产品成本预算，需要计算小时费用分配率。

变动制造费用分配率 $= 3\ 200/6\ 400 = 0.5$（元/h）

固定制造费用分配率 $= 9\ 600/6\ 400 = 1.5$（元/h）

为了便于以后编制现金预算，需要预计现金支出。制造费用中，除折旧费外都须支付现金，所以根据每个季度制造费用数额扣除折旧费后，即可得出"付现制造费用合计"。

（6）产品成本预算

产品成本预算，是生产预算、直接材料预算、直接人工预算、制造费用预算的汇总。主要核算产品的单位成本和总成本。单位产品成本的有关数据，来自前述三个预算。生产量、期末存货量来自生产预算；销售量来自销售预算；生产成本和存货成本数据根据单位成本和有关数据计算得出，存货计价采用先进先出法。表6-7是天宇公司的产品成本预算。

**表6-7 产品成本预算**

预算年度：20×2                                                                                元

| 成本项目 | 单位成本 | | | 生产成本<br>（640 台） | 期末存货<br>（20 台） |
|---|---|---|---|---|---|
| | 价格标准 | 用量标准 | 成本 | | |
| 直接材料 | 5 元/kg | 10 kg | 50 | 32 000 | 1 000 |
| 直接人工 | 2 元/h | 10 h | 20 | 12 800 | 400 |
| 变动制造费用 | 0.5 元/h | 10 h | 5 | 3 200 | 100 |
| 固定制造费用 | 1.5 元/h | 10 h | 15 | 9 600 | 300 |
| 合计 | | | 90 | 57 600 | 1 800 |

（7）销售及管理费用预算

销售及管理费用预算是指除制造费用以外的企业日常销售和经营管理活动所发生的各项费用的预算，主要包括销售费用预算及管理费用预算。

销售费用预算以销售预算为基础，应对过去的销售费用进行分析，考察过去销售费用支出的必要性和效果。分析销售收入、销售利润和销售费用的关系，力求销售费用的支出能带来更多的销售收入，销售费用预算应和销售预算相配合，应有按品种、按地区、按用途分配的具体预算数额。

在编制管理费用预算时，要分析企业的经营业绩情况，务必做到费用合理化。管理费用多属于固定成本，所以一般是以过去的实际开支为基础，按预算期的可预见变化来调整。重要的是，必须充分考察每种费用是否必要，以便提高费用效率。综合上述因素，表6-8是天宇公司的销售及管理费用预算。

### 表6-8　销售及管理费用预算

预算年度：20×2　　　　　　　　　　　　　　　　　　　　　　　　　　　　　　元

| | |
| --- | --- |
| 销售费用 | |
| 　销售人员工资 | 2 000 |
| 　广告费用 | 5 500 |
| 　包装及运输费 | 3 000 |
| 　其他 | 2 700 |
| 管理费用 | |
| 　管理人员工资 | 4 000 |
| 　职工福利费 | 800 |
| 　保险费 | 600 |
| 　办公费 | 1 400 |
| 合计 | 20 000 |
| 每季度支付现金 | 5 000 |

#### 3. 特殊业务预算——资本预算

在预算期内，如果发生重大的、长期性投资项目的投资活动，如厂房设备的购置、改建、扩建，以及技术更新改造、资源的开发、利用、企业并购等，企业还必须逐项编制专门预算（资本预算），最终汇总形成资本总预算。其基本内容包括决策项目预计投资额与投资时间、预计投资收益及收益时间等。资本预算支出往往数额巨大，会显著影响企业的长期发展。因此，绝大多数企业资本预算管理都很规范，有严格的审批程序和高度规范化的预算编制程序。

资本预算不仅要解决项目的经济可行性等决策性问题，还要确定不同时期的现金流出情况。在项目建设期内，其现金流出并没有固定的模式：有时是在期初一次性投入，有些是先期投入大后期投入小，有些则是先期投入小而后期投入大等。因此资本预算不仅要确定项目支出总额，而且还要在时间上规划现金流出的时间分布。更为重要的是，当多个项目重叠发生并在时间上有交叉时，其投资总额与付现总额会出现明显的差额，在这种情况下，不同时期的付现总额预算就显得尤为重要。

一旦确定不同时期的投资及现金流出后，企业还应在此基础上确定各期的融资预算。融资预算主要解决企业应何时融资、融资额有多大、融资方式如何确定、融资成本与投资收益如何配比等问题。

在本案例中，为简化问题，只设计了一项资本支出，即于第二季度支付10 000元购买设备。

#### 4. 财务预算

在企业完成基本业务预算和资本预算的编制工作后，便需要进一步汇总编制财务预算，包括现金预算、预计利润表、预计资产负债表，以综合反映各项预算财务结果。财务预算并非对基本业务预算及资本预算的简单汇总，还必须同时考虑财务活动自身的内容。

（1）现金预算

提高现金流转效率，选择恰当的营运资金持有与筹资策略是企业财务管理工作的核心。现金流量状况如何，不仅直接关系到企业的获利能力，而且对企业财务风险的大小具有决定性的影响。因此，在编制各项业务预算、资本预算预计相关的现金流入与流出数额的基础上，从企业整体角度对现金的流入与流出以及现金的净流量做出较为准确的预计，以便事先采取恰当的财务策略，避免出现"高利润，低现金"的现象。现金预算就是综合反映企业预算期间由于经营、筹资、投资等各项活动引起的现金流入与流出状况的预算报表。

现金预算由四部分组成：现金收入、现金支出、现金多余或不足、资金的筹集和运用。

现金收入部分包括期初现金余额和预算期现金收入。期初现金余额来自表6-1，销售现金收入的数据来自销售预算，可供使用现金是期初余额与本期现金收入之和。

现金支出部分包括预算期的各项现金支出。直接材料、直接人工、制造费用、销售及管理费用的数据分别来自前述有关预算。此外，还包括所得税、购置设备、支付股利等现金支出，有关的数据分别来自另行编制的专门预算。

现金多余或不足部分列示现金收入合计与现金支出合计的差额。差额为正，说明收大于支，现金有多余，可用于偿还过去向银行取得的借款，或者用于短期投资；差额为负，说明支大于收，现金不足，要向银行取得新的借款。对于一般企业而言，为了保证日常交易等需求需要保持一定数量的现金，本例中，假设该企业需要保留的现金余额为 6 000 元，不足此数时需要向银行借款。假设银行借款的金额要求是 1 000 元的倍数，那么，第二季度借款额为

$$借款额 = 最低现金余额 + 现金不足额$$
$$= 6\ 000 + 4\ 940$$
$$\approx 11\ 000（元）$$

第三季度现金多余，可用于偿还借款。一般按"每期期初借入，每期期末归还"来考虑借款与还款问题，故本例借款期为6个月。假设利率为10%，则应计利息为550元，即

$$利息 = 11\ 000 \times 10\% \times (6/12)$$
$$= 550（元）$$

还款后，仍需保持最低现金余额；否则，只能部分归还借款。表6-9是天宇公司的现金预算。

**表6-9 现金预算**

预算年度：20×2 元

| 季　　　度 | 一 | 二 | 三 | 四 | 全年 |
|---|---|---|---|---|---|
| 期初现金余额 | 8 000 | 8 200 | 6 060 | 6 290 | 8 000 |
| 加：销售现金收入（表6-2） | 18 200 | 26 000 | 36 000 | 37 600 | 117 800 |

| 季　　度 | 一 | 二 | 三 | 四 | 全年 |
|---|---|---|---|---|---|
| 可供使用的现金 | 26 200 | 34 200 | 42 060 | 43 890 | 125 800 |
| 减：各项支出 | | | | | |
| 　　直接材料（表6-4） | 5 000 | 6 740 | 8 960 | 9 510 | 30 210 |
| 　　直接人工（表6-5） | 2 100 | 3 100 | 3 960 | 3 640 | 12 800 |
| 　　制造费用（表6-6） | 1 900 | 2 300 | 2 300 | 2 300 | 8 800 |
| 　　销售及管理费用（表6-8） | 5 000 | 5 000 | 5 000 | 5 000 | 20 000 |
| 　　所得税 | 4 000 | 4 000 | 4 000 | 4 000 | 16 000 |
| 　　购买设备 | | 10 000 | | | 10 000 |
| 　　支付股利 | | 8 000 | | 8 000 | 16 000 |
| 支出合计 | 18 000 | 39 140 | 24 220 | 32 450 | 113 810 |
| 现金多余或不足 | 8 200 | (4 940) | 17 840 | 11 440 | 11 990 |
| 向银行借款 | | 11 000 | | | 11 000 |
| 还款 | | | (11 000) | | (11 000) |
| 借款利息（年利率10%） | | | (550) | | (550) |
| 合计 | | | (11 550) | | (550) |
| 期末现金余额 | 8 200 | 6 060 | 6 290 | 11 440 | 11 440 |

**小讨论**　企业为何需要保持最低现金余额？

（2）预计利润表

编制预计利润表主要是用于综合反映企业整个预算期间的经营管理活动的财务成果、需履行的纳税义务以及通过留存收益可帮助企业解决的融资来源。构成预计损益表的收支项目主要来自两个方面。一是企业生产经营活动的收支，这部分数据可直接取自各项业务预算。其中，"销售收入"项目来自销售收入预算，"销货成本"项目来自销售成本预算，"销售及管理费用"项目来自销售及管理费用预算。二是企业特殊业务活动的收支。如企业的各种投融资活动，会给企业带来相应的投资收益或投资损失。这些项目的数据来自资本预算。在编制预计利润表时，对企业各种营业外项目的收支一般不予考虑。另外，"所得税"项目是在利润规划时估计的，并已列入现金预算。表6-10是天宇公司的预计利润表。

表6-10　预计利润表

预算年度：20×2　　　　　　　　　　　　　　　　　　　　　　　　　　　　　　　　　元

| | |
|---|---|
| 销售收入（表6-2） | 126 000 |
| 销货成本（表6-7）（表6-11）* | 56 700 |
| 毛利 | 69 300 |
| 销售及管理费用（表6-8） | 20 000 |
| 利息（表6-9） | 550 |
| 利润总额 | 48 750 |
| 所得税（估计） | 16 000 |
| 税后净收益 | 32 750 |

　*销货成本＝期初存货成本＋本期生产成本－期末存货成本＝900＋57 600－1 800

**小提示**　　　　　　　　关于编制预计利润表与现金预算表的关系

　　在编制现金预算表时要用到与利润表相关的信息，主要涉及应交税费与应付股利两项。一般而言，这两项可以事先估计一个数，因为此处的应交税费的估计涉及诸多纳税调整项目和可能存在的递延项目，所以此数通常不是根据"利润"和所得税税率计算出来的，而是根据经验事先预估。而股利政策是公司董事会根据本公司的情况制定的，所以也可以事先预估。

　　(3) 预计资产负债表

　　预计资产负债表是用于总括反映预算期末企业资产占用总额、分布结构，以及负债和所有者权益等资金来源状况的预算报表。预计资产负债表通常是以基期预计资产负债表为基础，即表中期初数为上一年度资产负债表期末预计数。依据上述各项预算的数据资料，通过一定的分析调整而编制的。其中，年末"未分配利润"是根据下列公式计算出来的。

$$期末未分配利润 = 期初未分配利润 + 本期利润 - 本期股利$$
$$= 16\,250 + 32\,750 - 16\,000$$
$$= 33\,000(元)$$

　　"应收账款"是根据销售预算中的第四季度销售额和本期收现率计算的。

　　"应付账款"是根据直接材料预算中的第四季度采购金额和付现率计算的。

　　表6-11是天宇公司的预计资产负债表。

**表6-11　预计资产负债表**

预算年度：20×2　　　　　　　　　　　　　　　　　　　　　　　　　　　　　　　　元

| 资产 | 年初 | 年末 | 负债及所有者权益 | 年初 | 年末 |
|---|---|---|---|---|---|
| 现金（表6-8） | 8 000 | 11 440 | 应付账款（表6-3） | 2 350 | 4 640 |
| 应收账款（表6-1） | 6 200 | 14 400 | 长期借款 | 9 000 | 9 000 |
| 存货 | | | 普通股 | 20 000 | 20 000 |
| 原材料（表6-3） | 1 500 | 2 000 | 未分配利润 | 16 250 | 33 000 |
| 产成品（表6-6） | 900 | 1 800 | | | |
| 固定资产 | 35 000 | 45 000 | | | |
| 累计折旧（表6-5） | 4 000 | 8 000 | | | |
| 资产总额 | 47 600 | 66 640 | 负债及所有者权益总额 | 47 600 | 66 640 |

　　预计利润表和预计资产负债表的编制往往比较烦琐，相对于现金预算而言，它们对决策的影响较小，本着成本效益原则，在实务中通常可以按年度编制。

教学视频：
预算内容与逻辑

# 6.3　预算编制的方法

6.2 节所讲述的编制问题只是一般意义上的编制，在实务操作层面上需要根据不同情况来选择不同的编制方法。本节将详细介绍各类编制方法的优缺点及其适用条件。

## 6.3.1　固定预算与弹性预算

### 1. 固定预算

固定预算又称静态预算，即根据预算期内预计可实现的某一水平的业务量而编制的预算。其基本特点是：固定预算不考虑预算期内业务量水平可能发生的不同变动，以某一设定的业务量水平为基础确定与之相应的预算数据。

固定预算主要适用于业务量水平较为稳定的企业，而对于业务量经常变动或变动水平难以准确预期的企业，固定预算往往是不适用的。否则，一旦实际业务量水平与预计业务量水平相差悬殊，以预算作为控制工具时势必导致预算考核效果严重失真，从而使固定预算失去意义。如 6.2 节的案例中，实际第一季度的销售量是 200 台而不是预计的 100 台时，则再用预算数据对其进行考核将毫无价值。

### 2. 弹性预算

弹性预算是根据预算期可预见的各种不同的业务量水平，分别制定相适应的预算数据。这种预算方法弥补了固定预算的缺点。企业事先依据市场行情可能的变动幅度及其自身的应变能力，分别制定出各种可能业务量水平下的预算数据。由于在相关的业务量范围内，固定成本总额并不随业务量变动而变动，所以运用弹性预算编制方法时，主要是针对变动成本按照各种可能的业务量进行调整。弹性预算可以被视为预算概念和本量利分析的结合，能更有效地发挥预算的控制作用——受业务量变动影响的因素应控制其单位额，不受业务量影响的因素应控制其总额。这样，预算的评价与考核可以建立在更加客观与可比的基础之上。

弹性预算的最大缺点是工作量较大。我们必须了解预算中每一费用项目的成本性态特点，即哪些项目是变动成本和编制方法项目是固定成本。

## 6.3.2　增量预算与零基预算

### 1. 增量预算

增量预算是以基期成本费用的实际水平为起点，结合预算期业务量的变动情况及有关成本降低措施，通过一定的调整而编制的预算。增量预算法的基本假定是：

① 企业现有（基期）的各项活动在预算期内将得以继续；

② 现有（基期）的全部预算支出数额、水平均是合理的；

③ 有理由证明在现有（基期）成本费用支出基础上的增量数是合理、必要的。

增量预算法比较简单，易于操作。但它以过去的水平为基础，实际上承认过去是合理的，无须较大的改进，只需对以前的预算增增补补，所以也就不可避免地使原来不合理的成本费用支出继续存在下去，甚至有增无减，这将容易引发预算松驰问题，即高估收入和低估成本。

2. 零基预算

零基预算是指以零为起点，从实际需要出发，通过逐项审议各项成本和费用支出的必要性、合理性及开支数额的大小，结合企业资源供应的可能性而编制的预算。其基本步骤如下。

**第一步**，划分基层预算单位；

**第二步**，对基层预算单位的业务活动进行规划，说明每项活动计划的目的性及需要开支的费用；

**第三步**，由基层单位对本身的业务活动作详细分析，并提出"一揽子业务方案"；

**第四步**，对每项业务活动计划进行"费用－效益分析"权衡得失，排出优先顺序，并把它们分成不同等级；

**第五步**，按照上述优先顺序，结合企业自身的资金状况安排具体业务项目，汇总形成预算。

与增量预算相比，零基预算弥补了增量预算的不足。通过对成本、费用开支合理性的分析，促使各层次、各环节的预算责任人对其所控范围内的开支项目有更加清醒的认识，有利于成本控制，提高预算管理效率，大大促进资源的有效配置。但该方法也有不足，一是编制的工作量大，编制费用高；二是评级和资源分配具有一定的主观性，易于引起部门之间的矛盾；三是业绩差的经理人员可能会认为零基预算是对他的一种威胁而拒绝接受。

从实践情况看，零基预算并没有得到广泛地运用。因为运用零基预算方法，编制预算的工作量比增量法要大得多，因而企业高层管理者只会关注其中与上一年不同的地方，这等于又回到了增量预算上了。但当企业存在大量的战略变动和面临高度不确定性环境时，零基预算还是十分必要的。例如，一个汽车企业想进军房地产行业，就必须运用零基预算，因为它不存在历史数据。又如，铁路企业用动车替代普通客车后，相关维修成本预算也必须运用零基预算。

**小提示** 在实施零基预算时应注意以下两点：第一，零基预算编制费用高，企业没有必要将此方法应用于所有预算项目，只需要应用于没有历史数据或历史数据失去参考价值的预算项目；第二，使用这种方法所倡导的并不是单纯的资源节省，而是如何更有效地利用资源，实现资源的优化配置。

## 6.3.3 定期预算与滚动预算

1. 定期预算

定期预算也称阶段性预算，即按照某一固定的期限（如年度）而编制的预算。定期预算的主要优点是与会计年度相互匹配，便于预算执行结果的考核与评价；但定期预算也有很大的缺陷。首先，大多数预算是在预算年度开始前的两三个月进行的，对预算期后半阶段的活动难以较为准确地预测；其次，预算期间各项活动往往会偏离定期预算的规划而得不到及时调整，致使原始的定期预算不一定是合理的；最后，在预算执行过程中，由于受固定预算期的限制，易使各层次的预算管理人员短视于剩余的预算期限的活动，出现期末突击花钱的情况，不利于企业长期稳定的发展。

2. 滚动预算

滚动预算又称永续预算或连续预算，它以始终保持相等的预算期限为前提，连续地、逐期向后滚地编制预算。其预算期通常以 1 年为固定长度，每过去 1 个月或 1 个季度，便补充 1 个月或 1 个季度。永续向后滚动。滚动预算弥补了定期预算的缺点，保持了预算的连续性和完整性，可以根据前期预算执行结果，结合各种新的变化信息，及时修正预算，以使预算更具适应性，并且克服各层次预算管理人员的短视行为，在预算中能经常保持一个稳定的视野，对未来活动始终保持长远的周密考虑与全盘规划；而不至于等到原有预算执行结束时，匆匆编制新预算，能保证企业的经营管理工作稳定有序地进行。

其缺点是编制工作量大，与会计年度脱节，给考核带来一定的困难。另外，要说服经理人员确信不断调整的过程是值得的。

**小案例**　　　　　**中国石化股份公司实施月度滚动预算管理**

中国石化股份公司实施月度滚动预算管理制度，其目的就是：让企业以月保季，以季保年，保证年度各项工作目标的实现。月度预算是根据市场供需、产品价格、原料来源、资金、成本情况等编制的，需要经过自下而上、自上而下多次反复，而且根据每月实际变化情况滚动编制下月预算。中国石化股份公司自实施月度滚动预算管理以来，效果明显。一是经过每月上下共同编制下月预算，使总部对企业的生产经营情况了解得更及时、更清楚，企业也有机会充分反映当前存在的问题和建议。二是企业在根据市场变化编制下月预算时，各部门充分沟通，按效益最大化安排生产和经营，钱是先算了再花，效益事先心中有数。三是有利于经济活动分析，使以前以年计划和上年同期为参照系的经济活动分析有了更及时、更科学的参照系。实际情况和每月预算对比，可以清晰发现预算差异产生的主客观原因，有利于及时发现问题，分清责任，调整控制措施。

## 6.3.4　以作业为基础的预算

**引例**

运用传统方法编制预算时，其基础信息往往是依据财务会计信息来确定。例如，某公司采购部门的预算见表 6-12。

表 6-12　某公司采购部门的预算（传统观）
元

| | |
|---|---|
| 工资 | 180 000 |
| 福利 | 65 000 |
| 物料 | 28 000 |
| 差旅费 | 12 000 |
| 总计 | 285 000 |

如果管理者计划将采购部门的成本降低 10%，基于上述预算信息，则只能简单地将每种成本都降低 10%，这种降低成本的方法有时被称为"玉石俱焚式"，然而管理者经常被这种方法搞得焦头烂额。例如，某汽车厂，由于公司用这种方法降低成本，这些预算最后"几乎无一例外"地被认为偏高而被打回，并且被指示需按照某一百分比削减。因而在实际编制预算时，在自下而上上报预算时，往往出现故意高估成本的现象。

1. 作业基础预算原理

如果应用了作业成本的概念，将作业成本法的概念运用到预算过程中，就产生了以作业为基础的预算（作业基础预算，ABB），构建总预算的过程将会得到极大的改进。作业基础预算的基本原理是：根据"作业消耗资源，产品消耗作业"的原理，首先预测产出量，再预测产出消耗的作业量，最后预测作业消耗的资源量，并与企业目前的资源供应量进行比较，使资源配置更加科学、客观。其最大优势是通过这种预算管理模式，力求达到企业资源的最有效配置。

在作业基础预算下，首先是详细划分生产的商品和提供的劳务和将要接受服务的客户；其次确定生产这些商品和提供这些服务所必需的作业；最后，计算完成这些具体作业所需的资源。从概念上看，作业基础预算采用作业成本法模型，但是过程与作业成本法成本计算的过程刚好相反。如图6-6所示，作业成本法计算成本时先将资源成本分配到各个作业中，然后将作业成本分配到生产的商品或提供的服务中去。作业基础预算刚好与之相反，它首先预测产品、劳务和服务客户的需求，然后将这一预测结果用于预算期间的作业计划和预计提供这些作业所需的资源。

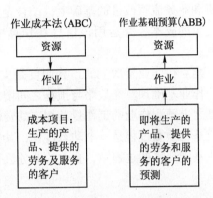

图6-6 作业成本法与作业基础预算

运用作业基础预算编制的思路，我们分析本节引例中公司采购部门的预算。首先，需要分析采购部门在预算年度需要采购商品的品种、数量；其次，再进一步分析为完成这些采购任务所必需的作业，具体包括确定供应商、规划最佳订货批量、发出订购单；最后，计算完成这些作业所需要消耗的人力、物力等各种资源。基于上述信息，完成采购部门预算的编制，具体见表6-13。

表6-13 某公司采购部门的预算（作业基础预算） 元

| | |
|---|---|
| 确定 8 个供货商 | 125 000 |
| 发出 500 个订购单 | 110 000 |
| 规划最佳订货批量 | 50 000 |
| 总计 | 285 000 |

基于作业的预算编制把财务数据与消耗相关资源的作业联系起来，有关部门在此基础上可以以那些削减后并不会影响整体效果的具体作业为目标进行成本削减，而不是用"玉石俱焚式"的方法，如该公司现在可以把确认的供货商的数量减至 4 个。假设供货商的成本随着供货商的数量变动而变动，则可以削减成本，即 62 500 元，使部门达到或超过其预算目标。

作业成本信息明确了成本动因、作业量和消耗的资源之间的关系，因此对于管理层来说，预算数据对决策更有意义。如果预期成本动因在量上发生变化，成本水平将会随之变化。传统的预算过程不包括作业预算法，像调试费用、采购和材料处理成本、质量控制与检测成本以及设计工程等类型的成本不随产量的变动而变动，被归为固定成本。然而，作业基础预算认为，如果预算分析人员认真地确认合适的成本动因，那么这些成本实际上也是变动的。因此，运用作业基础预算编制预算时，能提高预算数据的准确性，同时下级单位也没有故意高估成本的冲动了。

2. 作业基础预算与传统预算的比较

（1）作业基础预算能实现资源更有效地配置

作业基础预算是以作业管理为基础，以企业价值增值为目的的预算管理形式。它在作业分析和业务流程改进的基础上，结合企业战略目标和据此预测的作业量，确定企业每项作业所发生的成本，并运用该信息在预算中规定每项作业所允许的资源耗费量，实施有效的控制。

建立在作业层次上的预算制度是支持持续改进和过程管理的有效工具。与传统预算不同，作业基础预算在战略与预算之间增加了作业和流程分析及可能的改进措施，并在改进的基础之上预测作业的工作量及相应的资源需求，进而通过预算来达到优化资源配置的目的。作业基础预算过程是一个动态过程，其目的是追求持续的优化和改进（见图 6-7）。在执行作业基础预算的过程中，企业的业务流程不断优化，组织结构也随之不断完善。

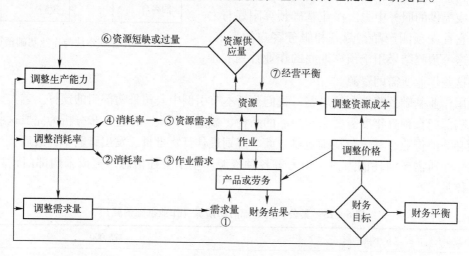

图 6-7  作业基础预算过程流程图

落实作业基础预算的关键环节是对公司进行作业分析和业务流程的改进，在改进的业务流程基础上完成预算的编制。因而公司在编制预算时，不能假设企业过去的各项开支是合理的、必需的。传统的以基期的业务量水平和成本费用消耗水平为编制预算的基础，根据企业预算期的经营目标和实际情况，结合市场竞争态势，对基期的指标数值进行增减调整而确定预算期的指标数值的增量预算编制方法显然是不合适的。而应采用零基预算编制方法，即以所有的预算支出为零作为出发点，一切从实际需要与可能出发，逐项审议预算期内各项费用的内容及其开支标准是否合理，在综合平衡的基础上完成预算编制。

而传统预算不能揭示经营过程中的浪费与低效，注重资源的投入，忽略资源的产出，使得预算管理的目标只关注成本控制的效果，而不关注成本降低的原因，资源的不合理使用得以延续，因此达不到持续改善的目的，这种预算通常只是财务意义上的预算，并不具有经营上的意义。

（2）作业基础预算管理模式更易于被员工接受

由于作业基础预算提供了关于作业量的预算数据，这使得基层员工对于预算年度内每月分别需要完成的作业量有很清楚的认识。因此，预算更易于被基层员工所接受和理解，有利于充分提高基层员工参与预算制定的积极性和改进工作的热情；可以克服传统预算中员工的抵制情绪，增强基层管理者和员工的参与度，使预算得以更顺利地推行。与此同时，作业基础预算建立在对组织作业活动和资源配置的深度解析基础上，相对于传统预算，预算中各项信息更客观合理，以作业基础预算数据的业绩考评更合理。

教学视频：
预算编制方法

教学案例：
全面预算的刚与柔——力拓
软件公司预算管理探索之路

# 6.4　超越预算

自 20 世纪 20 年代产生以来，预算管理一直是企业标准的管理程序，它涵盖了目标设定、执行控制、差异分析、反馈与考核等内容，从而长期处于企业控制系统中的核心地位。但 20 世纪 90 年代以后，企业经营环境发生了很大的变化，经营的不确定性明显加大，竞争更加激烈。与此同时，一些更为先进的管理控制方法相继产生，在这种情况下，传统预算管理的不足逐渐显现出来，对传统预算管理进行变革成为理论界与实务界共同关注的问题。

## 6.4.1　产生的背景

**引例**　　　　　　　　　　**IBM 的案例**

1973 年，IBM 公司的规划机构已经发展到 3 000 人的规模，其年度规划机构制定的周期也长达 18 个月。但该公司在全球计算机市场上依然处于龙头地位。该公司按照顾客的需求进行计算机软件和硬件的设计、制造和销售能力是一流的。每个分部、业务单位以及营销人员都可以通过绩效评估合同得知下一年度所必须实现的目标。在这种模式下，公司的增长和繁荣似乎是不会停止的。

但从 20 世纪 80 年代开始，各种不确定性越来越多，产品以及战略的生命周期已经缩短，价格和边际利润经常承受市场的压力，要求公司不断采取行动削减成本。顾客们则变得越来越反复无常，这就要求公司分权化的程度进一步加强，以便管理一线的人员能够及时回应不断变化的客户要求。此时"命令与控制"已经变成了一个贬义词，领导者已经意识到要变得更加灵活或适应性，必须将更多的权力与职责交给更接近顾客的员工。

而预算过程天生就只注重目标和实施手段，死板地执行 12 ～ 18 个月之前就已经制订好的固定计划和资源分配方案，创新的进程必将受到抑制。预算制度的刚性控制特点与企业需要满足外部顾客需求的变化产生了冲突。管理一线人员发现，他们没有权利对重大变化作出反应，与其费尽心思地在改变规划的授权文件上弄到一大堆签名，倒不如不采取任何行动来得容易。到了 20 世纪晚期，由于低估了个人计算机领域所发生的上述革命性变化，该公司遭受了重创，最终其发现自己被更加灵活、成本更低的竞争者包围，逐步丧失原有的竞争优势。

由上述案例不难看出，预算编制过程花费了公司太多的时间、成本，却不能带来相应的价值。同时经营环境不确定性的明显加大，也使得预算的模式已经越来越不适应当今的竞争环境。而从逻辑上，当预算与业绩评价挂钩时，即预算的编制过程是上级和下属之间签署的一份固定绩效评估合同。因而当经理们发现无法完成预算时，可能会在预算编制的每个流程的每个阶段都采取不当行为，而这些行为的最好后果就是"玩弄数字游戏"，最坏的结果是导致极端的虚假陈述和欺诈。

《华尔街日报》于 2001 年 4 月 9 日刊登，生产音响设备的 Lernout & Hauspie 公司的韩国分公司在 1999 年 9 月到 2000 年 6 月期间报告销售收入为 1.6 亿美元，但其中 70% 是虚报的。据报道，为了得到实现销售目标后的丰厚奖金，韩国公司的经理人员运用了一套极其复杂的方法来粉饰实际业绩，其中最恶劣的一个方法就是将银行贷款资金直接记为收到的顾客货款。该公司的一个高级经理由于实现了预算目标得到了 2 500 万美元的奖励（当然后来被解雇了）。

传统预算模式的弊端也越发明显，主要有：总是争取最低经营目标和最高的奖励；不管付出什么代价，总是争取奖金；永远不要和其他团队分享信息和资源——他们是敌人；总是要求比实际需要量更多的资源，因为它总能被削减到你实际需要量；总是花光预算；一定要学会为自己开脱；总是达到数字要求，但不要超过它；永远不要冒险；等等。

## 6.4.2　超越预算管理的主要思想

1998 年 1 月，"国际高级制造业协会"专门成立了一个研究论坛，叫"超越预算圆桌会议"（BBRT）。该论坛的两位负责人 Jeremy Hope 和 Robbin Fraser 提出了"超越预算"（beyond budgeting）的概念。超越预算主要是通过综合运用各种预测、绩效管理方法，以及将预测与绩效评价奖励分开等方法来克服传统预算的种种弊端（诸如不能对多变的市场及时作出反应，产生职能紊乱行为等）。将企业打造成一个管理流程更具适应性、权力下放更多的一个能够对市场变化做出及时反应、不断进行创新、关注顾客需求、绩效持续改进的组织。概括起来，超越预算主要包含以下 3 个方面的内容。

① 柔性、动态财务预测和计划（如滚动预算）。通过预测组织未来的短期财务业绩，并设置财务业绩目标来协调资源配置，平衡企业的研、产、销各项活动，使资源应用同外部的变化高度匹配。

② 以综合指标为基础的业绩管理与评价系统（如平衡计分卡、关键业绩指标）。与传统评价不同的是，综合业绩评价系统要求部门和个人更全面、深入地了解组织特点和任务性质，明确战略的关键成功因素。

③ 以事后相对业绩契约为基础设计激励机制，主要运用标杆法对相对业绩进行奖励，而不像在传统预算管理中那样以既定的预算目标为依据，这样可以减少"预算花招"等职

能紊乱行为的出现。

从上述 3 个方面的内容不难看出，超越预算不是放弃预算，而是将预算限定在计划上，业绩衡量则由其他管理工具来完成。传统预算管理集中了计划、控制、评价和激励等多种而又有些矛盾的功能，这些功能可能会带来预算系统本身的目标失调和组织内部责任单位的职能失调。20 世纪 90 年代以后，管理会计系统功能的提升推动了管理会计工具的创新与完善，更多新的管理会计工具出现在人们的视野中，如平衡计分卡、EVA、标杆法等。新的管理会计工具改变了传统以财务控制为导向的管理会计方法，将管理会计功能从原来单纯的"控制型导向"视野拓宽到"价值创造型导向"的管理模式，大大促进了管理会计的发展。这些管理会计工具各有特点，进行有效整合才能发挥各自优势。超越预算建立以综合指标为基础的业绩评价系统，依据事后有无对业绩合约的相对改进而不是事前的固定合约进行考评，有效地将传统预算、平衡计分卡、标杆法等工具整合起来，解决了预算管理发展的瓶颈问题。

## 6.4.3 应用超越预算需要注意的问题

超越预算管理代表了组织管理控制的发展趋势，能够为企业带来卓越业绩。在决定是否应用超越预算管理模式时，需要考虑以下两方面的影响因素。

① 企业的经营特征。一般来说，超越预算管理适合于经营环境变化快，市场增长迅速，特别依赖技术创新、经营信息产品、提供服务或科技含量高的产品的企业。而对于那些市场相对稳定、可预测性较强的企业则对传统预算管理做一些改进更好。

② 企业目前预算管理程序的运行状况。低效、耗时的预算管理程序是应用超越预算的最大障碍，因为超越预算需要不断地获得外部信息，进行频繁的滚动预测，这通常是利用原有的程序来进行。因此，预算程序低效不能为超越预算提供一个很好的基础。

# 本 章 小 结

预算是企业进行规划和控制的工具，它以企业的战略目标为出发点，详细说明了一个组织实现其战略目标的可行步骤。预算过程明确了经理们在计划中所负的管理责任，迫使经理们在进行工作前能够对未来可能发生的情况进行前瞻性的思考。预算有助于计划、协调与沟通，并使组织的整体目标与部分目标一致，有助于企业提高资源配置效率，为员工行为设定标准，鼓励员工为目标而努力等。

全面预算包括业务预算和财务预算，但整个预算都是在说明企业为实现其战略目标的预测期具体行为计划，各项预算内容之间具有一定的逻辑关系。预算的编制起点应是制约企业实现其目标的主要制约因素。对于一般的企业而言，这一制约因素是销售情况，所以大多数企业的预算是从销售预算开始，而其他各预算内容之间也是具有一定的逻辑联系的。财务预算可以说是体现业务预算的具体经营结果，尤其是现金预算的编制能为企业的资金管理活动提供很多有用的信息。

预算编制有多种方法，不同预算编制方法具有各自的优缺点，在使用时应灵活运用。可以使用其中的一种方法，也可能根据需要选择多种预算方法。

　　预算编制过程花费了公司太多的时间、成本，却不能带来相应的价值。同时经营环境不确定性的明显加大，也使得预算的模式已经越来越不适应当今的竞争环境。超越预算管理代表了组织管理控制的发展趋势，能够为企业带来卓越业绩，但应用它需要一定的条件。

 延伸阅读

| 管理会计 | 管理会计 | 管理会计 | 管理会计 | 管理会计 |
|---|---|---|---|---|
| 应用指引第 200 号 | 应用指引第 201 号 | 应用指引第 202 号 | 应用指引第 203 号 | 应用指引第 204 号 |
| ——预算管理 | ——滚动预算 | ——零基预算 | ——弹性预算 | ——作业预算 |
| （财会〔2017〕24 号） | （财会〔2017〕24 号） | （财会〔2018〕22 号） | （财会〔2018〕22 号） | （财会〔2018〕38 号） |

## 思 考 题

　　1. 简要解释预算管理给企业带来的好处。

　　2. 对以下论述进行评论："我们公司预算收入设定过高，预算成本设定过低，所以没有部门能够达到预算的要求。经理们觉得无论他们已经做得多么好，他们都不得不更努力地工作。"

　　3. 对以下论述进行评论："没有预算的战略是空想，没有战略的预算是忽悠。"

## 练 习 题

　　1. 假定长红公司计划期间 20×1 年第一季度甲产品各月份的销售量，根据销售额预测分别为：1 000 件、1 500 件、1 800 件；其销售单价均为 50 元/件。该公司商品销售货款的收回，按以下办法处理：当月收款 60%，次月收款 30%，第三个月收款 10%。又假定计划期间的期初应收账款余额为 22 000 元，其中包括上年度 11 月份销售的应收账款 4 000 元，12 月份销售的应收账款 18 000 元。

　　**要求**　（1）计算长红公司上年度 11、12 月份的销售总额各为多少？

　　　　　　（2）编制长红公司计划期间第一季度的分月销售预算及第一季度的预计现金收入计算表。

　　2. 假定某公司规定编制现金预算时，各季末都必须保证有最低的库存金额 5 000 元，以备紧急支付之用。假定银行借款利率为 12%。设借款发生在每季的期初，还款在每季的期末。该公司计划年度分季的现金预算的基本内容如表 6 – 14 所示。

表6-14　某公司现金预算

20×1年度　　　　　　　　　　　　　　　　　　　　　　　　　　　　　　　　　元

| 摘要 | 第一季度 | 第二季度 | 第三季度 | 第四季度 | 全年 |
|---|---|---|---|---|---|
| 期初现金余额 | 8 000 | ? | ? | ? | ? |
| 加：现金收入 | | | | | |
| 　应收账款收回及销售收入 | ? | ? | 96 000 | ? | 321 000 |
| 　可动用现金合计 | 68 000 | ? | ? | ? | ? |
| 减：现金支出 | | | | | |
| 　采购材料 | 35 000 | 45 000 | ? | 35 000 | ? |
| 　营业费用 | ? | 30 000 | 30 000 | ? | 113 000 |
| 　购置设备 | 8 000 | 8 000 | 10 000 | ? | 36 000 |
| 　支付股利 | 2 000 | 2 000 | 2 000 | 2 000 | ? |
| 　现金支出合计 | ? | 85 000 | ? | ? | ? |
| 现金结余或（不足） | (2 000) | ? | 13 000 | ? | ? |
| 融通资金： | | | | | |
| 　向银行借款 | ? | 15 000 | — | — | ? |
| 　归还本息 | — | — | ? | ? | ? |
| 融通资金合计 | ? | ? | ? | ? | ? |
| 期末现金余额 | ? | ? | ? | ? | ? |

**要求**　将该公司年度分季的现金预算中未列出金额的部分，通过计算逐一填列。

## ▶ 课程实验设计 ◀

## 全面预算

### 一、实验目的

1. 熟悉全面预算的基本方法及其应用。
2. 训练学生运用 Excel 表格相关函数分析处理相关数据的能力。
3. 训练学生运用电子表的链接功能。

### 二、实验资料及具体要求

跃龙贸易公司是一个以经营干鲜调料为主业的小型商业企业，现有职工15人，财会人员3人，注册资本20万元。自2009年起，该企业成为达通公司本地区销售总代理，商品直接从厂家进货，销往本地各大酒店及大型超市，主要以批发形式同时也通过门市进行零售。跃龙公司对达通公司的产品实行单独核算和管理，并编制单独的预算进行控制。现已着手编制下一年度的预算，有关预算的数据主要来源于过去的有关数据及未来的预测，预算按年度分月编制。

资料1　基期年末资产负债表数据如表6-15所示。

### 表 6 – 15　资产负债表
20 × 1 年 12 月 31 日　　　　　　　　　　　　　元

| 资　产 | | 负债及所有者权益 | |
|---|---|---|---|
| 货币资金 | 10 000 | 应付账款 | 24 000 |
| 应收账款 | 50 000 | 所有者权益 | 132 600 |
| 存货 | 20 000 | | |
| 固定资产 | 85 000 | | |
| 累计折旧 | 8 400 | | |
| 资产总计 | 156 600 | 权益总计 | 156 600 |

资料2　该企业根据过去的经验以及销售预测，预计计划年度（20 × 2 年）1 月份销售商品 10 000 件，商品销售价格根据市场行情，定为每件 9 元。另根据以往销售惯例，当月销售的商品当月能够收回 40% 的货款，其余货款一般下月收回。

资料3　预计计划年度 1 月份的期末存货 4 000 件。

资料4　根据与供货方签订的协议，商品进价及相关费用为每件 4 元。商品购进后当即支付 30% 的货款，其余货款于下月全额支付。

资料5　根据过去费用发生情况，预计计划年度 1 月份发生如表 6 – 16 所示的费用。

### 表 6 – 16　计划年度 1 月份的费用
　　　　元

| 职工工资 | 15 000 |
|---|---|
| 办公费 | 5 000 |
| 保险费 | 2 000 |
| 水电费 | 7 300 |
| 折旧费 | 700 |
| 合计 | 30 000 |

资料6　根据业务需要，企业准备在 1 月份购置一套办公设备，预计价款 35 000 元，并于当月支付。

资料7　为了保证有充足的资金以保证支付能力，根据以往经验，期末应保持 10 000 元的货币资金余额，若不足此数，可向银行借款。

请根据该公司上述资料，编制计划年度 1 月份的全面预算。

### 三、模型功能要求

企业管理者往往需要了解在企业经营各要素发生变化的情况下，会对全面预算结果产生什么样的影响，或者为了使利润达到某个特定的期望水平，管理者也需要了解影响利润的各因素需要变动的幅度。该实验所创建的模型应能够进行弹性预算的编制。

# 第7章 责任会计系统

1. 描述责任会计系统;
2. 构建责任中心,区分成本中心、利润中心和投资中心;
3. 清楚成本控制的意义,了解如何选择标准成本;
4. 进行成本差异分析;
5. 理解利润中心、投资中心的控制问题;
6. 讨论内部转移价格的制定。

## 本章知识结构

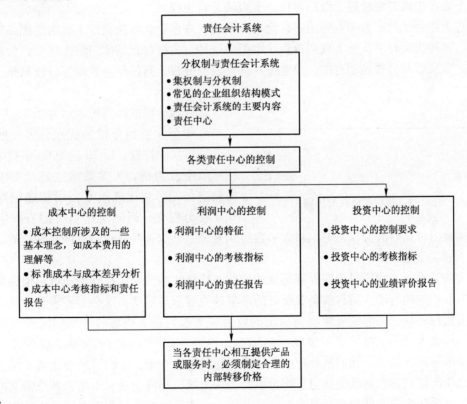

## 引言

企业制定好全面预算方案后,需要依靠组织内部各单位具体落实预算,为获取好的预算效果需要构建合理的组织结构，界定清楚各责任单位的权责，并选择恰当的管控模式管理好各责任主体。本章将围绕这些核心问题展开讨论，以帮助管理者处理好集权与分权矛盾，选择恰当的组织结构模式，针对不同类型的责任中心采用恰当的方式进行管控。

# 7.1　分权制与责任会计系统

一个组织初建时，规模通常较小，管理者通过与员工面对面的交流就可以了解日常经营情况，管理者不需要正式的责任会计系统就能很好地控制经营，所有的决策可以由企业的最高层管理者做出，即运用集权制的管理模式能有效地管理企业。

然而，随着企业经营的日益复杂化和多样化，企业规模不断扩大。在一个规模较大的企业里，企业高层管理者既不可能了解企业组织所有的生产经营活动的情况，也不可能为基层管理者做出所有决策，这样企业将面临集权或分权的选择问题。

## 7.1.1　集权制与分权制

所谓集权管理是指把生产经营管理权限较多地集中在企业最高管理层的一种组织管理形式，是由最高决策当局根据组织的主要政策及组织的整体利益进行决策，下属单位从事执行工作。下级在决策时要经过上级的审核，下级缺乏自主权。

随着企业规模的扩大和业务的多样化与复杂化，许多企业将决策权下放给组织各层的管理人员，这种决策自主权的下放叫分权。组织中这种自主权存在的部门层次越低，分权化程度越高。但集权与分权是相对的，没有绝对的集权与分权，对任何企业而言分权只是一个程度问题。

图 7 - 1　集权与分权的区别

集权与分权的区别可表示为图 7 - 1。

一些企业看到分权的优点，另一些企业则看到集权的好处。以 20 世纪 90 年代中期的国际航空业为例，大多数航空公司如中国南方航空公司、利比亚航空公司和法国航空公司正在分权化，而同时比利时国有航空公司正在机构重组以扭转其分权趋势。对大多数组织来说，至少某些分权是有许多好处的。

1. 提高决策的有效性

成功的管理者必须随时跟踪外部环境的变化，这样才能使企业在外部环境对他施加影响之前能采取相应的行动。而目前企业所处的环境越发复杂与多变，这必然要求企业耗费更多的资源去监控环境，同时也要求决策制定的权力应下放到企业内部各个部门的专业管理人员。因为这些人员最了解"事发现场"的情况，熟悉各自所在部门的顾客、供应商、竞争对手、员工等实际情况，他们是处理企业环境变化的信息专家，他们可能会比其上级能够对外部变化作出更快捷和有效的反应，作出更恰当的决策，提高企业对市场和客户需求的反应速度，进而抓住企业发展的最好机会。也就是说，允许下属在某种程度上拥有决策权，可以使得分权经营单位能够对一些意外情况做出更有效的反应，保证决策的时效性。

## 2. 提高高层管理者的工作效率

分权管理使得高层管理者不必再为下级部门作出所有的决策，因此可以为他们节约宝贵的时间，使他们把注意力放在政策性和战略性的决策上。

## 3. 有利于下级管理人员的激励与培训

把更多的决策权力移交至下一级管理者，让他们有更大的自主权，有充分发挥其才能的机会，使他们从分权中享受到更高的地位，他们将会增加对工作的满足感，会更愿意为实现组织目标而努力。同时，分权使基层管理者得到提高决策能力的机会，使他们从处理小事中获取经验，为其日后升职打下了基础。

然而，分权也是有代价的。经理们可能作出对企业的全局利益不是最有利的决策，这或者是因为他们以整个企业的利益为代价来提高本部门的业绩，或者因为他们不了解其他部门的有关情况。分权企业中的各单位还普遍重复设置服务职能（如会计、广告和人事），而在集权企业里这些服务职能的成本可能会更低一些。而且在分权企业中，由于最高管理当局需要责任会计报告以了解和评价分权单位及其经理业绩，收集和处理信息的成本一般会上升。最后，分权单位中的经理可能在与其他单位之间就互相提供产品或服务讨价还价而浪费许多时间，存在较大的交易成本。

**小案例**　　　　　　　　　　　　**IBM 公司的分权**

分权是针对 20 世纪 90 年代中期经济滑坡、全球竞争加剧所采取的一种普遍对策。IBM 公司就是典型例子。20 世纪 90 年代初期，IBM 是一家高度集权的企业，然而，1991—1993 年企业亏损超过 150 亿美元。CEO 约翰·阿克斯实行大规模的改组，赋予经理人员较大的权限，同时也给他们执行自主权施加一定的压力。这段时间的重组是 IBM 历史上最为剧烈的分权。1992 年该公司设立了 14 个半自主经营单位，这些经营单位彼此独立运作，总部根据其贡献毛益对其进行考核。竞争力差的公司被分离出去。1994 年公司扭亏为盈，说明这种管理思路初见成效。

任何有一定规模的企业经营活动都是由许多分散经营的子单位的协作经营而完成的。对于任何个人或最高决策机构而言，要掌握有关组织的全部信息和经验、支配所有的时间、拥有全部的计算能力，以决定组织内所有的经营计划是不可能的。所以，从理论上说集权与分权各有利弊，不存在绝对的最优方式，选择集权与分权要结合企业的具体情况和特定的经济背景，一些权利可以分散而另一些则应该集中。

**资料专栏**　　从历史上看，中国在 20 世纪 80 年代中期以后，许多企业为增强下属企业的活力，纷纷将管理权从集团下放到下属公司。开始时成效很显著，确实给整个企业带来了更大的活力，但随着时间的推移与企业的不断发展，子公司在决策时只考虑自身的局部利益，而不惜牺牲集团整体利益的现象越来越严重，不利于集团资源的有效利用。21 世纪以来，实践中出现了许多集权管理成功的模式，尤其是随着信息技术的发展，出现了许多比较成熟的管理软件，如 ERP。这些信息技术的发展使得集团内部信息传递的速度与成本大大降低，使得集权式管理模式成为可能，并最终促使企业管理制度由传统的"金字塔"层层管理向"扁平化"管理演进，企业最高管理层可以直接控制最基层的经营。

但这种控制很少是全方位的，主要集中在几个方面。主要有：组织机构的控制权、财务决策制度的控制权等。这样有利于发挥资源优势，实现财务经营的规模效应，避免整个公司在资金筹措、财务信息研究、长期财务决策等方面的低效率重复、内耗；同时公司总部可以把各部门、各子公司分散的资金集中起来，再根据集团的战略意图重新分配，以降低整个集团的资金成本；或将暂时闲置的资金进行投资，以实现最大的经济效益。

## 7.1.2　常见的企业组织结构模式[①]

当企业选择不同管理模式时将采用不同的组织结构，常见的组织结构有以下几种。

### 1. 科层组织结构

在科层组织结构中，存在两类管理机构：一类是直线指挥机构，如总部、分部、车间、工段和班组等；另一类是参谋职能机构，如研究开发部、人力资源部、财务部、营销部及售后服务部等。与此相对应，存在两类管理人员：一类是直线人员，如总经理、分部经理、车间主任、工段长和班组长等；另一类是参谋人员，如人力资源部部长、财务部部长、营销部部长等。前者是主体，后者是辅助，企业生产经营的决策权力主要集中在最高层的直线领导手中。

在这类组织结构中，企业的生产经营活动主要由直线人员统一领导和指挥，他们有权在自己的职责范围内向下级发布命令和指示，并负责全面的领导责任。职能部门则设置在直线领导之下，分别从事专业管理，是各级直线领导的参谋部。职能部门所拟订的计划、方案及有关指示等，均应由直线领导批准后下达执行，职能部门对下级领导者和下属职能部门无权直接下达命令或进行指挥，只能提供建议、咨询以及进行业务指导的作用，是一种高度集权的组织形式。

科层组织结构的优点是，各个职能部门目标明确，部门主管容易控制和规划。同类专业的员工一起共事，易于相互学习，增长技能。此外，内部资源较为集中，由同一部门员工分享，可减少不必要的重复和浪费。这种结构的缺点是，部门之间的工作协调常会出现困难，导致不同部门各自为政，甚至争夺公司内部资源，因此，整个企业对外部环境的反应会比较迟钝。而且员工较长时间在一个部门工作，往往眼光会变得狭隘，只看到本部门的目标和利益，缺乏整体意识和创新精神。随着企业组织规模的扩大、竞争的加剧、顾客需求的多样化、责任链条的复杂化，企业组织结构日益臃肿。

### 2. 事业部制组织结构

事业部制组织结构是一种集权与分权相结合的组织结构。在这种组织结构中，分权管理与独立核算相结合，在总公司统一领导下，按照产品、地区或者市场（客户）来划分经营单位（事业部）。各个事业部实行相对独立的经营和核算，具有从生产到销售的全部职能。它是在总公司控制下的利润中心或一定权限的投资中心，总公司以各事业部为单位制定预算。同时，各个事业部又是产品责任单位和市场责任单位，有自己的产品和独立的市场。事业部制的管理原则可以概括为三个：集中决策、分散经营、协调控制。

事业部可以按照产品、地区或者客户等内容划分。按照产品划分事业部是最为常见的形式。例如，广东美的集团股份有限公司就按照产品划分为家用空调、厨房电器、洗衣机、冰箱、中央空调、生活电器、热水器、环境电器、部品九大事业部，其中部品事业部主要包括压缩机和微型电机两大产品。国外通用汽车公司、福特汽车公司、日本松

---

① 中国注册会计师协会. 财务成本管理. 北京：中国财政经济出版社，2022.

下电器公司等，也都是按照产品类别来划分事业部的。大型企业、银行等一般采用按照顾客来划分事业部。按照地区来划分事业部是在产品销售区域很广、工厂很分散的情况下采取的一种组织形式。

事业部制的主要特点是：①在总公司之下，企业按照产品类别、地区类别或者顾客类别设置生产经营事业部；②每个事业部设置各自的执行总经理，每位执行总经理都有权进行采购、生产和销售，对其事业部的生产经营，包括收入、成本和利润的实现负全部责任；③总公司在重大问题上集中决策，各个事业部独立经营、独立核算、自负盈亏，是一个利润中心或一定权限的投资中心；④各个事业部的盈亏直接影响总公司的盈亏，总公司的利润是各个事业部利润之和，总公司对各个事业部下达利润指标，各个事业部必须保证完成总公司下达的利润指标。

这种组织形式将日常经营决策权下放到掌握相关信息的下属部门，总部只拥有制定和执行战略决策、计划、协调、监督等职能，从而可以解决大规模企业内部诸如产品多样化、产品设计、信息传递和各部门决策协调的问题，使企业的高层管理者既能摆脱日常经营的烦琐事务，又能与下属企业保持广泛的接触，同时也降低了企业内部交易成本，因而成为现代企业广泛采取的一种组织形式。

3. 扁平化网络组织结构

20 世纪 90 年代以来，以减少企业管理层次、强化分权管理为主要内容的组织形式变革更为强烈。英国电讯公司的管理层次由 12 层减少为 6 层。在 1992 年和 1993 年两年中，该公司解雇了 900 名高级管理人员和 5 000 名中级管理人员；1994 年 2 月，该公司又宣布裁减 35 名年薪在 5 万～10 万英镑的高级主管。管理学家们预测，21 世纪就业机会消失最多的是中层管理人员的职位，这实质上是组织扁平化趋势的必然结果。

与事业部制相比，这种新的组织模式的组织结构单元和单元之间的关系类似于一个网络，所以这种新企业组织形式称为扁平化网络组织（N 型组织）。从总体上看，它是一个由众多独立的创新经营单位组成的彼此有紧密联系的网络，相对于事业部制组织结构，这种扁平化组织结构更强调团队合作。其主要特点如下。

（1）分散性。它不是几个或几十个大的战略经营单位的结合，而是由为数众多的小规模经营单位构成的企业联合体，这些经营单位具有很大的独立性。这种模式减少了基层单位对企业或对总公司在技术、财务和人力等方面的依赖，基层企业的权力和责任大大增强，充分调动和发挥了基层员工的主动性、积极性和创造性。这一特征使管理会计信息不仅为少数高层管理者服务，而且为更广泛的基层管理者服务，为这个企业集团服务。

（2）创新性。这种组织形式的发展所导致的基层企业权力和责任的增大，促进了基层经理对本单位的经营绩效负责。最高管理层的权力主要集中在驱动创新过程，创新活动已由过去少数高层管理人员推动转变为企业基层人员的重要职责。现代管理会计为企业的创新提供必要的信息支持。

（3）高效性。在这种组织形式下，行政管理和辅助职能部门被精简。基层企业可以自主地根据具体的市场情况组织生产经营活动，快速地对市场做出反应。这一特征要求管理会计更加注重实用性，并在实践中不断学习和修正。

（4）协作性。在这种组织形式下，独立的小规模经营单位的资源是有限的，在生产经营中必须大量依赖与其他单位的广泛合作。这种基层经营单位之间主动的广泛合作，为知识、技能等资源在企业内的转移和企业能力的整合提供了重要渠道。管理会计信息开始"由内而外"，协调和服务于企业集团的整体利益。

不同的组织结构模式体现了不同的分权管理思想。不过，在企业组织里，没有绝对的分权管理模式，也没有绝对的集权管理模式，只有集权与分权哪个占主导地位的问题。而且对任何企业而言，没有一成不变的企业组织形式，企业组织形式将随着企业的发展而不断地进行调整。

## 7.1.3　责任会计系统的主要内容

如上所述，对于任何一家企业而言绝对的集权与分权是不存在的，企业往往是在某些方面需要集权，在某些方面需要分权。只要进行分权管理就会在实践中面临如何进行分散决策这样一个极其困难的问题，分权的结果，一方面使各分权单位之间具有某种程度的相互依存性，主要表现为各分权单位之间相互提供产品或服务；另一方面又不允许各分权单位在所有方面像一个独立的组织那样经营。因此，某一分权单位的行为不仅会影响其自身的经营业绩，有时各分权单位为了其自身业绩会采取一些有损于其他分权单位经营业绩，甚至有损于企业整体利益的行为。因而在实行分权管理的条件下，要协调各分权单位之间的关系，使各分权单位之间以及企业与分权单位之间在工作和目标上达成一致，防止各个部分为了片面地追求局部利益，致使企业整体利益受损行为的发生。而且为了能充分发挥分权管理的优点，抑制其弊端，就必须加强企业内部的控制。责任会计制度就是顺应这种管理要求而不断发展和完善起来的一种行之有效的内部控制制度。

责任会计制度是一种工作情况报告制度，反映公司的分权情况，并激励经理们全力以赴地为整个公司服务，即目标一致。其核心工作是：根据授予各单位的权利、责任及对其业绩的计量评价，在企业内部建立若干个不同形式的责任中心，并建立起以各责任中心为主体，以责、权、利相统一为特征，以责任预算、责任控制、责任考核为内容，通过信息的积累、加工和反馈等方式以实现对各责任中心分工负责的经济活动进行规划与控制。责任会计制度的关键是控制问题，一个有效的管理控制系统所包括的主要内容如下。

1. 确定组织目标

（1）组织目标

设计一个管理控制系统的第一步是确定组织目标。任何一个组织的存在都是因为一些人（不论是单独行动还是集体行动）努力要达到某些特定的长期目标。这些人就称为利益相关者。在一个开放的组织里，利益相关者包括多种群体——股东、员工、顾客、供应商及社会团体。所有这些群体都对该组织的各种行动感兴趣，组织的目标必须反映出这些群体的利益。例如，联合国儿童基金会的长期宗旨和目标是改善全世界尤其是发展中国家和不发达地区儿童的生存条件，而 IBM 公司的目标是取得具有竞争力的利润水平。组织目标因个人、所有权、文化、政治制度和时间等多方面的因素不同而不同。

（2）组织的分目标和具体目标

组织的总目标对组织中的工作和管理人员来讲是一个不明确的目标，无法给他们提供具体的指导。因此，大多数成功企业（那些达到其目标的企业）的高层经理人员都要确定分目标和具体目标，并完善激励和业绩评价措施，以此作为实现组织总目标的手段。

一个组织的分目标还可被称为成功的关键因素、关键变量、紧要变量或关键领域等。与那些占统治地位的全局性目标，如长期的具有竞争力的获利能力相比，最高管理当局对分目标的考虑更具体一些，如及时性、产品的创新等。

尽管分目标与总目标相比，会给组织成员提供更多的侧重点，但还是没有给更低层次的经理和员工提供规范日常工作所需的方向性指导。具体目标（短期内可以看到的明确具体的目标）明确了这一方向，如及时性这一成功的关键因素就可以分为登记时间、结账时间、对顾客询问的反应时间等具体目标，因而低层次的经理可采取诸如下面的行动：建立一个快速登记系统，并且培训员工如何使用这个快速登记系统。

平衡各种分目标和具体目标是管理控制的一个极其重要的部分。有时，管理控制系统会忽视一些成功的关键因素或不适当地强调一些错误的因素。经理们常常要在决策中进行"权衡"。例如，一位经理可以用降价的方法在短期内提高产品的市场占有率，但这可能意味着利润下降。是否能在权衡中作出明智的选择，或找到其他具有创新性的解决措施，将决定经理们及其管理的组织是否成功。

2. 确定责任中心，明确权责范围

责任中心是企业内部可在一定的范围内控制成本发生、收益实现和资金使用的组织单位，也就是预算执行主体。例如，一组机器和机器加工任务可能是一个生产主任的责任中心；整个生产部门是部门经理的责任中心；而整个组织则是总经理的责任中心。在责任会计系统中，以组织中的各责任中心的经济责任为核算对象，它所要反映和评价的是每一个责任中心的工作业绩，一切与该责任中心相关的业务和事项都是责任会计所需核算的内容。为此，要根据企业自身的管理体制和经营管理工作的需要，确定对所辖生产经营活动承担责任的责任层次，划分若干既相互区别又相互联系的责任中心，并明确其权责范围。明确规定各责任中心应承担的经济责任和应拥有的经济权力是非常重要的，否则有关责任中心就难以充分发挥生产经营的积极性和主动性，就不可能完全落实经济责任和行使真正意义上的控制。各责任中心的权责范围的确定与组织的总目标的确定和分解是有密切联系的，在设定时要尽量避免纠纷，减少矛盾。责任中心常常根据其承担的责任不同分为成本中心、利润中心和投资中心。

3. 建立监控和报告系统，反馈和评价责任业绩

为了正确反映和监控责任履行情况，实现经济责任的制度化和数量化，必须建立一套完整的日常记录、报告有关责任预算执行情况的信息系统。明确各种责任报告的格式、内容和报告的时间，以便及时了解各责任中心的经营活动情况，并通过实际数与预算数的差异比较和分析，使企业各管理阶层能够根据具体情况，按照企业总体目标的要求，有针对性地调节和控制各责任中心责任范围的生产经营活动，以实现对执行过程的控制以及各执行主体的自我控制。同时，为了保证责任会计的正确实施，还必须在正确计量、分析责任中心责任履行情况的基础上，对其业绩进行严格的考核和评价，及时发现问题，制定纠偏措施，以强化管理会计的系统控制职能，并确保预算目标的更好实现。

4. 建立企业内部转移价格

为了准确反映各责任中心的业绩，对企业内部各责任中心之间相互提供的产品或服务都应进行结算，这就需要对企业内所转移的各种产品和服务确定其转移价格。由于转移价格的确定合理与否直接关系到与之相关的各责任中心的利益，因此，转移价格的确定要讲究科学性和合理性，并应根据各种产品或服务的具体情况来决定转移价格的确定方式。

总之，一个有效的管理控制系统应给每个下级管理人员提出完成一定活动及具体目标的责任，即明确每个具体目标的主要责任主体，在确定各责任中心的具体目标、进行责任指标分解时应注意与企业总体目标相吻合，局部利益不能损害整体利益，分目标应服从总目标。在目标明确的基础上开展对其具体目标结果的评价，编制企业责任部门或责任中心的业绩报告。在具体考核其业绩时一定要注意监控和考核的内容应只限于该中心所能控制的活动或因素。对于不该负责的和不能控制的指标则无须负责，这样就便于企业管理当局对各责任中心的工作业绩进行正确的监控、评价与考核。

## 7.1.4　责任中心

责任会计是通过编制责任预算来实现控制作用的。责任预算是全面预算的分解，责任预算因责任单位所负的责任不同而有很大的区别，有的责任预算可能只负责某些费用项目，而有的责任预算可能要同时负责成本收入与利润。一般而言，根据赋予下级管理人员的权利和责任不同，在企业内部划分为不同类型的责任中心。

责任中心即预算执行组织，它是组织内部具有一定权限，并能承担相应经济责任的内部单位，是一个权、责、利的结合体。责任中心拥有与企业总体管理目标相协调且与其职能责任相适应的经营决策权，同时承担与其经营决策权相适应的经济责任，并且其生产经营业绩必须能够明确划分和辨认。按照责任中心管理人员所能控制的区域和承担经济责任的范围，责任中心可以分为成本中心、利润中心和投资中心。具体见图7-2。

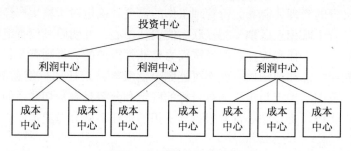

图7-2　责任中心结构图

1. 成本中心

成本中心是最基层的预算责任单位，它是指没有经营权或销售权，仅具有一定的成本费用控制权，因而只能对其可控成本或费用预算负责的责任单位。例如，一个生产车间，它的产成品或半成品并不由自己出售，没有销售职能，没有货币收入。

成本中心应用范围最广，凡是不能形成收益、只对成本或费用负有责任的单位甚至个人，比如车间、工段、班组、个人等，均可作为一个成本中心。成本中心无须对收入、投资、收益负责。

成本中心有两种类型：标准成本中心和费用中心。标准成本中心是指所生产的产品稳定且明确，并且对所提供产品或劳务的资源耗费负责的责任中心，其典型代表是制造业的生产车间、班组等。在生产制造活动中，每个产品都有明确的原材料、人工和间接制造费用的数量标准和价格标准。

费用中心是指那些产出物不能用财务指标来衡量，或者投入与产出之间没有密切关系的单位，主要指那些非生产性的以控制经营管理费用为主的费用中心，如会计、人事部门等。

### 2. 利润中心

利润中心属于中层预算责任单位，是指需对成本、费用、收入负责，最终需对收益或利润预算负责的责任单位。显然，利润中心具有经营决策权。

凡是能够获取收益、形成利润的责任单位均可作为利润中心，所以利润中心通常适用于企业组织中具有独立收入来源的较高阶层，如分公司、分厂等。根据收入、利润的形成方式不同，利润中心又可分为自然利润中心和人为利润中心。

自然利润中心是指能够通过对外销售自然形成销售收入，从而形成利润的责任单位，比如独立核算的分公司、分厂等。它的特点是产品实际对外销售，全部购销活动以市场价格进行计价，一般具有独立的材料采购、产品生产销售和价格决策的权利。

人为利润中心则是指不直接对外销售，而是通过内部转移价格结算形成收入，从而形成内部收益或利润的责任单位。企业内部如果存在相互提供产品或服务的现象时，为了公正地对各责任单位进行行业绩考核，企业制定内部转移价格，在这种情况下，形成人为利润中心。

通常，一个投资中心下面会包含若干个利润中心。作为中间经营层，利润中心的主要目标就是扩大销售、节约成本，实现目标利润或贡献毛益。当然，还应重视一些非财务目标，如市场占有率、产品质量等。

### 3. 投资中心

投资中心是最高层次的预算责任单位。它既要对成本、收入、利润预算负责，而且还必须对其资本利润率或资产利润率等投资报酬负责，即对其投资效果负责的责任中心。

从组织形式上看，投资中心通常都是独立的法人，只有具备经营决策权和投资决策权的独立经营单位才能成为投资中心。大型企业集团中具有投资决策权的事业部、子公司、分厂等，或者一个独立经营的常规法人企业，就是一个投资中心。投资中心的目标通常也就是企业的总目标，投资中心的责任预算从形式上看类似于企业总预算。为此，投资中心目标确定的前提是企业要有明晰且正确的战略导向。

利润中心的责任是控制收入和成本（或费用），也就是利润。所有利润中心的经理人员都要对成本和收入负责。而投资中心既要对成本、收入、利润预算负责，而且还必须对其资本利润率或资产利润率等投资报酬负责，即对其投资效果负责。

**资料专栏**　　　　　　　　　　　**责任会计与阿米巴**

在传统职能式的企业管理模式下，企业的组织架构图都是自上往下的矩阵图，是一种金字塔式的等级制结构，层级式的企业组织结构一旦确定，就会在长时间内保持不变，组织结构模型稳定且僵化。这种组织结构的缺陷日渐暴露：高层领导们由于陷入了日常生产经营活动，行政机构越来越庞大，各个部门横向联系薄弱，各部门协调越来越难，各个职能的成员注重部门目标而不是企业的整体目标，使工作效率受到影响。

21世纪以来，企业组织结构扁平化趋势越来越明显，采用具有分散性、创新性、高效性、协作性特征的网络型组织结构，以适应激烈的市场竞争和快速变化的环境。稻盛和夫创造的"阿米巴"模式就是典型的代表。稻盛和夫认为为了最大限度地发挥每个员工的能力，让大家在工作中体会到人生的价值，就要让每个员工回归到创业阶段，人人成为经营者，把整个公司按照工序、产品类别划分为若干个小规模的组织，把它们视为一个个中小企业，放手经营，采取独立核算的方式运作。这些小组织并非一成不变，而是各自根据环境的变化进行自我繁殖，使得组织变得灵活、敏捷，富有柔性和创造性，因此取名为阿米巴。

阿米巴组织架构需要员工打破原有的部门界限，以工作流程为中心，它绕过原来的中间管理层次，直接面对顾客和向公司总体目标负责，以群体和协作的优势赢得市场主导地位。每个阿米巴是一个小公司，下一道工序（或流程）的阿米巴就是它的客户，其本质上就是一个利润中心。京瓷在日本国内有13 000多名员工，阿米巴的数量超过3 000个，平均每个阿米巴不到5个人。阿米巴组织划分需要遵循"能够独立完成一道工序并创造市场价值"这一原则，即能够做到："服务企业战略、最大限度划小、独立核算、独立完成业务、责权利一致性"，把企业整体划分为一个个能够自主经营、独立核算、自负盈亏的阿米巴组织。企业全体员工经过组织划分后，由于责任细化，他们会萌生一种经营自家企业的意识，工作更加积极主动，从而在公司中传递源源不断的正能量。

但在实际应用过程中，数量庞大的利润中心对责任会计体系的建立和完善是一个巨大的挑战，需要设计一个庞大细致的内部转移价格表及后续更新机制。不过目前企业外包业务已很成熟，基本上所有的业务都可以外包，都存在单独计价的可行性，这也为内部转移定价设计打下基础。

教学视频：
责任中心

阿米巴的经营模式在中国的一大批企业成功使用。海尔的张瑞敏赴日本拜访稻盛和夫先生，学习交流阿米巴经营模式，回国后不断探索，在阿米巴模式的基础上，2005年在海尔推出"人单合一"模式，这套模式为海尔创造了巨大的价值，取得了良好的经营效益。

# 7.2　成本中心的控制

企业经济效益的提高无外乎有两条途径：增加收入或降低成本。在自由竞争的市场中，产品的价格完全是市场竞争的结果，企业很难主动提高价格；另外，扩大市场份额也是很困难的事情。因此，对于大多数企业而言，加强成本控制，才是提高经济效益、获取竞争优势的根本所在。成本控制的成功与否，常常决定了一个企业的成败。

成本中心是一个归集成本的责任中心，生产部门、管理部门和服务部门一般都是成本中心。整个部门可能被看作一个成本中心，或者一个部门可能包括若干个成本中心。也就是说，成本中心可以不止一个层次，如三层、四层、五层等。最高层可能是公司的生产总监，往下依次可能是厂长、车间主任、工段长、班组长等。

成本中心是只能对其可控成本或费用预算负责的最基层的预算责任单位，主要目标是在保质保量地完成业务活动的前提下，控制和降低成本费用。

## 7.2.1　成本中心成本费用的界定

依据可控性和相关性原则，成本中心的成本费用应该从以下三个方面来理解。

1. 成本中心所负责的是责任成本

按照相关性原则，成本中心所负责的是责任成本而不是产品成本。

责任成本是以责任中心作为成本核算对象归集计算的成本，其核算原则是谁可控、谁承担，是特定责任中心的全部可控成本。而产品成本是以产品为核算对象归集计算的成本，其核算原则是谁受益谁承担。

### 2. 成本中心的责任成本必须是可控成本

依据可控性原则，成本中心的责任成本必须是可控成本。对于不可控成本，责任单位既然无法对其实施控制，因而也就无须对其负责。所谓可控成本是指某特定的责任中心能够预知其发生，且能控制和调节其耗费量的成本。可控的标准是：责任中心是否能通过自己的行为有效地影响该成本的数额；该成本是否因责任中心全权使用的某项资产或劳务直接形成。不具备此条件的则是不可控成本。

成本可控与否应相对特定责任中心和特定时期而言。一个责任中心的可控成本往往是另一个责任中心的不可控成本，如材料的采购成本对采购部门来说是可控的，而对生产部门则是不可控的。某些成本费用从较短期间看可能属于不可控成本，如直线法下计提的固定资产折旧费；但从较长的时期分析，各责任中心在涉及固定资产购置、折旧方法选择等前提下，该项成本又成为可控成本。

此外，成本的可控性还与特定权限有关。有些成本对基层单位而言是不可控的，但对高层管理部门而言，则是可控的。例如，生产设备的租赁费，对于具体使用设备的基层单位而言，由于其无权决定购进新设备来取代旧设备，因而是一项不可控成本；但对生产总监而言，则是可控成本，因为他拥有购进新设备取代旧设备的决策权。可见，为充分发挥责任会计的积极作用，明确成本的"可控性"具有重大的意义。

**小提示**　需要注意的是，变动成本大多是可控成本，固定成本大多是不可控成本，但不可一概而论；同时，直接成本大多属可控成本，间接成本大多属不可控成本，但也不可一概而论。

**小测试**　你能举例说明上面这段结论吗？

### 3. 成本中心必须设立质量和时间标准

虽然成本中心只需对其可控成本负责，但如果某一成本中心产出的产品不符合质量标准，或者未能按计划组织生产，该责任中心就会对企业内其他责任单位的经营活动产生不利影响。因此，成本中心除了有尽量降低成本的责任，成本中心还应对产品的质量和完成时间负责。

**小资料**　　　　　　　　　　**责任成本的计算**

计算责任成本的关键是判别每一项成本费用支出的责任归属。通常判断责任成本归属时首先应对各项消耗与责任中心的因果关系进行分析，在此基础上通常可采用 5 种方式对其进行分配归集。

### 1. 直接计入责任中心

将可以直接判别责任归属的成本、费用项目，直接列入应负责的成本中心。例如，发生的大多数直接材料和直接人工、物料消耗、低值易耗品的领用等，可直接判别给耗用的成本中心，不需要采用其他标准进行分配。

### 2. 按责任基础分配

对不能直接归属于某个责任中心的费用，宜优先采用责任基础分配。有些费用虽然不能直接归属于特定成本中心，但它们的数额受成本中心的控制，能找到合理依据来分配，如动力费、维修费等。如果成本中心能自己控制使用量，可以根据其用量来分配。分配时要使用固定的内部结算价格，防止供应部门的责任向使用部门转嫁。

3. 按受益基础分配

有些费用不是专属于某个责任中心的，也不宜用责任基础分配，但与各中心的受益多少有关，此时可按受益基础分配，比如按照电机功率分配电费等。

4. 归入某一个特定的责任中心

有些费用既不能按责任基础分配，也不能按受益基础分配，则考虑有无可能将其归属于一个特定的责任中心。例如，车间的运输费用和试验检验费用，难以分配到生产班组，不如建立专门的成本中心，由其控制此项成本，不向各班组分配。

5. 不能归属于任何责任中心的固定成本，不进行分摊

例如，车间厂房的折旧是以前决策的结果，短期内无法改变，可作为低层次责任中心的不可控费用，将其全额列入总部责任成本中。

## 7.2.2　成本控制思路

成本控制，是指运用以预定成本限额控制成本和费用开支，以实际成本和成本限额比较，衡量经营活动的成绩和效果，并以例外管理原则纠正不利差异，以提高工作效率，达到将成本控制在预期限额范围内的目的。

1. 成本控制原则

虽然各个企业的成本控制系统是不一样的，但是有效的控制系统都有一些共同特征，任何企业实施成本控制都应遵循一定的原则，这些原则是实施有效控制的必要条件。成本控制的原则可以概括为以下 4 条。

（1）经济原则

经济原则，是指因推行成本控制而发生的成本不应超过因缺少控制而丧失的收益。

任何管理工作和销售、生产、财务活动一样，都要讲求经济效益。建立某项控制要花费一定的人力或物力，付出一定的代价，这种代价不能太大，不应超过建立这项控制所能节约的成本。

通常，增加控制环节发生的成本比较容易计量，而控制的收益比较难以确定，但不能因此否定这条原则。在一般情况下，控制的收益明显大于其成本时，人们容易作出合理的判断。当收益不是明显大于其成本时，确实有些企业为了赶时髦，不计工本，搞了一些华而不实、不符合经济原则的控制制度，但这些制度往往是不可能持久的。

经济原则在很大程度上决定了企业只需在重要领域选择关键因素加以控制，而不对所有成本进行同样周密的控制。因而应贯彻"例外管理"原则。对正常成本费用支出可以从简控制，而格外关注各种例外情况。例如，对脱离标准的重大差异展开调查，对超出预算的支出建立审批手续等。还应贯彻重要性原则，即把注意力集中于重要事项，对成本数额很小的费用项目和无关大局的事项可以从略。

（2）因地制宜原则

这条原则是指一个企业的成本控制系统只能适合特定企业、部门、岗位和成本项目的实际情况，不可照搬其他企业的做法。

不同企业的规模大小、发展快慢、行业差异、同一企业的不同发展阶段，都决定了企业

的管理重点、组织结构、管理风格、成本控制方法应有所区别。例如，适合特定部门的要求，是指销售部门、生产部门、技术开发部门、维修部门和管理部门的成本形成过程不同，建立控制标准和实行控制的方法应有所区别。

适合职务与岗位责任要求，是指总经理、厂长、车间主任、班组长需要不同的成本信息，应为他们提供不同的成本控制报告。

适合成本项目的特点，是指材料费、人工费、制造费用和管理费用的各明细项目，以及资本支出等，有不同的性质和用途，控制的方法应有所区别。

（3）全员参加原则

企业的任何活动，都会发生成本，都应在成本控制的范围之内。任何成本都是人的某种作业的结果，只能由参与者或者有权干预这些活动的人来控制，不能指望另外的人来控制成本。任何成本控制方法，其实质都是设法影响执行作业或有权干预作业的人，使他们能自我控制。所以，每个职工都应负有成本责任。成本控制是全体职工的共同任务，只有通过全体职工协调一致的努力才能完成。

成本控制对员工的要求是：具有控制成本的愿望和成本意识，养成节约成本的习惯，关心成本控制的结果；具有合作精神，理解成本控制是一项集体的努力过程，不是个人活动，必须在共同目标下同心协力；能够正确理解和使用成本控制信息，据以改进工作，降低成本。

有效控制成本的关键，是调动全体员工的积极性。调动全体员工成本控制的积极性，应注意以下问题。

① 需要有客观的、准确的和适用的控制标准。虽然管理必然有许多主观成分，但对一名下属的业绩评价，应尽可能实事求是，减少个人偏见和主观性。

② 鼓励参与制定标准。当一个人真正参与了计划和标准的制定时，他常会在心理上觉得介入了该项工作，并愿意承担责任，至少也要让下级充分了解控制标准建立的依据和必要性。

③ 让员工了解企业的困难和实际情况。采用压力和生硬的控制，常会导致不满，而了解实情会激发员工的士气，自觉适应工作的需要。

④ 建立适当的激励措施。努力工作，会取得好的业绩，并得到较多的物质或精神上的奖励，从而使员工更努力地工作。

⑤ 冷静地处理成本超支和过失。在分析成本不利差异时，应始终记住其根本目的是寻求解决问题的办法，而不是寻找"罪犯"。

（4）管理当局推动原则

由于成本控制涉及全体员工，并且不是一件令人欢迎的事情，因此必须由最高管理当局来推动。成本控制对企业管理层的要求如下。

① 重视并全力支持成本控制。各级人员对于成本控制是否认真办理，往往视最高当局是否全力支持而定。

② 具有完成成本目标的决心和信心。管理当局必须认定，成本控制的目标或限额必须而且可以完成。成本控制的成败，也就是他们自己的成败。

③ 具有实事求是的精神。实施成本控制，不可好高骛远，更不宜急功近利，操之过急。唯有脚踏实地，才能逐渐取得成效。

④ 以身作则，严格控制自身的责任成本。

**小提示**　　　　　　　　　**成本控制与成本降低**

成本降低，是指为不断降低成本而做出的努力。竞争对手的不断改进和提高，促使每个企业都要为提高业绩而不断降低成本，不断地努力。成本降低与成本控制有以下几个方面的区别。

① 成本控制以完成预定成本限额为目标，而成本降低以成本最小化为目标。

② 成本控制仅限于有成本限额的项目，而成本降低不受这种限制，涉及企业的全部活动。

③ 成本控制是在执行决策过程中努力实现成本限额，而成本降低应包括正确选择经营方案，涉及制定决策的过程，包括成本预测和决策分析。

④ 成本控制是指降低成本支出的绝对额，故又称为绝对成本控制；成本降低还包括统筹安排成本、数量和收入的相互关系，以求收入的增长超过成本的增长，实现成本的相对节约，因此又称为相对成本控制。

事实上，成本控制主要涉及管理问题，而成本降低是属于技术问题。

2. 成本控制的管理工具——标准成本制度

前面只给出了企业设置成本控制系统时应遵循的总原则，企业在具体设置控制系统时也应有一个基本的管理工具。一般而言，一个控制系统应有三个要件：预定或标准绩效水平、实际绩效量度及标准与实际绩效的比较。这套管理工具的设计思路与温度控制器的工作原理一样，当我们要对房间的温度进行控制时，首先需要设定一个理想温度，比如20℃；其次要有温度计来测量房间的实际温度；最后为实现温度控制，需要将实际温度与设定的标准温度比较，若实际温度低于设定的温度，温度控制器就要激活加热装置，反之则激活制冷装置。管理会计的成本控制系统的运作就像一个温度控制器。

首先，需要设定标准成本。标准成本本质上是单位产品或服务的成本预算，是管理会计师用来作为预算控制系统基准的成本。当企业生产大量产品时，可以利用单件标准成本来确定标准或预算生产成本总额。如，单位产品的直接材料标准成本是20元/件，生产1 000件产品，则1 000件产品标准或预算的直接材料总成本是20 000元（20×1 000）。

其次，管理会计师要测量生产过程实际发生的成本。

最后，管理会计师比较实际成本和预算标准成本。二者的差异称为成本差异。成本差异用于控制成本。

这套以预先制定的标准成本为基础，通过比较实际成本和标准成本，随时揭示、分析各种成本差异及其原因，借以加强成本控制、评价经济业绩的一种成本核算及成本控制制度即标准成本制度。标准成本制度的核心即按标准成本记录和反映产品成本的形成过程和结果，并借以实现对成本的事前、事中和事后的控制。

在标准成本的制定阶段需要对产品的生产工艺、技术流程以及生产和供销过程的各个方面进行分析研究，从而进行成本的事前控制。在生产的进程中把生产过程中发生的实际成本同标准成本进行比较，揭示成本差异进而对成本差异进行分析，以及时揭示问题、发现问题、区分责任、分析原因，使成本在生产的进程中得到控制。同时在成本发生时区分标准成本和成本差异，归集和计算产品成本，一方面为存货计价和收益的计量提供成本资料，另一方面为成本控制、工作控制和工作成果评价提供依据。可以说，标准成本计算使成本计算和成本控制得到了有机的结合，实行标准成本制度是企业内部控制成本，评价和考核成本管理水平，降低成本、提高经济效益的重要途径。

## 7.2.3 标准成本的制定

1. 标准成本概念的界定

标准成本是通过精确的调查、分析与技术测定而制定的，用来评价实际成本、衡量工作效率的一种预计成本。在标准成本中，基本排除了不应该发生的浪费，因此被认为是一种"应该成本"。标准成本在实际工作中有以下两种含义。

一种是"单位产品标准成本"，它是单位产品标准用量和标准价格的乘积，准确地说应称为"成本标准"，这是一个单位概念。

单位产品标准成本 = 单位产品标准用量×单位产品标准价格

另一种是"实际产量标准成本"，它是产品实际产量与单位产品标准成本的乘积，这是一个总量概念。

实际产量标准成本 = 实际产量×单位产品标准成本

另外，应注意标准成本与预算成本既有联系，又有区别。标准成本是预算成本的基础，预算成本是某一预算期的产品或某批、某类产品的标准成本。预算成本是以预计产量为基础的，是预计产量与单位产品标准成本的乘积，这也是一个总量概念。

预算成本 = 预计产量×单位产品标准成本

既然标准成本是排除了浪费的"应该成本"，在具体制定标准时，对企业的经营条件的假设不同，所制定出的标准也不同。一般将标准划分为理想标准成本与现实标准成本两类。

理想标准成本，也称理论标准成本或最高标准成本，是根据资源无浪费、设备无故障、产出无废品、工时全有效的假设前提下的最低标准成本。由于其前提的苛刻，在现实经济生活中几乎无法实现，因此该标准仅是一种"理想"，而难以实际运用。

现实标准成本，即可实现标准成本，是通过对现实生产经营环境和条件的分析、研究，根据合理的耗费、合理的价格、生产能力的有效运用而制定的，是通过有效的经营管理和努力应该达到也可以达到的标准。该标准成本包含了现实中尚不能避免的、正常的设备故障、人工闲置等，是一种切实可行的标准。

在两种类型中，现实可达到的标准能产生更多的行为上的利益。因为如果标准定得过于严格，以至于永远不可能达到，员工们会变得沮丧，进而导致业绩水平下降。此外，制定不现实的标准可能会使员工牺牲产品质量换取较低的成本。例如，购进便宜的低质量的原材料来降低产品的成本，然而这种较低的成本可能带来较高的产品不合格率，当有缺陷的产品被顾客退回或勉强通过检测时，企业最终会发生更高的成本。只有富有挑战性且可以达到的标准，通俗地讲，就是要制定一个员工"跳一跳能够到"的标准将会使业绩趋向一个更高的水平——尤其是当受这些标准约束的人员能够参与制定标准时，也就是说标准的制定不应仅仅由管理会计师来确定，因为当允许受标准约束的人员参与标准的制定时则他们更愿意接受这些标准。

另外，尽管在标准成本系统下，企业主要采用的是财务指标，但是非财务指标的配合使用也是非常重要的，比如企业质量可以通过产品合格率这一非财务指标表现来体现。非财务指标有很强的前瞻性和预警性，但又很难计量，财务指标和非财务指标的结合使用，才能更全面、更准确地反映企业的生产、经营情况。

此外，还需注意如果生产方法或原材料、人工和制造费用发生了显著的变化，标准成本应随之而修订。这样的标准在现实中才有应用价值。

**小测试　　　　　　　　如果你是生产经理**

假设你在公司里负责管理某种产品的生产。前几年，对产品的生产安排是要求生产以生产能力的85%的水平进行。但是最近，公司总经理要求生产线的生产要达到生产能力的100%。

你所负责的生产线是一个责任成本中心，你有权力作出与投入相关的决策，例如定购材料、雇用工人和维护机器设备。在生产能力100%运行的几个月里，公司总经理一直对你的业绩略有微词，因为生产该种产品的成本大大高于期望的标准成本。你怎样解释最近的实际成本和标准成本差异？

2. 标准成本的制定

制定标准成本，通常先确定直接材料和直接人工的标准成本，其次确定制造费用的标准成本，最后确定单位产品的标准成本。

在制定时，无论是哪一个成本项目，都需要分别确定其用量标准和价格标准，两者相乘得到成本标准。

用量标准包括单位产品材料消耗量、单位产品直接人工工时等，主要由生产技术部门主持制定，吸收执行标准的部门和职工参加。

价格标准包括原材料单价、小时工资率、小时制造费用分配率等，由会计部门和有关其他部门共同研究确定。采购部门是材料价格的责任部门，劳资部门和生产部门对小时工资率负有责任，各生产车间对小时制造费用率承担责任，在制定有关价格标准时要与他们协商。

（1）直接材料标准成本

直接材料用量标准是用统计方法、工业工程法或其他技术分析方法确定的。它是现有技术条件下生产单位产品所需的材料数量，其中包括必不可少的消耗，以及各种难以避免的损失。

直接材料价格标准是预计下一年度需要支付的进料单位成本，包括发票价格、运费、检验和正常损耗等成本，是取得材料的完全成本。

直接材料标准成本 = 价格标准 × 用量标准

比如某企业生产 A 产品所需的原材料的标准成本为 4.00 元/kg，生产一件 A 产品需要原材料 5 kg，则每件 A 产品所需的原材料的标准成本为 20 元。

（2）直接人工标准成本

直接人工的用量标准是单位产品的标准工时。确定单位产品所需的直接生产人工工时，需要按产品的加工工序分别进行，然后加以汇总。标准工时是指在现有生产技术条件下，生产单位产品所需要的时间，包括直接加工操作必不可少的时间，以及必要的间歇和停工，如工间休息、调整设备时间、不可避免废品耗用工时等。标准工时应以作业研究和工时研究为基础，参考有关统计资料来确定。

直接人工的价格标准是指标准工资率。它可能是预定的工资率，也可能是正常的工资率。如果采用计件工资制，标准工资率是预定的每件产品支付的工资除以标准工时，或者是预定的小时工资；如果采用月工资制，需要根据月工资总额和可用工时总量来计算标准工资率。

$$单位工时标准工资率 = 标准工资总额 / 标准总工时$$

$$直接人工标准成本 = 标准工资率 × 工时标准$$

接上述 A 产品的例子。如果生产一件 A 产品需耗时 2 h，工人的标准工资率为15 元/h，则一件 A 产品的直接人工标准成本为 30 元。

（3）变动制造费用标准成本

变动制造费用的用量标准应依据作业成本法，根据各作业的成本动因，将费用分配到不同的产品中。企业通常的做法是采用单位产品直接人工工时标准，它在直接人工标准成本制定时已经确定。有的企业采用机器工时或其他用量标准。作为数量标准的计量单位，应尽可能与变动制造费用保持较好的相关性。

变动制造费用的价格标准是每一工时变动制造费用的标准分配率，它根据变动制造费用预算和直接人工总工时计算求得。

$$变动制造费用标准分配率 = 变动制造费用预算总额 / 直接人工标准总工时$$

$$变动制造费用标准成本 = 变动制造费用标准分配率 × 工时标准$$

各车间变动制造费用标准成本确定之后，可汇总出单位产品的变动制造费用标准成本。

接上例，假设生产 A 产品的变动制造费用预算为每月 9 600 元，而直接人工标准总工时为每月 1 200 h，则变动制造费用标准分配率为 8 元/h，生产一个 A 产品的变动制造费用标准成本为 16 元。

（4）固定制造费用标准成本

如果企业采用变动成本计算，则固定制造费用不计入产品成本，因此单位产品的标准成本中不包括固定制造费用的标准成本。在这种情况下，不需要制定固定制造费用的标准成本，固定制造费用的控制则通过预算管理来进行。如果采用完全成本计算，则固定制造费用要计入产品成本，还需要确定其标准成本。

固定制造费用的用量标准与变动制造费用的用量标准相同，包括直接人工工时、机器工时、其他用量标准等，并且两者要保持一致，以便进行差异分析。这个标准的数量在制定直接人工用量标准时已经确定。

固定制造费用的价格标准是其每小时的标准分配率，它根据固定制造费用预算和直接人工标准总工时计算求得。

$$固定制造费用标准分配率 = 固定制造费用预算总额 / 直接人工标准总工时$$

$$固定制造费用标准成本 = 固定制造费用标准分配率 × 工时标准$$

各车间固定制造费用标准成本确定之后，可汇总出单位产品的固定制造费用标准成本。

接上例，假设生产 A 产品每月的固定成本为 7 200 元，则固定制造费用标准分配率为6 元/h，生产一个 A 产品的固定制造费用标准成本为 12 元。

将上述各项标准成本按产品加以汇总，就可确定有关产品完整的标准成本。以上述例子，若采用变动成本法，则产品标准成本为 66 元/件（66 = 20 + 30 + 16）；若采用完全成本法，则产品标准成本为 78 元/件（78 = 20 + 30 + 16 + 12）。

教学视频：
标准成本的制定

## 7.2.4 成本差异分析

成本差异是反映实际成本脱离预定目标程度的信息。为了消除这种偏差，要对产生的成本差异进行分析，找出原因和对策，以便采取措施加以纠正。

1. 成本差异类型

成本差异可按不同标准进行分类，常用的成本差异类型有以下几种。

（1）有利差异和不利差异

按照成本差异的性质，可以分为有利差异和不利差异。有利差异是指实际成本小于标准成本的成本差异额，也叫顺差。一般而言，实际成本小于标准成本，意味着成本的节约，因此这种差异是有利的。但对此不能作绝对理解：有利差异仅是在一般意义上而言的，这并不意味着这种差异额越大越好，在某些情况下，对于某些成本项目，如设备维护费等，过大的有利差异可能是以影响质量为代价而产生的，这将对企业造成更大的危害，此时该成本差异便不再有利。不利差异是指实际成本大于标准成本的差异额，又叫逆差，它意味着成本的超支额。

（2）可控差异和不可控差异

根据差异的可控性，成本差异分为可控差异和不可控差异。不可控差异主要是随机差异；可控差异包括预期差异、模型差异、计量差异和实施差异。

（3）价格差异和用量差异

按照成本差异的形成因素，可以分为价格差异和用量差异。所谓价格差异是指由于价格因素变动而导致的成本差异额；所谓用量差异是指由于耗用数量变动而导致的成本差异额。无论是标准成本还是实际成本，价格和用量均是其成本总额的两个基本构成要素，即

$$标准成本 = 标准用量 \times 标准价格$$
$$实际成本 = 实际用量 \times 实际价格$$

由于价格和用量两个要素脱离了标准，因此形成了成本差异。

$$
\begin{aligned}
成本差异 &= 实际成本 - 标准成本 \\
&= 实际用量 \times 实际价格 - 标准用量 \times 标准价格 \\
&= 实际用量 \times 实际价格 - 实际用量 \times 标准价格 + 实际用量 \times 标准价格 - \\
&\quad\ 标准用量 \times 标准价格 \\
&= 实际用量 \times (实际价格 - 标准价格) + 标准价格 \times (实际用量 - 标准用量)
\end{aligned}
$$

可见，成本差异是由价格因素和用量因素变动而引起的，即它是由价格差异和用量差异两部分组成的，其中

$$价格差异 = 实际用量 \times (实际价格 - 标准价格)$$
$$用量差异 = 标准价格 \times (实际用量 - 标准用量)$$

（4）纯差异和混合差异

从理论上讲，任何一类差异在计算时都需要假定某个因素变动时其他因素固定在一定基础上不变。如果把其他因素固定在标准基础上所计算出来的差异就是纯差异。例如，纯用量差异就是标准价格与用量差之积；纯价格差异是价格差与标准用量之积。

与纯差异相对应的差异是混合差异，指总差异扣除所有纯差异后的剩余差异，等于价格差与用量差之积。

对混合差异的处理有三种方法。一是将其分离出来，单独列示，由企业管理部门承担责任。因为这种差异数额一般比较小，产生的原因又比较复杂，不是控制的重点所在。二是将混合差异平均或按比重在各种差异之间进行分配。其根据是混合差异的产生是由价格与用量两个因素共同变动的结果，应当由它们共同承担。三是为简化计算，不单独计算混合差异，而是将其直接归并于某项差异。

在标准成本制度下，对混合差异采取第三种处理方法。因为用量差异对企业而言大多是可控差异，为抓住主要矛盾，应当将其算得清楚些，而引起价格变化的原因比较复杂，不容易控制，这样可以算得粗一点，将混合差异与纯差异合并。另外，从最初责任看，混合差异也应计入价格差异。无论是直接材料还是直接人工，其价格差异的形成先于用量差异。例如，材料是先采购后耗用，在采购成交的当时就形成了价格差；工资率的差异也往往是在录用工人时就形成了。某期生产耗用量的变化只是把早已形成的价格差异归属于特定期间的特定产品。

**小提示** 在此应注意"用量标准"是一个单位概念，是指单位产品的标准耗用量；"标准用量"是一个总量概念，是指在实际产量下的标准耗用总量，即标准用量 = 实际产量 × 用量标准。

2. 直接材料成本差异分析

直接材料实际成本与标准成本之间的差额是直接材料成本差异，分为用量差异和价格差异。

直接材料用量差异 = 材料价格标准 × (材料实际耗用量 − 材料标准耗用量)

直接材料价格差异 = 材料实际耗用量 × (材料实际价格 − 材料标准价格)

**例7−1** 力克公司本月生产产品 400 件，实际使用材料 2 500 kg，材料单价为 0.55 元/kg；直接材料的单位产品标准成本为 3 元，即每件产品耗用 6 kg 直接材料，每千克材料的标准价格为 0.5 元。根据上述公式计算可得

直接材料价格差异 = 2 500 × (0.55 − 0.5) = 125(元)

直接材料用量差异 = (2 500 − 400 × 6) × 0.5 = 50(元)

直接材料价格差异与用量差异之和，应当等于直接材料成本的总差异。

直接材料成本差异 = 实际成本 − 标准成本 = 2 500 × 0.55 − 400 × 6 × 0.5

= 1 375 − 1 200 = 175(元)

直接材料成本差异 = 价格差异 + 用量差异 = 125 + 50 = 175(元)

材料用量差异是在材料耗用过程中形成的，反映生产部门的成本控制业绩。材料用量差异形成的具体原因有许多，如操作疏忽造成废品和废料增加、工人用料不精心、操作技术改进而节省材料、新工人上岗造成多用料、机器或工具不适用造成用料增加等。有时多用料并非生产部门的责任，如购入的原材料质量低劣、规格不符也会使用料超过标准；又如工艺变更、检验过严也会使用量差异加大。因此，要进行具体的调查研究才能明确责任归属。

材料价格差异是在采购过程中形成的，不应由耗用材料的生产部门负责，应由采购部门对其作出说明。采购部门未能按标准价格进货的原因有许多，如供应厂家价格变动、未按经济采购批量进货、未能及时订货造成的紧急订货、采购时舍近求远使运费和途耗增加、不必要的快速运输方式、违反合同被罚款、承接紧急订货造成额外采购等，需要进行具体分析和调查，才能明确最终原因和责任归属。

### 3. 直接人工成本差异分析

直接人工成本差异是指直接人工实际成本与标准成本之间的差额，分为用量差异和价格差异。用量差异又称人工效率差异，价格差异又称工资率差异。

$$人工效率差异 = 标准工资率 \times (实际人工工时 - 标准人工工时)$$
$$工资率差异 = 实际人工工时 \times (实际工资率 - 标准工资率)$$

**例7-2** 承例7-1，本月生产产品400件，实际使用工时890 h，支付工资4 539元；直接人工的标准成本是10元/件，即每件产品标准工时为2 h，标准工资率为5 元/h。按上述公式计算可得

$$人工效率差异 = (890 - 400 \times 2) \times 5 = (890 - 800) \times 5 = 450(元)$$
$$工资率差异 = 890 \times (4\ 539/890 - 5) = 890 \times (5.10 - 5) = 89(元)$$

工资率差异与人工效率差异之和，应当等于人工成本总差异，并可据此验算差异分析计算的正确性。

$$人工成本差异 = 实际人工成本 - 标准人工成本 = 4\ 539 - 400 \times 10 = 539(元)$$
$$人工成本差异 = 工资率差异 + 人工效率差异 = 89 + 450 = 539(元)$$

直接人工效率差异的形成原因，包括工作环境不良、工人经验不足、劳动情绪不佳、新工人上岗太多、机器或工具选用不当、设备故障较多、作业计划安排不当、产量太少无法发挥批量节约优势等。它主要是生产部门的责任，但这也不是绝对的。例如，材料质量不好，也会影响生产效率。

人工工资率在很大程度上是由一些外部因素，如劳动力市场决定的，因而实际工资率应很少偏离标准工资率。如果出现工资率差异往往是因为将平均工资率作为工资率标准，并由较熟练且报酬较高的工人来完成只需要较低技能的工作而造成的，即由直接生产工人升级或降级使用造成的。工资率差异形成的原因还可能包括奖励制度未产生实效、工资率调整、加班或使用临时工、出勤率变化等，原因复杂而且难以控制。一般来说，应归属于有权决定如何使用人工的责任主体。

### 4. 变动制造费用的差异分析

变动制造费用的差异是指实际变动制造费用与标准变动制造费用之间的差额，也可以分为用量差异和价格差异。用量差异又称效率差异，价格差异又称耗费差异。

$$效率差异 = 变动制造费用标准分配率 \times (实际工时 - 标准工时)$$
$$耗费差异 = 实际工时 \times (变动制造费用实际分配率 - 变动制造费用标准分配率)$$

**例7-3** 承例7-2，本月实际产量400件，使用工时890 h，实际发生变动制造费用1 958元；变动制造费用标准成本为4元/件，即每件产品标准工时为2 h，标准的变动制造费用分配率为2 元/h。按上述公式计算可得

$$变动制造费用效率差异 = (890 - 400 \times 2) \times 2 = 90 \times 2 = 180(元)$$
$$变动制造费用耗费差异 = 890 \times (1\ 958 / 890 - 2) = 890 \times (2.2 - 2) = 178(元)$$

验算

$$变动制造费用成本差异 = 实际变动制造费用 - 标准变动制造费用$$
$$= 1\ 958 - 400 \times 4 = 358(元)$$
$$变动制造费用成本差异 = 变动制造费用效率差异 + 变动制造费用耗费差异$$
$$= 180 + 178 = 358(元)$$

变动制造费用的效率差异是由于实际工时脱离了标准，多用工时而导致的费用增加，其形成原因与人工效率差异相同。变动制造费用的耗费差异是实际支出与按实际工时和标准费率计算的预算数之间的差额。变动制造费用的耗费差异与材料和人工的价格差异相似，但并不完全相同。变动制造费用并不是一种同质的投入品，而是由大量的具体项目，诸如间接材料、间接人工、电费和维修费等所构成。每小时应当耗费的成本与每小时实际耗费的成本之间的差额是一种价格差异。产生这种差异的原因有两种：一是变动制造费用具体项目的价格出现波动，如水费或电费的单价发生变化所引起的变动制造费用总成本的变化，进而使其分配率发生变化；二是变动制造费用耗用过程中的浪费或低效率现象也会增加变动制造费用的实际成本，这项增加的成本反过来也反映在实际变动制造费用分配率增加上，如实际耗用的电能很可能比预计多——虽然它并不反映为直接人工工时的任何变化，但其影响却反映为电力总成本和变动制造费用的增加。因此，变动制造费用耗费差异是价格与效率两者共同作用的结果。

由于变动制造费用是由大量的具体项目组成的，所以为了能够对变动制造费用实行有效控制，需要对每个项目进行逐项分析。变动制造费用价格变动基本超出了管理人员的控制范围。如果价格变化很小（此为经常现象），耗费差异就主要是生产中制造费用的利用效率问题，而这对于生产管理人员而言是可控的。相应的变动制造费用的耗费差异的责任通常归属到各生产部门。

变动制造费用的效率差异与直接人工效率或用量差异直接相关。如果变动制造费用确实与直接人工耗用成正比，则与人工用量差异一样，变动制造费用效率差异也是由于直接人工的高效（或低效）利用引起的，因而应由负责管理直接人工耗用的生产经理承担变动制造费用效率差异。

5. 固定制造费用差异分析

固定制造费用差异可分为耗费差异和能量差异。耗费差异是指固定制造费用的实际金额与固定制造费用预算金额之间的差额。固定费用与变动费用不同，不因业务量而变，故差异分析有别于变动费用。在考核时不考虑业务量的变动，以原来的预算数作为标准，实际数超过预算数即视为耗费过多。能量差异是指固定制造费用预算与固定制造费用标准成本的差额，或者说是实际业务量的标准工时与生产能量的差额用标准分配率计算的金额。它反映未能充分使用现有生产能量而造成的损失。具体计算公式为

固定制造费用耗费差异 = 固定制造费用实际数 - 固定制造费用预算数

固定制造费用能量差异 = 固定制造费用预算数 - 固定制造费用标准成本

= 固定制造费用标准分配率 × 生产能量 - 固定制造费用标准

分配率 × 实际产量标准工时

= （生产能量 - 实际产量标准工时）× 固定制造费用标准分配率

例 7 - 4　承例 7 - 3，本月实际产量 400 件，发生固定制造成本 1 424 元，实际工时为 890 h，企业生产能量为 500 件即 1 000 h，每件产品固定制造费用标准成本为 3 元/件，即每件产品标准工时为 2 h，标准分配率为 1.50 元/h，则

固定制造费用耗费差异 = 1 424 - 1 000 × 1.5 = -76（元）

固定制造费用能量差异 = 1 000 × 1.5 - 400 × 2 × 1.5 = 1 500 - 1 200 = 300（元）

验算

$$固定制造费用成本差异 = 实际固定制造费用 - 标准固定制造费用$$
$$= 1\,424 - 400 \times 3 = 224(元)$$
$$固定制造费用成本差异 = 耗费差异 + 能量差异 = -76 + 300 = 224(元)$$

　　能量差异反映的是生产能力的利用程度，意味着该差异应归属于生产部门。然而，有时对重大能量差异的原因进行调查，可能会发现差异是由生产部门无法控制的因素造成的，此时就应由其他部门对此负责。例如，由于采购部门购进较低品质的原材料，可能会产生大量返工，进而导致较低的产量和不利的能量差异，此时应由采购部门而非生产部门承担责任。

　　值得注意的是，固定制造费用是由一些具体项目（如折旧、税金和保险费等）组成的。许多固定制造费用项目主要是由长期决策决定的，如折旧的计提数额取决于几年前的投资决策和具体的会计政策的选择，所以管理当局通常无法立即控制固定制造费用的发生，同时预算差异往往也不会太大。例如，折旧、税金和保险费不大可能与计划相差太远。在实际成本差异分析中如果能将预计成本与实际成本进行逐项比较，可以获得更多关于耗费差异成因的更多信息。

教学视频：
成本差异计算

## 7.2.5　差异控制

　　实际业绩几乎是不可能与所制定的标准完全一致的，但可以预计实际业绩将围绕着标准随机变动。因此，管理当局应该确定业绩的可接受范围，可以假定它是由随机因素引起的。如果差异超出该范围，这一差异很可能是由非随机因素引起的，这个因素可能是经理可以控制的，也可能是经理不能控制的。如果是可控因素引起的差异就应深入调查分析原因，并采取有针对性的改进措施；如果是不可控因素引起的差异，经理就有必要修改标准。

　　1. 调查何种差异

　　在调查分析过程中首先是确定差异在何时重要到足以引起管理当局的重视，即确定差异应在何时进行调查，这往往是凭主观判断、预感、猜测和靠经验估计等决定的。在差异分析调查中，运用重要性原则和例外管理原则，即为了提高管理工作效率，在"分权制"基础上，管理人员不应把精力分散在全部差异上，而是要把注意力完全集中在属于不正常的（不符合常规的）和重要的与预算或标准发生差异的问题上。例如，对于某些项目，发现很小但很不正常的差异即要追查；而对另一些项目则规定最低金额或偏离预算的程度，如规定最多偏离预算5%、10%或25%的控制界限，只有在差异超过这个控制界限时才有必要进行调查；有时还要附加一些条件，如"调查所有超过 1 000 元或超过标准成本10%的差异"等规则。运用重要性原则和例外管理原则的目的在于查明差异原因，及时反馈给有关责任中心，迅速采取措施，立即加以改进或纠正。

　　同时，对差异的调查还应考虑成本与效益原则，把重点放在能明显提高经济效益的问题上。

　　**小提示**　此处控制的难点在于控制界限的确定上，理论上这个界限应是差异大到不是由偶然因素引起的，而且必须大到有必要花费成本进行调查和采取改进措施。但具体如何将这个原则落到实处是很困难的，一般企业根据管理者的经验来确定。事实上，也可以采用正规的统计程序来确定控制界限,这样主观性小些,而且经理人员可以估计由于偶然因素产生差异的可能性。但到目前为止,此类正规程序还很少得到应用。

2. 业绩的评价和成本差异的控制

用差异来评价业绩要明确差异产生的原因。假设企业的采购人员购买了一批价格低于标准价格的材料,这个材料的有利差异有三种可能:采购人员的讨价还价能力很强;采购人员用低价购买了低质量的产品;采购人员通过批量购买获得了商业折扣。如果企业只用材料价格差异来评价采购人员的业绩,而不考虑产生价格差异的原因是什么,那么三种情况都会得到很好的评价。而实际上,只有第一种情况才是符合企业的总体利益的,第二种情况可能导致企业产生更高的废品率,而第三种情况会导致超量存货,增加存货成本。

现代企业应采用全程价值链来分析差异产生的多种原因。例如,直接材料的数量差异可能由以下几个原因引起:

① 产品设计或生产程序设计存在缺陷;

② 材料质量低劣或供应商供货不及时;

③ 生产工人技术不熟练;

④ 工人或机器与特定工作不配套;

⑤ 紧急订货引起的作业冲突。

所以,价值链中某一环节的差异(如生产过程)可能是由另一环节(如生产设计或营销)引起的。如果企业从价值链起始的几个环节起即加以改进,就可能大幅度减少其后续环节的差异。做好差异分析必须明确差异产生的原因,企业才能不断学习,不断改进。差异分析不应成为部门之间相互责备的把柄,而应该是促进企业学习、改进的重要工具。

总之,在进行成本差异分析时,应注意:不利的差异不一定意味着管理的业绩差,而有利的差异不一定意味着管理的业绩好,必须调查差异的原因才能判断其对业绩的影响。另外,在进行差异分析时还要注意差异间的相互影响,如直接材料有利的价格差异可能会引起不利的直接材料数量差异、工资率差异、人工效率差异,也就是企业要注意采用全程价值链来分析差异产生的原因。此外,还须进行差异的权衡。若购买的非标准材料不影响产品质量,且总体上能节省资金,则决策是明智的,否则应谨慎。

下面以明辉公司为案例来看一下从不同的角度如何评估成本差异。

## 明辉公司案例

明辉公司的主要产品是建筑行业使用的木制板材。生产过程分为两个步骤。首先,将采购来的杨树木材切割为不同长度的 2 cm×30 cm 的木板。然后将这些木板用胶进行粘接,制成建筑中所需的合成板材。公司制造的最常见的合成板是长 6 m 的 6 层板材。正常产量下,公司每月生产 700 张这样的合成板。表 7-1 是该公司成本会计编制的 20×1 年 7 月 6 m 合成板成本差异总结报告。

**表 7 – 1　明辉公司 20 ×1 年 7 月 6 米合成板成本差异总结报告**　　　　元

| | | |
|---|---|---|
| 标准制造成本（600 件 ×98 元） | | 58 800 |
| 7 月份实际制造成本 | | 58 720 |
| 总成本差异——有利 | | 80 |
| 成本差异分析 | | |
| 总材料成本差异——有利 | | 3 600 |
| 材料价格成本差异——有利 | 9 000 | |
| 材料数量成本差异——不利 | （5 400） | |
| 总人工成本差异——不利 | | （3 240） |
| 工资率成本差异——不利 | | （1 080） |
| 人工效率成本差异——不利 | | （2 160） |
| 总变动制造费用成本差异——有利 | | 40 |
| 变动制造费用耗费差异——有利 | 300 | |
| 变动制造费用效率差异——不利 | （260） | |
| 总固定制造费用成本差异——不利 | | （320） |
| 固定制造费用耗费差异——有利 | 220 | |
| 固定制造费用能量差异——不利 | （540） | |
| 总制造成本差异——有利 | | 80 |

　　现召开每月员工大会讨论该总结报告。参加会议的有：成本会计员、采购经理、生产经理、质量控制员、员工代表和销售经理。他们对该报告发表的意见如下。

　　**会计部门**　成本会计员宣布会议开始，并宣布他既有好消息，又有坏消息。令他感到欣慰的是，公司的 6 m 合成板总成本差异近几个月来首次变为有利的（尽管只有 80 元）。特别是控制这种产品的制造费用的措施看来已经成功了，因为报告显示了变动和固定制造费用的耗费差异为有利的。但是，他马上又对本月所有产品线都产生的不利成本差异表示了忧虑。尤其是长期以来一直处于不利状况的工资率、人工效率和材料数量成本差异。他接下来的发言强调了这些不利成本差异的严重性。

　　**采购部门**　第一个回应成本会计员的人是采购经理。他站在自己的立场上，说明这些不利的成本差异都不在自己的控制下。事实上，他强调了所有产品本月形成了有利价格差异，包括 6 m 合成板的 9 000 元的有利价格差异，"把公司从财务灾难中挽救回来。"他敲着桌子，声称他跑遍了三个省，寻找尽可能低的价格，并得到了他认为最好的杨树木材价格。

　　**生产部门**　生产经理站了起来，反对采购经理的说法。他对采购部门的工作进行了批评，声称采购部门购入的是"劣质"材料。他向参加会议的人员申诉他接受的木材难以加工，充满了结疤、裂缝和扭曲。他认为这些有缺陷的原材料是导致不利材料数量成本差异的主要原因。低质量原材料大大降低了生产效率，导致了 7 月份的产量大大低于正常水平。

　　**质量控制部门**　质量控制员同意生产经理的意见。他指出公司的很多产品，尤其是 6 m 合成板，不能或者刚刚达到质量标准。他以前从来没有发现这么多的不合格产品。

　　**工厂工人**　员工代表是员工选举的代表工人与管理层沟通的工人。他的评论为已经白热化的争论提供了一个新的视角。他认为工厂工人的士气在7月份达到了前所未有的低点。他承认每个生产部门的员工都知道生产效率正在下降（正如不利的人工效率成本差异反映的那样），而且每个人都认为低质量的原材料是问题的根源。他认为低质量给工人带来的唯一好处是"工作效率低下带来的额外加班工资"。（1 080元的不利工资率成本差异主要是由于加班工资造成的）

**销售部门** 销售经理认为，即使在加班和增加临时轮班的情况下，7月份的生产量只有600件，没有达到700件的正常产量，直接引起了16 000元的销售额损失。他还担心销售出去的产品质量没有达到客户的期望。他还提到了公司由于产品缺陷可能承担的法律赔偿责任。

**试问** 如果你是明辉公司的总经理，最近你实行了一套奖金制度，为有利的成本差异设立15%的奖金。这种奖励系统潜在的优缺点是什么？

**课程思政元素** 本案例中采购部门从自身利益出发，低价采购低质材料，导致企业整体利益受损。大家应该能够理解企业管理的系统性，为了实现企业的总体目标，各个部门不能各自为政，仅仅从自身利益最大化出发来考虑问题，这样的结果只能是满盘皆输，每个人的利益最小化。企业管理如此，国家与个人的关系亦如此，万众一心，为中华伟大复兴而努力奋斗符合社会主义核心价值观。

## 7.2.6 成本中心的考核指标

成本中心业绩评价的主要指标是责任成本增减额、责任成本升降率及与其作业相关的非财务指标等。

$$责任成本（费用）增减额 = 实际成本（费用）额 - 预算成本（费用）额$$
$$责任成本（费用）升降率 = 成本（费用）增减额 / 预算成本（费用）额$$

运用上述财务指标评价成本中心时，必须注意区分可控成本（费用）和不可控成本（费用）。各责任中心只应对其可控成本负责任，因此对各成本中心的财务业绩评价只能限于其可控成本。在对成本中心的预算成本完成情况进行考核时，应注意如果实际产量与预算产量不一致时，应该首先区分固定成本和变动成本，其次按照弹性预算的方法先调整预算指标，再进行计算、比较和分析。这时，此时就可以运用前述的成本差异分析方法寻找差异的原因，及时采取各种措施。

对于成本进行业绩评价的另一个重要问题是非财务指标的运用。由于成本中心通常运用于较低层的组织，而财务业绩指标的综合性特征使其在成本中心的运用非常有限，非财务指标更普遍适用于成本中心。非财务指标在业绩评价中的作用将在本章的后面有进一步的介绍。另外，由于不同成本中心的作业性质、作业内容不同，其非财务指标也不尽相同，应根据具体情况具体确定。

## 7.2.7 成本中心的责任报告

责任报告是为反映各责任中心责任预算执行情况而进行的反馈，通常以各责任中心的责任预算为基础，将其实际完成情况与责任预算进行比较，以反映其责任履行的好坏。

成本中心的权责范围为可控成本，其报告内容据此建立。成本中心的责任报告主要反映其责任成本的预算额、实际发生额及其差异额，并按不同成本、费用项目分别列示。企业常用的成本中心责任报告如表 7 - 2 所示。

**表 7 - 2　成本中心责任报告**

××责任中心　　　　　　　　　　　　　×年×月　　　　　　　　　　　　　金额单位

| 项　　　目 | | 本期预算 | 本期实际 | 差异额 | 差异率 | 备　注 |
|---|---|---|---|---|---|---|
| 可控成本 | | | | | | |
| 变动成本 | 直接材料 | | | | | |
| | 直接人工 | | | | | |
| | 变动制造费用 | | | | | |
| | 其他变动成本 | | | | | |
| 固定成本 | 固定制造费用 | | | | | |
| | 其他固定成本 | | | | | |
| 责任成本合计 | | | | | | |
| 不可控成本 | | | | | | |
| 成本合计 | | | | | | |

# 7.3　利润中心的控制

　　通常利润中心被看成一个可以用利润衡量其一定时期业绩的组织单位。但是并不是可以计量利润的组织单位都是真正意义上的利润中心。利润中心组织的真正目的是激励下级制定有利于整个公司的决策并努力工作。

　　从资源配置和组织管理的视角看，利润中心是在公司战略目标的总体战略约束下，运用公司提供的资源，执行各自的经营战略的组织单位。各利润中心之间的关系存在纵向和横向的多重关系，纵向关系为公司总部和各利润中心之间是投资与被投资、公司战略与经营战略的关系，利润中心制度应该既要保证公司总部（投资中心）的资源集中配置与控制权，又要落实各利润中心具有相应的资源使用权。横向关系为各利润中心之间的相互协作、协同、内部交易关系。这种纵横交错的关系使公司内部形成一个立体的管理结构。具体地说，利润中心具有如下特征。

　　一是在公司整体发展战略的领导下，拥有其业务控制范围内的独立经营决策权。同时，利润中心承担与其经营决策权相适应的经济责任，也就是对其业务经营范围内的收入或成本，即对利润负责。通过考核各利润中心的利润能力及对公司战略的支撑作用，评价其对公司价值的贡献度。

　　二是利润中心的生产经营业绩，应能够明确划分和辨认，这是考核利润中心责任是否完成和完成如何的前提。换言之，利润中心责任必须具体明确、界定清晰，指标可以量化。这就要求每个利润中心必须有一定独立的收入与支出，能独立核算盈亏，尽管有些收入可能是通过内部转移价格模拟计算的。

三是从权力配置内容分析，利润中心的确是分权制度下的组织形式，但是这种分权绝不是下放公司总部的所有权力，分权范围限于生产组织、营销管理、人员调配、价格谈判、资金使用等，每个利润中心按照整个公司总部的战略规划、财务政策、投资方针、资金与资源调剂、审计监控业绩管理、文化理念等要求，规划和控制其权力范围内的业务经营活动。所以对利润中心的分权是有限的。

## 7.3.1 利润中心的考核指标

对于利润中心进行考核的指标主要是利润。但是，也应当看到，任何一个单独的业绩衡量指标都不能够反映出某个组织单位的所有经济效果，利润指标也是如此。因此，尽管利润指标具有综合性，利润计算具有强制性和较好的规范性，但在具体计算过程中还有一些需要注意的问题。

1. 利润指标的计算

利润并不是一个十分具体的概念，不同的计算方法可以计算出不同含义的利润概念。下面通过一个例子来进行说明。

**例7-5** 嘉华集团公司是一家从事冷饮生产的公司，其产品主要有汽水、中档雪糕、高档冰激凌。公司按产品划分利润中心，生产中档雪糕的部门为二分部，其20×1年6月份的数据如下（单位：元）

| | |
|---|---|
| 部门销售收入 | 15 000 |
| 已销商品变动成本和变动销售费用 | 10 000 |
| 部门可控固定间接费用 | 700 |
| 部门不可控固定间接费用 | 1 300 |
| 分配的公司管理费用 | 1 000 |

假设该部门的利润表如下：

| | |
|---|---|
| 收入 | 15 000 |
| 变动成本 | 10 000 |
| （1）贡献毛益 | 5 000 |
| 可控固定成本 | 700 |
| （2）可控贡献毛益 | 4 300 |
| 不可控固定成本 | 1 300 |
| （3）部门贡献毛益 | 3 000 |
| 公司管理费用 | 1 000 |
| （4）部门税前利润 | 2 000 |

这里至少有4种利润指标可供选择：贡献毛益、可控贡献毛益、部门贡献毛益、部门税前利润。应该选择哪个指标呢？

2. 利润中心评价指标的选择

以贡献毛益作为评价依据不够全面。部门经理至少可以控制某些固定成本。以贡献毛益作为评价依据，可能导致部门经理并不关注对可控固定成本的管理，使企业丧失了可能降低成本的机会。因此，业绩评价时至少应包括可控制的固定成本。

以可控贡献毛益作为评价依据可能是最好的，因为它反映了部门经理在其权限和控制范围内有效使用资源的能力。这一衡量标准的主要问题是可控固定成本和不可控固定成本的区分比较困难。

以部门贡献毛益作为评价依据，可能更适合评价该部门对企业利润和管理费用的贡献，而不适合于对部门经理的评价。若要决定该部门的取舍，该指标可提供重要信息。

以部门税前利润作为评价依据通常是不合适的，因为公司总部的管理费用是部门经理无法控制的成本，分配公司管理费用而引起部门利润的不利变化，不应由部门经理负责。许多企业把所有的总部管理费用分配给下属部门，其目的是提醒部门经理注意各部门提供的贡献毛益必须抵补总部的管理费用，否则企业作为一个整体就不会盈利。其实，通过给每个部门建立一个期望能达到的可控贡献毛益标准，可以更好地达到上述目的。这样，部门经理可集中精力增加收入并降低可控成本，而不必在那些他们不可控的分配来的管理费用上花费精力。

因此，对利润中心进行业绩评价的指标应选择可控贡献毛益，又称为责任毛益。

3. 共同收入与共同成本的分配

前述利润计算给出的是一个简化的例子，在实际利润计算中往往会涉及多个利润中心之间相互提供产品或服务的问题，此时要合理计算利润，需要解决共同收入与共同成本在各责任中心之间的分配问题。

把共同收入在利润中心之间分配时，有时会产生矛盾。因为当一个部门的销售活动提高了另一部门产品的销售，而该部门又不会因为销售其他部门的产品而得到收益时，它就会失去继续这样做的动力。例如，当银行对其各分行按利润中心进行评价时，一个顾客可能会在其住处附近的分行开设一个账户，而却在他工作地点附近的分行进行大量的交易。如果该顾客储蓄带来的所有收入都归于其住处附近的分行，而银行提供服务的成本却由该顾客工作地点附近的分行承担，那么分行之间就有可能产生冲突。解决冲突的办法应是建立一种费用制度，以补偿为其他部门销售产品和提供服务的利润中心。建立这种补偿制度，实际操作可能会很复杂，但却是分权管理所必须面对和解决的问题。尤其是网络型企业之间合作完成产品提供时，此问题显得更加突出，如铁路运输企业，完成一个旅客由北京到哈尔滨的运输需要北京局、沈阳局、哈尔滨局铁路集团公司的共同劳动来完成，而实现的收入就需要在这些集团公司之间进行分配。

共同成本，也称服务成本，主要是指辅助生产部门（如动力部门、辅修部门）等服务部门为生产部门提供服务所发生的成本。由于这些服务成本受益对象众多，故称其为共同成本。

将共同成本分配到各生产部门意味着在企业内建立了一个服务的内部供求市场，因此，共同成本的分配过程，实际上也就是按某一转移价格进行评价、结算的过程。通过分配共同成本，不但可以促使使用部门对服务部门进行监督，并与服务部门一起寻求提高效率的可行方案，而且有助于企业资源的有效运用和合理分配。因为分配服务成本，将促使使用部门明智地选择使用何种服务成本及使用多少。具体的分配方法见本章 7.5 节的内容。

## 7.3.2　利润中心的责任报告

利润中心的责任报告主要反映其责任利润的预算额、实际发生额和差异额，报告的内容通常是按利润的形成过程分项列示。企业常用的利润中心的责任报告格式如表 7-3 所示。

**表7-3 利润中心的责任报告**

×× 责任中心　　　　　　　　　　　×年×月　　　　　　　　　　　金额单位

| 项　目 | 本期预算 | 本期实际 | 差异额 | 差异率 | 备注 |
|---|---|---|---|---|---|
| 销售净额 | | | | | |
| 减：变动成本 | | | | | |
| 　　变动生产成本 | | | | | |
| 　　变动销售费用 | | | | | |
| 　　变动成本合计 | | | | | |
| 贡献毛益 | | | | | |
| 减：可控性固定成本 | | | | | |
| 责任中心可控利润 | | | | | |
| 减：不可控性固定成本 | | | | | |
| 营业利润 | | | | | |

教学视频：
利润中心考核

# 7.4　投资中心的控制

投资中心是最高层次的责任中心，其责任者向总经理或董事长负责。投资决策必须运用科学的决策程序和方法，在进行投资决策前必须进行可行性研究分析，以确保投资决策的正确性和有效性。投资中心的主要目标是确保投资的安全回收和投资的收益率，以保证企业的规模和经营不断发展。

## 7.4.1　投资中心的考核指标

投资中心不仅要对成本、利润负责，而且对投资效益负责。因此对投资中心进行业绩评价时，既要评价其成本和收益状况，更要结合其投入资金，全面衡量其投资报酬率大小和投资效果的好坏。

一般来说，投资中心的业绩评价有两个重要财务指标：投资报酬率与剩余收益。

1. 投资报酬率

投资报酬率是投资中心一定时期内的营业利润和该时期的投资占用额之比。它是衡量投资中心业绩的最常有的指标，计算公式为

$$投资报酬率 = (营业利润/投资占用额) \times 100\%$$

**例7-6** 广域公司有 A、B 两个事业部（投资中心），它们最近一年的营业利润和投资额的资料如下：

| | A 事业部 | B 事业部 |
|---|---|---|
| 营业利润 | 110 000 元 | 262 500 元 |
| 投资额 | 500 000 元 | 1 500 000 元 |

$$A 事业部的投资报酬率 = \frac{110\ 000}{500\ 000} \times 100\% = 22\%$$

$$B 事业部的投资报酬率 = \frac{262\ 500}{1\ 500\ 000} \times 100\% = 17.5\%$$

利用杜邦分析方法，投资报酬率也可以按下面的方法计算：

$$投资报酬率 = 销售利润率 \times 投资周转率$$

$$投资周转率 = 销售收入/投资占用额 \times 100\%$$

用投资报酬率来评价投资中心业绩有许多优点。具体表现在以下 4 个方面。

（1）客观性

它是根据现有的会计资料计算的，因而指标的数据来源比较客观。

（2）可比性

由于它考虑了投资规模，是相对数指标，可用于不同投资中心、不同企业、不同时期的比较，具有很好的可比性。

（3）有利于企业进一步进行分析

该指标可以分解为销售利润率和投资周转率两个指标，并可进一步分解为资产的明细项目和收支的明细项目，从而对整个部门的经营状况作出评价。

（4）它促使经理人员关注销售收入、费用、投资之间的关系

该指标的大小显然与销售收入、费用、投资均有关系，因而能促使经理人员关注销售收入、费用、投资之间的关系，即促使经理人员关注成本效率，关注投入资产的使用效率。

但是，投资报酬率指标的不足也是十分明显的。该指标会产生"次优化"行为，常见的不良后果是：部门经理拒绝接受超出企业规定的最低投资报酬率而低于该中心现有报酬率的投资项目，或者减少现有的投资报酬率较低但高于资金成本的某些资产，使部门的业绩获得较好评价，但却损害了企业整体利益。

假设例7-6中，A 事业部经理面临一个投资报酬率为 18% 的投资机会，投资额为 200 000 元。由于该项目的投资报酬率高于与项目风险相匹配的最低收益率 12% 要求的报酬率，所以应当利用这个投资机会，但接受这个投资机会之后却使 A 事业部的投资报酬率由过去的 22% 下降到 20.86%，因此 A 事业部的经理会选择放弃这个投资机会。从引导部门经理采取与公司总体利益一致的决策来看，投资报酬率并不是一个很好的指标。

2. 剩余收益

如上所述，投资报酬率指标会造成那些有利于公司整体而会降低分部投资报酬率的投资项目无法落实。为弥补其不足，一些公司采用了另一指标来衡量工作业绩，即剩余收益。

剩余收益是一个部门的营业利润超过其预期最低收益的部分。一个部门的预期最低收益是该部门的投资占用额与投资项目风险相匹配的最低投资报酬率的乘积。其计算公式如下：

剩余收益 = 营业利润 − 预期最低收益

　　　　 = 营业利润 − 投资占用额 × 与项目风险匹配的最低报酬率

剩余收益正好克服了用投资报酬率来衡量部门业绩带来的次优化问题，可以使业绩评价与公司的目标协调一致，引导部门经理采纳高于公司资本成本的决策。

**例 7 − 7**　承例 7 − 6，假设 A 事业部要求的最低报酬率为 15%，B 事业部的风险较低，要求的最低报酬率为 12%。

A 事业部的剩余收益 = 110 000 − (500 000 × 15%) = 110 000 − 75 000 = 35 000(元)

B 事业部的剩余收益 = 262 500 − (1 500 000 × 12%) = 262 500 − 180 000 = 82 500(元)

对于 A 事业部来讲，如果采纳前面的投资机会，由于该投资机会的报酬率高于公司对 A 事业部要求的最低报酬率，因此会增加该事业部的剩余收益，A 事业部经理则会接受这个投资机会。

采用剩余收益指标还有一个好处，就是允许使用不同的风险调整资本成本。从现代财务理论看，不同的投资有不同的风险，要求按风险程度调整资本成本。因此，不同行业部门的资本成本不同，甚至同一部门的资产也属于不同的风险类型。在使用剩余收益指标时，可以对不同部门或者不同资产规定不同的资本成本，使剩余收益这个指标更加灵活。而投资报酬率评价方法并不区别不同资产，无法分别处理风险不同的资产。

剩余收益指标的缺点是该指标为绝对数指标，不利于不同规模投资中心之间的比较。另一缺点在于它依赖会计数据的质量，包括净利润、投资的账面价值等。若相关会计信息质量较差，会导致剩余收益指标不可靠。

## 7.4.2　投资中心的业绩评价报告

以投资报酬率作为投资中心的业绩评价指标，在实践中被广为应用。所以，据此编制业绩报告，将有助于企业高层管理部门进行财务评价。投资中心的责任报告如表 7 − 4 所示。

**表 7 − 4　投资中心的责任报告**

××责任中心　　　　　　　　　　　×年×月　　　　　　　　　　　金额单位

| 项　　　目 | 本期预算 | 本期实际 | 差异额 | 差异率 | 备注 |
|---|---|---|---|---|---|
| 销售净额 | | | | | |
| 减：变动成本 | | | | | |
| 　变动生产成本 | | | | | |
| 　变动销售费用 | | | | | |
| 　变动成本合计 | | | | | |
| 贡献毛益 | | | | | |
| 减：可控性固定成本 | | | | | |
| 分部可控利润 | | | | | |
| 减：不可控固定成本 | | | | | |
| 分部营业利润 | | | | | |
| 资产平均占用额 | | | | | |
| 资产周转率 | | | | | |
| 销售利润率 | | | | | |
| 投资收益率 | | | | | |

# 7.5　内部转移价格

当责任部门彼此独立时，分权组织在评价利润中心或投资中心业绩时很少产生问题。责任部门经理可以把注意力只放在自己的部门，只要不损害组织整体利益即可。相反，当责任部门之间相互影响较大时，某件事对一个责任部门有利但对其他部门不利甚至足以对整个组织产生负面影响的可能性将大为增加。这种情况可能发生在一个责任部门向另一个责任部门提供产品或服务，并向其收取转移价格时。这样将使得评价利润中心或投资中心业绩的问题更加复杂。

所谓内部转移价格是指组织中的一个责任部门因给同一组织中的另一个责任部门提供产品或服务而收取的金额。转移价格是提供产品或服务的责任部门的收入，是获取产品或服务的责任部门的成本。内部转移价格影响了买卖双方的收入与成本的计量。内部转移价格高，使卖方利润高而买方利润低；价格低，则作用相反。

## 7.5.1　内部转移价格制定对公司的影响

内部转移价格对于有关分部和公司整体业绩都会产生影响，具体影响如下。

1. 对分部业绩评价的影响

转移产品的价格会影响买方分部的成本和销售分部的收入，这样，双方利润均受到了影响。由于利润是业绩评价指标（如投资报酬率和剩余收益）的基础，因此，转移定价常常成为极其敏感的问题。表 7 - 5 说明了转移价格对 ABC 公司下属两个分部的影响。A 分部生产一种零部件并出售给 C 分部，转移价格是 30 元/件，这 30 元对于 A 分部是收入，当然 A 分部希望价格越高越好。反之，30 元对于 C 分部而言是成本，如同其他原材料一样，因而，C 分部希望价格能低一些。

表 7 - 5　转移价格对 ABC 公司下属两个分部的影响

| A 分部 | C 分部 |
| --- | --- |
| 生产并出售某部件给 C 分部 | 向 A 分部购买零部件用于生产 |
| 转移价格为 30 元 | 转移价格为 30 元 |
| 作为 A 的收入 | 作为 C 的成本 |
| 增加净利润 | 减少净利润 |
| 提高投资报酬率 | 降低投资报酬率 |
| 转移价格形成的收入 = 转移价格形成的成本 | |
| 对 ABC 公司整体的影响为 0 | |

2. 对公司整体利润的影响

若从公司整体角度考虑转移价格的制定，那么转移价格能从两方面影响公司的利润水平：一是影响分部的行为；二是影响所得税。分部在独立决策时，可能会制定出有利于分部利润最大化而不利于公司整体利润水平的转移价格。比如，转移价格比实际生产成本要高出许多，购买方分部就可能从公司外部购入价格低于转移价格的产品。

转移价格会影响公司整体的所得税，对跨国公司尤其如此。而通常情况下，公司会制定适当的转移价格使得更多的收入转移到低税率国家，并尽量使成本转移到高税率国家。

3. 对公司分部经营自主权的影响

由于转移价格的制定会影响公司整体利润，公司高层有时会不自觉地介入其中。这种介入如果成为一种惯例，公司实际上就背离了分权管理，当然也无法再发挥其优势。公司之所以选择了分权管理是因为分权管理的总体效益要高于其总体成本。而总体成本之一，就是分部经理偶尔会作出次优决策。因此，从长远上讲，公司高层为降低这种成本而介入转移价格的制定很可能是不可取的。

## 7.5.2 内部转移价格的作用

合理的内部转移价格在企业集团管理中具有重要的作用。具体表现在以下几个方面。

（1）内部转移价格是企业战略调整的工具

在集团企业中如何实现整体利益最优化，如何完善对子公司的控制，或者实现集团的业务调整或行业调整导向，或者避开地方政府的限制，进行资金转移等，均可在一定程度上借助内部转移价格帮助实现其战略意图。

（2）有助于经济责任的合理落实

内部转移价格是利用价格的调节手段，通过内部交易的形式在各责任中心之间调节彼此的收入与费用，可使各责任中心的经济责任合理、明确，从而具体落实经济责任。

（3）有利于客观评价各责任中心的工作业绩

企业各责任中心按内部转移价格计价的产品金额与其实际成本的差额，能够反映各责任中心的工作业绩；另外，各责任中心接受其他责任中心提供的产品，按照内部转移价格计价转账，剔除了其他责任中心的工作好坏对本责任中心的影响，因此按内部转移价格计价结算，可以正确考评各责任中心的工作业绩。

（4）有助于企业管理当局和各责任中心正确进行生产经营决策

内部转移价格可以把有关责任中心的经济责任、工作绩效加以数量化，使企业高层管理当局和内部各业务职能部门的主管人员能根据企业未来一定期间的经营目标和有关的成本、收入、利润及资金情况，在分析比较的基础上，制定正确的经营决策，选取履行经济责任、实现预定目标的最佳行动方案，如有关部门的生产经营是不断扩大还是适当缩小；中间产品和劳务是在企业内部购买还是向外部市场购买等。通过内部转移价格对内部利润的调节作用，可以调节资源在企业内部的配置，使企业整体达到最好的效果。

（5）有助于调动企业内部各责任中心的生产积极性

合理的内部转移价格，不仅可以作为责任中心经济责任完成情况的客观标准，而且还可以发挥价格所具有的激励作用，内部转移价格提供了反映责任中心综合成果的内部利润数据，合理的内部转移价格能对责任中心的激励提供公正和易于使用的价格基础，使计算利润公平有效，在一定程度上影响责任中心主管人员和全体职工的工作态度和工作精神。

### 7.5.3 内部转移价格的定价基本原则

要发挥内部转移价格的作用，所制定出来的内部转移价格应同时达到三个目标：准确的业绩评价、目标一致性和保留分部的经营自主权。

准确的业绩评价是指不能使任何分部以其余分部的利益换取自身的利益（也就是说，在一个分部受益的同时其他分部不受损失），即内部转移价格的制定应该在较大程度上反映产品或服务的实际消耗水平，应能使"买卖"双方均感到公平合理，不应出现某一责任中心通过转移价格占取其他责任中心利益的现象。

目标一致性是指分部经理的抉择应能使公司整体利润最大化，即能保证整体预算目标最大化的实现，且不能导致各预算执行主体的职能失调行为。也就是说，内部转移价格的制定应尽可能使整体利益和局部利益协调一致，尽量避免为了局部利益而有损于整体利益的行为发生，若两者不可避免地存在矛盾冲突时，应以全局利益为重。在一个分权组织中，利润中心和投资中心的经理往往有很大的自主权，可以接受组织内部的订单也可以从外部采购。例如一家汽车制造业可以允许其组装部的经理从本公司的另外部门或外单位购买零件，制定转移价格应该指导经理们作出有利于组织整体目标实现的决策。

分部的经营自主权则意味着公司高层不应干涉分部经理的决策自由。

内部转移价格制定时关注的是如何找到一个能同时满足上述三个目标的定价方法。为了增强内部转移价格的公允性，使"买卖"双方均乐于接受，应尽可能由当事人各方自主确定内部转移价格。但责任中心自主定价也不能完全脱离集团管理层的约束，因为自定的转移价格可能不符合目标一致原则。集团管理层有必要制定转移定价的指导原则，鼓励他们从组织整体利益出发作出转移定价决策，在下属责任中心的谈判陷入僵局时，还可以进行必要的调解。

机会成本法是在某种程度上可以满足上述三个目标的一种制定内部转移价格的方法。要制定出合理的内部转移价格，必须同时考虑销售方分部和购买方分部。机会成本法是通过确认销售方愿意接受的最低价格和购买方愿意接受的最高价格来满足双方的要求。最低价格和最高价格相当于内部转移的机会成本。具体定义如下。

（1）最低价格

最低价格指从销售方角度考虑时，若销售方将产品以该价格销售给其他分部而不将产品销售给外部单位时，其利益不会受到损失的价格。

（2）最高价格

最高价格指从购买方的角度考虑时，若购买方以该价格向其他分部购入产品而不向外部单位购入产品，其利益不会受到损失的价格。

在发生内部转移时，只要销售方的机会成本（最低价格）低于购买方的机会成本（最高价格），就应该进行产品的内部转移。通过这一方法，能确保双方都不会因为产品的内部转移而遭受损失，也就是分部的利润不会因产品的内部转移而减少。

## 7.5.4 内部转移价格的具体制定方法

内部转移价格的定价基本原则为管理会计师制定转移价格提供了一个很好的概念模型。但由于具体每个组织所处的环境不同，组织在具体制定内部转移价格时，有时采用基于成本的价格，有时采用基于市场的价格，有时采用协商价格。因此，在制定转移价格这个问题上不应期望得到一个放之四海而皆准的答案。它是最高管理当局永远关心的一个问题，也是一个令他们比较头疼的管理控制问题。

1. 以市场价格为依据的内部转移价格

从理论上看，当产品或劳务存在完全竞争市场且市场价格容易取得时，以市场价格为基础制定的内部转移价格最为理想，即以公开市场上的产品或劳务价格作为内部转移价格的定价依据。

完全竞争的市场应当满足 4 个条件：责任中心生产的中间产品与市场整体的相关性较小，不能影响市场价格；该中间产品与其他厂家生产的产品无差别；生产厂家能自由地进入或退出市场；消费者、生产者及资源拥有者对市场信息充分了解。

在这种情况下，市场价格完全由市场力量形成，是公允的，而且销售方和购买方都能自由选择是外部交易还是内部交易。销售方能以市场价格出售其所有产品，若转移价格比市场价格低，它就会遭受损失，即市场价格应是它的最低价格。同样地，购买方也能以市场价格获得所需的产品，因而它也不愿意支付比市场价格更高的价格购买内部产品，即购买方的最高价格是市场价格，此时双方利益都不受损，组织的整体利益也不受损。

从公司的观点看，只要供应一方是按生产能力提供产品，就可将之视同为在市场中进行交易，而且企业内部"买""卖"双方的交易属于内部交易，具有质量、交货期易于控制，谈判成本可以节约等优点。因此，从企业全局利益出发，应当鼓励各责任单位之间产品的相互转让。但是，应注意以下原则：首先，"买方"有权同向外界购入作比较，若内部转移价格高于现行市价，它可舍内而求外，不必为此支付更多的代价；其次，"卖方"也应如此，若内部转移价格低于现行市价，它可向外界销售以获得更高回报；最后，还应将"买方"向外部市场购入所得的收益与企业生产能力闲置而受到的损失进行比较，只有当前者能够补偿后者时，才允许"买方"向外界购入。

总之，以市场价格为基础制定内部转移价格，意味着将市场机制引进企业内部，使其每个利润中心都成为真正的独立机构，各自经营，最终再通过利润指标来评价与考核其经营业绩。

**例 7 – 8** 大地公司有甲、乙两个利润中心，甲中心生产的 A 产品有完全竞争的市场，市场价格为 24 元/件，单位变动成本为 20 元/件，乙中心以 A 产品为零部件加工成 B 产品出售，每件 A 产品加工制成一件 B 产品，变动加工费用为 12 元/件，B 产品的售价为 40 元/件，生产能力为 3 000 件。当转移价格为市场价格时，甲、乙中心及总公司的收益情况如表 7 – 6 所示。

表7-6　甲、乙中心及总公司的收益情况       元

| | 甲中心 | 乙中心 | 总公司 |
|---|---|---|---|
| 销售收入 | 72 000① | 120 000③ | 120 000 |
| 减：变动成本 | 60 000② | 108 000④ | 96 000⑤ |
| 贡献毛益 | 12 000 | 12 000 | 24 000 |

① 24 × 3 000 = 72 000(元)

② 20 × 3 000 = 60 000(元)

③ 40 × 3 000 = 120 000(元)

④ (24 + 12) × 3 000 = 108 000(元)

⑤ (20 + 12) × 3 000 = 96 000(元)

由于存在市场价格并按该价格交易，所以无论是内部交易还是外部交易，甲、乙中心及公司整体的收益都不受影响。事实上，若不采用市场价格作为转移价格，公司整体利益就会减少，这一原则可用于解决分部间的争端。具体说明可参见下面的案例。

## 安达公司案例

安达公司是一家小型工具生产企业，该公司采用分权管理的模式。小型部件分部由刘冠负责经营，生产的部件供应给由李博负责的电动机分部；这些部件也可以销售给其他制造商或批发商。高江是本公司的副总裁，也是刘冠和李博的顶头上司。一天李博找他商量一件事。

李博汇报说，他们分部的生产能力只利用了70%。上周分部接到一份订单，要求订购100 000件1267型产品，单价是30元。该型号电动机的生产成本列示如下：

| | |
|---|---|
| 直接材料 | 10元 |
| 内部转移部件 | 8元 |
| 直接人工 | 2元 |
| 变动制造费用 | 1元 |
| 固定制造费用 | 10元 |
| 成本合计 | 31元 |

显然，如果他接受订单每件产品将损失1元。李博认为小型部件分部提供的部件的完全成本是5元，而刘冠给他的内部转移价格为8元，建议刘冠应给他一个更加合理的转移价格6.5元，而刘冠却坚决地拒绝了，而且显得十分恼怒。

李博认为为了公司的整体利益，刘冠应该做些让步。因为接受订单后，电动机分部的生产能力利用程度将上升至85%，而且可以不用辞退一些熟练工人。而留用这些人至少可以为公司节省5万元的培训费。另外，这份订单也能为公司在下一年度开辟一些新的市场。

**问题**　如果你是高江，你会如何处理这件事？

**提示**　小型部件分部既然能将所有的产品在市场上都销售出去，则其可接受的最低的转移市价就是8元，因为任何更低的价格都将使该分部受到损失；至于电动机分部的最高转移价格可作如下分析。

首先由于电动机分部的生产能力未能充分利用，所以1267型产品成本中的固定制造费用为无关成本，除了内部转移部件的成本外的相关成本是：

| | |
|---|---|
| 直接材料 | 10元 |
| 直接人工 | 2元 |
| 变动制造费用 | 1元 |

成本合计                     13 元

事实上，电动机分部接受该订单的话，即使部件的转移价格是 17 元（30 – 13），电动机分部仍然能够获利，故该分部的最高转移价格应为 8 元。实际上，完全竞争的市场只是理论上的市场。在现实世界中，只要存在中间产品的竞争性市场，并且能够采集到市场价格，就应该以市场价格作为内部转移价格。市场价格可以从公开发表的同类产品的价格目录中获得，也可以用销售方对外销售的价格作为内部转移价格。即使如此，由于现实中存在多重市价（如不同比例的数量折扣），并且市场价格容易波动，所以有些中间产品的市场价格仍不易确定。

多数中间产品无市价可循，此法多适用于能够对外销售产品以及从市场上购买产品的较高层次的预算执行组织，如自然利润中心或投资中心之间相互提供产品或劳务时使用。

值得关注的是，以市场价格作为内部转移价格面临两大困境。其一，市价的获取常常受到限制。如部门间提供的中间产品常常很难找到它们的市价，市价波动会较大，市价有可能不具有代表性。其二，业绩评价有失公平。以市价为内部转移价格，"卖方"较有利。因为产品的内部交易，会节约许多在销售、商业信用方面的费用，而这些降低的费用会全部体现为"卖方"的业绩，而"买方"则得不到好处，从而造成他们的不满，因而实际应用的方法还有很多其他类型。

2. 以成本为依据的内部转移价格

当中间产品没有外部市场或者市场太狭小或太分散而无法确定一个可靠的价格时，应制定以成本为基础的转移价格。世界上将近半数的大型企业以成本为基础制定内部转移价格。由于成本可有多种定义，如完全成本、标准成本、变动成本等，故以成本为基础的转移价格有三种形式：完全成本、变动成本、成本加成。

无论采用哪一种形式，企业必须使用标准成本而不能用实际成本来确定转移价格。实际成本数据虽然容易取得，使用方便，但是对购买方（接受产品或服务的一方）来说，因为不能事先得到实际成本数据，所以在制订计划时缺乏可靠的依据。更重要的是，实际成本数据中隐含的任何差异或者低效率都会转移给购买方，销售方（提供产品或服务的一方）就会因此失去控制成本的动力。采用标准成本定价可以将管理和核算工作结合起来，可避免功过转嫁、责任不明，对降低、节约成本有一定的激励作用。

（1）完全成本定价法

完全成本包括直接材料、直接人工和全部制造费用。以完全成本作为转移价格的主要优点是简便。与变动成本相比，由于补偿了销售方的全部成本，所以可以鼓励销售方进行技术改革和内部转移。此外，以完全成本为基础制定转移价格，获取完全成本信息的代价极低，因为完全成本信息是根据财务报告的要求计算的，可直接从会计记录中获取。如果转移产品需要开发、设计工作，则其成本会计入间接费用，在这种情况下，使用完全成本能够合理地计量到这些费用。

当然完全成本转移价格也存在一些缺点，具体表现在以下三个方面。

① 对"卖方"缺乏降低成本的激励作用。因为以完全成本作为转移价格，一方面，会使"卖方"得不到任何利润（利润都表现在"买方"的账上）；另一方面，"卖方"的成本全部转移给"买方"，客观上使"卖方"经理缺乏降低成本的动力和压力。

② 给"买方"增加了不该负担的成本。"买方"则要承担不受它控制而由其他部门造成的工作效率上的责任。因为对于"买方"而言，制造部门的成本无论高低都将全额转移给它。

③ 不一定使公司利益最大化。比如，中间产品的完全成本是 50 元，但变动成本只有 35 元，销售方有闲置生产能力，当购买方只能接受低于 42 元的内部转移价格时，采用完全成本转移价格就不能促成内部交易，从而使公司整体丧失一部分利益。

通常情况下，该方法主要作为企业内部各成本中心相互提供产品或劳务的计价、结算依据。值得注意的是，尽管以传统的成本计算方法得出的完全成本作为转移价格缺乏经济上的合理性，但是在实践中应用很广。因为在许多情况下，分部间的产品转移可能对任何分部的利润影响都很小，因而与其花费宝贵的时间与资源进行协商，还不如使用一些容易确认的以成本为基础的公式来确定转移价格。

（2）变动成本定价法

变动成本包括直接材料、直接人工和变动制造费用。变动成本通常是转移价格的下限，尤其是在销售方有剩余生产能力时。但它不能使销售方得到充分的补偿，不利于发挥其生产及转移的积极性。

以变动成本为转移价格存在的问题：一是这种转移价格会使"买方"过分有利；二是只能用于成本中心，因为如果责任中心只计算变动成本，就不能用投资利润率、剩余收益和经济增加值对该中心进行业绩评价；三是如果无限制地将一个责任中心的变动成本转移给另一个责任中心，将不利于激励成本中心经理控制成本。

从企业整体的决策角度看，转移价格应根据"卖方"生产能力的利用情况来制定。若"卖方"生产能力有剩余，可以按变动成本转移；若"卖方"无闲置生产能力，则应以市价为其转移价格。

（3）成本加成定价法

只有当部门的生产被当作成本中心来评估时，成本才能被当作转移价格。但对利润中心来说，成本不是一个令人满意的转移价格。用成本作为转移价格将把利润从生产产品的部门转移到销售产品的部门，因此可以考虑采用成本加成定价法。

成本加成转移价格的基础可以是完全成本，也可以是变动成本，加成的因素是合理的利润，如果加成的基础是变动成本，加成因素还包括应补偿的固定成本。成本加成转移价格的计算公式为

$$成本加成转移价格 = 单位成本 \times (1 + 成本加成率)$$

成本加成率可以根据公司整体的利润率计算确定，也可以参考同类产品的利润率制定，还可以协商确定。如果是最后一种情况，成本加成转移价格就是一种协商价格。成本加成转移价格可以保证销售方获得合理的利润，鼓励其进行内部转移。

3. 以市价为基础的协商价格

当中间产品存在外部市场，但不是完全竞争的市场时（比如，销售方可以通过销售有差别的中间产品来影响价格；购买方可以利用其大购买商的身份来影响中间产品价格），正确的转移价格应该是协商价格。外部市场及价格的存在给了购销双方选择权及参照，而不完全竞争的事实，又使购销双方或者一方难以接受市场价格，直接以市价为转移价格就会受到限制，而以成本为基础的价格制定方法又存在一定缺陷。此时比较可行的解决方法是由买卖双方的部门经理在正常市价的基础上通过定期进行协商来确定一个双方都愿意接受的转移价格，即协商是较好的选择。

这一方法的有效执行，有赖于以下条件的满足：首先，中间产品有外部市场，以使买卖

双方有平等的权利作出买或卖这种产品的选择；其次，买卖双方均可获得有关产品的全部市场信息，以减少协商中讨价还价的余地。一般在以下情况下采用协商价格符合制定转移价格的全局性要求。

1）销售方有剩余生产能力

在不完全竞争的市场中，销售方可能无法售出所有产品，这将导致生产能力过剩。当销售方在满足了所有外部需求后仍有剩余生产能力时，中间产品的内部转移可以使销售方充分利用这部分生产能力，在使自身获益的同时使公司整体获益。对销售方而言，只要产品的转移价格高于生产中间产品的差别成本（变动成本加追加的固定成本），销售方就能获益；对购买方而言，只有当中间产品的转移价格低于市场价格时，购买方才会积极从内部购买并从中获益。所以，协商价格一般位于市场价格和差别成本之间。

例7-9 承例7-8，若甲中心有生产能力6 000件，对外可以销售3 000件，其他条件不变，甲、乙中心经过讨价还价，确定转移价格为22元/件，此时甲、乙中心及公司整体的收益情况如表7-7所示。

表7-7 甲、乙中心及公司整体的收益情况（1） 元

| | 甲中心 | 乙中心 | 总公司 |
|---|---|---|---|
| 销售收入 | 138 000① | 120 000③ | 192 000⑤ |
| 减：变动成本 | 120 000② | 102 000④ | 156 000⑥ |
| 贡献毛益 | 18 000 | 18 000 | 36 000 |

① 24×3 000 + 22×3 000 = 138 000（元）

② 20×6 000 = 120 000（元）

③ 40×3 000 = 120 000（元）

④ (22 + 12)×3 000 = 102 000（元）

⑤ 24×3 000 + 40×3 000 = 192 000（元）

⑥ (20 + 12)×3 000 + 20×3 000 = 156 000（元）

若甲中心不肯让步，坚持以24元/件的市场价格出售，而且乙中心选择外部购买，则公司将损失贡献毛益12 000元。计算过程如表7-8所示。

表7-8 计算过程 元

| | 甲中心 | 乙中心 | 总公司 |
|---|---|---|---|
| 销售收入 | 72 000① | 120 000③ | 192 000⑤ |
| 减：变动成本 | 60 000② | 108 000④ | 168 000⑥ |
| 贡献毛益 | 12 000 | 12 000 | 24 000 |

① 24×3 000 = 72 000（元）

② 20×3 000 = 60 000（元）

③ 40×3 000 = 120 000（元）

④ (24 + 12)×3 000 = 108 000（元）

⑤ 72 000 + 120 000 = 192 000（元）

⑥ 60 000 + 108 000 = 168 000（元）

实际上，若转移价格为市场价格24元/件，乙中心也可能选择内部购买，这样公司整体

会受益，但乙中心参与做出的贡献全部由甲中心获得。分析过程如表7-9所示。

表7-9　分析过程　　　　　　　　　　　　　　　元

|  | 甲中心 | 乙中心 | 总公司 |
|---|---|---|---|
| 销售收入 | 144 000① | 120 000③ | 192 000⑤ |
| 减：变动成本 | 120 000② | 108 000④ | 156 000⑥ |
| 贡献毛益 | 24 000 | 12 000 | 36 000 |

① $24 \times 6\ 000 = 144\ 000$(元)

② $20 \times 6\ 000 = 120\ 000$(元)

③ $40 \times 3\ 000 = 120\ 000$(元)

④ $(24 + 12) \times 3\ 000 = 108\ 000$(元)

⑤ $24 \times 3\ 000 + 40 \times 3\ 000 = 192\ 000$(元)

⑥ $20 \times 3\ 000 + (20 + 12) \times 3\ 000 = 156\ 000$(元)

　　从以上过程可以看出，只要内部协商的价格介于20～24元之间，内部交易达成，甲、乙中心及公司整体就都能获益，只是收益在甲、乙中心之间的分配不同，而具体的转移价格则取决于甲、乙中心经理的谈判能力和获取的信息。如果乙中心的经理了解到甲中心的单位变动成本仅为20元，而且生产能力有剩余，就可以推断出，只要每件出价略高于20元即可成交，这样在谈判中就能获取主动。

　　2）销售方可节省销售费用

　　销售方对外销售产品要发生一部分销售费用，如果产品在内部销售，这部分费用就可以节省下来，从而使公司整体受益。这时，如果仍按照市场价格转移中间产品，那么节省下来的销售费用就全部由销售方获得。但是，由于此转移价格（市场价格）对购买方并无吸引力，购买方可能会选择外部购买，使公司丧失这部分费用节省额，这将违背全局性要求。在这种情况下，协商价格可以解决这一问题。

　　销售方可以接受的最低价格为"市场价格-销售费用"，购买方可以接受的最高价格为市场价格，只要协商的价格在这两个价格之间，就能促成内部交易，并使交易双方和公司都受益。

　　**例7-10**　承例7-8，A产品的单位变动成本为20元/件，其中变动销售费用为3元/件，甲、乙中心协商的转移价格为22元/件，其他条件不变。甲、乙中心及总公司收益情况如表7-10所示。

表7-10　甲、乙中心及总公司的收益情况（2）　　　　元

|  | 甲中心 | 乙中心 | 总公司 |
|---|---|---|---|
| 销售收入 | 66 000① | 120 000③ | 120 000 |
| 减：变动成本 | 51 000② | 102 000④ | 87 000⑤ |
| 贡献毛益 | 15 000 | 18 000 | 33 000 |

① $22 \times 3\ 000 = 66\ 000$(元)

② $17 \times 3\ 000 = 51\ 000$(元)

③ $40 \times 3\ 000 = 120\ 000$(元)

④ $(22 + 12) \times 3\ 000 = 102\ 000$(元)

⑤ $(17 + 12) \times 3\ 000 = 87\ 000$(元)

对照表7-6的数据，可知产品的内部转移使总公司多获益9 000元，其中甲中心多获益3 000元，乙中心多获益6 000元。

通过上述分析不难看出，协商转移价格可以同时满足目标一致、经营自主及准确的业绩评价三个标准。此外，协商转移价格可以作为公司总部协调整个公司行为的一种手段。如果协商能确保目标的一致，公司高层就无须干涉各分部的具体事务。

但协商转移价格同样存在以下三个缺点。

① 不利于部门经理间的团结与协作。显然，协商会导致部门经理间的竞争与不和，这有损对整个组织来说至关重要的团结协作精神。

② 谈判技巧对转移价格的制定有很大的影响。显然，这种定价方式受双方谈判技巧的影响，最终制定出的内部转移价格极可能是有利于谈判技巧强的一方的。如果生产部门经理的谈判手段比购买部门经理高，则极可能仅因为这一点，生产部门会取得更多的利润。虽然谈判技巧是很重要的管理能力，但不应该成为评价部门经理最主要的因素。也就是说，当业绩评价受双方谈判技巧因素的影响时将无法真正反映经理人员的管理能力。

③ 分权的优势受到削弱。当买卖双方协商未果时，往往需要由企业的最高层管理人员进行调解和干预。这样，就会丧失部门经理的自主权，从而失去分权的意义，更难以发挥转移价格的激励功能。

**4. 双重内部转移价格**

所谓双重内部转移价格，就是提供和接受产品或劳务的责任中心之间在转出和转入产品或劳务时，分别按照不同的内部转移价格计价核算。具体分为双重市场价格和双重成本价格两种。采取双重内部转移价格的最直接目的，是既能使卖方获利，又能使买方仅负担成本。这样，买方就不会因为内部定价高于外界市价而放弃从内部购进，造成卖方生产能力无法得到最充分利用，同时也有利于卖方在生产经营中发挥主动性和积极性。

双重市场价格即"卖方"可采用较高的市价，而"买方"则采用较低的市价，其根据是：当存在多种不同市场价格时，"卖方"有权按较高的价格售出自己的产品，"买方"也有理由按较低价格获取。双重成本价格即双方以不同的成本作为计价的基础："卖方"可采用全部成本或全部成本加成的方法计价，"买方"则可采用变动成本计价。其理由是：站在"卖方"的立场，其全部的耗费当然应该得到补偿，而且应有一定的利益实现；站在"买方"的立场，则只应付随业务量变动而变动的成本部分，它们才是与"买方"相关的增量成本。这种区别处理的计价方法可以满足买卖双方对价格的不同需求，避免因"讨价还价"而可能导致的低效，也避免"买方"因产品内部定价高于外部市场价格而不从企业内部进货，采取向外部进货的"职能失调"行为。

双重内部转移价格运用的结果必然导致总部利润与分部利润之和的差异，两者的差额虽然可由总部进行调整、消化，但却给企业相关分析、决策带来不便，而且还可能掩盖和纵容各责任中心的低效行为，不利于从根本上调动各责任中心的积极性。因为采用双重内部转移价格后，交易双方都可能获得较高的内部利润，而这种较高的内部利润却可能是事实上并不存在的虚增利润，由于这种利润虚增，各个分部或分厂就不容易看清他们的经营与企业整体利益之间的事实关系，从而会放松严格的成本管理，造成企业长远利益的损失。因此，实务中采用双重内部转移价格的企业已经呈现越来越少的趋势。

**5. 对多种转移价格的需要**

通过上述分析可以看出，很少会有单——个转移价格能满足所有期望的决策。"正确的"转移价格取决于经济法律环境和所要作的决策。企业选用转移价格时要与责任中心的特点和业绩指标结合起来，才能产生正确的激励作用。一般来说，由于利润中心、投资中心既考核收入又考核成本，所以采用市场价格、协商价格、成本加成价格较为适宜，而成本中心一般只考核成本，所以一般多采用完全成本价格和变动成本价格。

另外，所得税和关税经常影响转移价格的制定。为使企业整体受益，可能会牺牲某一责任部门的业绩。所以组织有时还可能不得不在为目标一致定价和为激励员工努力之间进行权衡，而且这两者的理想的价格可能又不同于为纳税报告或为其他外部需要所采用的价格。

转移价格在某些情况下也受到相关贸易法律的影响。由于世界各国在纳税结构上存在差异，再有企业各部门和子公司在收益上也存在差异，因此企业可能会希望在法律允许的情况下转移利润和"倾销"产品。这些问题进一步说明了相互依赖较为密切的分权所具有的局限性，解释了为什么同一家公司为不同的目的可能采用不同的转移价格。

事实上，任何转移定价政策都可能导致机能失调行为——与组织目标发生冲突的行为。例如，一家生产各类供户外活动使用的纺织品和用具的大型户外设备生产商，该公司的一个部门生产供许多最终产品所使用的纺织品，也可将产品直接卖给外部客户；另一部门生产帐篷。假定纺织品的市场价格是 10 元/m²，单位变动成本是 8 元，其中 1 元为变动性销售费用，每个帐篷需要 5 m² 纺织品，加工每个帐篷的加工成本为 53 元，每个帐篷的销售价格为105 元。当纺织部门有剩余生产能力时，最理想的转移价格是 35 元（7×5）。而对于纺织品部门的经理而言，这样的价格不能使其部门利益最大化，所以他选择将产品直接对外销售。但从整个企业来看，这样做每销售 5 m² 的纺织品将使企业获得的收益减少为 5 元。①

**6. 跨国公司的转移定价**

如果公司的不同分部位于不同的国家，彼此之间在生产和流通上存在密切的联系，经常进行各种各样的产品或劳务的转移。这种转移，就公司整体而言，相当于企业内部生产、销售部门之间的产品调拨，但由于不同部门之间跨越不同的国家，那么转移价格将受到国内税、关税和国际贸易协定的影响。而且在不同的国家之间，产品的价格可能会有很大的差别，因而转移定价更加复杂了。另外，相对于一般公司，跨国公司拥有更多试图通过转移定价政策来达到的目的。

一般而言，跨国公司制定转移定价可以用来实现以下目的：减少税收、减少关税、避免外汇管制、减少外汇风险、隐藏子公司的实际获利能力等。其中某些目的常常是相互冲突的。当不同的目标存在矛盾时，则要进行协调，以求得整体利益的最优。为了说明这些问题，举例如下。

**例 7–11**　假设某跨国公司有 A、B 两个子公司，假设 A 公司生产 10 万个元件，成本为12 元/个，先出售给 B，再由 B 按 25 元/个出售给第三方。如果不考虑所得税因素，则不论A 向 B 出售的元件定价如何，对整个跨国公司而言，税前利润总额为 130 万元〔(25 − 12) ×10 = 130〕。但是，假设 A 与 B 分设于税率不同的两个国家，A 公司所得税税率为 30% ，B

---

① 　$5 = 105 - 35 - 53 - [(10 - 8) \times 5 + 105 - 53 - 50]$

的所得税税率为50%，则不同定价对公司的净收益不同，如表7-11所示。

**表7-11　不同定价对公司净收益的影响（1）**　　　　　　　万元

| 项　目 | | A公司 | B公司 | 总公司合计 |
|---|---|---|---|---|
| 高定价<br>23元/个 | 销售收入 | 23×10=230 | 25×10=250 | 250 |
| | 销售成本 | 12×10=120 | 23×10=230 | 120 |
| | 毛利 | 110 | 20 | 130 |
| | 经营费用 | 10 | 10 | 20 |
| | 税前利润 | 100 | 10 | 110 |
| | 所得税（A为30%，B为50%） | 30 | 5 | 35 |
| | 税后利润 | 70 | 5 | 75 |
| 低定价<br>18元/个 | 销售收入 | 18×10=180 | 25×10=250 | 250 |
| | 销售成本 | 12×10=120 | 18×10=180 | 120 |
| | 毛利 | 60 | 70 | 130 |
| | 经营费用 | 10 | 10 | 20 |
| | 税前利润 | 50 | 60 | 110 |
| | 所得税（A为30%；B为50%） | 15 | 30 | 45 |
| | 税后利润 | 35 | 30 | 65 |

　　从表7-11可以看出，不论如何定价，两个子公司合计的税前收益都是110万元。当采用高定价时，利润的大部分留在A公司，小部分留在B公司，由于A公司所得税税率较B公司低，所以合计的所得税支出较少，为35万元。而当采用低定价时，利润的大部分留在B公司，由于B公司的所得税税率高，从而使合计的所得税支出较高，为45万元。结果，采用高定价减少了跨国公司的整体税收，提高了整体的税后利润。

　　转移价格不仅可以用来减少所得税，也可以用来减少关税。

　　**例7-12**　承例7-11，假设B公司所在国对进口材料征收4%的关税，则采用高定价时，关税支出较高，采用低定价时关税支出较低。此时就要在节约关税和节约所得税之间权衡，见表7-12。在本例中，由于关税不高（4%），所以采用高定价虽然增加了关税支出，但是其税后利润仍高于低定价政策。但如果关税税率很高，则可能得到相反的结果。

**表7-12　不同定价对公司净收益的影响（2）**　　　　　　　万元

| 项　目 | | A公司 | B公司 | 总公司合计 |
|---|---|---|---|---|
| 高定价<br>23元/个 | 销售收入 | 23×10=230 | 25×10=250 | 250 |
| | 销售成本 | 12×10=120 | 23×10=230 | 120 |
| | 关税（4%） | 0 | 230×4%=9.2 | 9.2 |
| | 毛利 | 110 | 10.8 | 120.8 |
| | 经营费用 | 10 | 10 | 20 |
| | 税前利润 | 100 | 0.8 | 100.8 |
| | 所得税（A为30%；B为50%） | 30 | 0.4 | 30.4 |
| | 税后利润 | 70 | 0.4 | 70.4 |

续表

|  | 项　目 | A 公司 | B 公司 | 总公司合计 |
|---|---|---|---|---|
| 低定价<br>18 元/个 | 销售收入 | 18 × 10 = 180 | 25 × 10 = 250 | 430 |
|  | 销售成本 | 12 × 10 = 120 | 18 × 10 = 180 | 300 |
|  | 关税（4%） | 0 | 180 × 4% = 7.2 | 7.2 |
|  | 毛利 | 60 | 62.8 | 122.8 |
|  | 经营费用 | 10 | 10 | 20 |
|  | 税前利润 | 50 | 52.8 | 102.8 |
|  | 所得税（A 为 30%；B 为 50%） | 15 | 26.4 | 41.4 |
|  | 税后利润 | 35 | 26.4 | 61.4 |

转移价格也可能用来将利润转移到某个子公司，以提高其获利能力，从而增强其信用等级，有时也可能用来掩藏子公司的实际获利能力，以规避东道国的干预等。但在应用转移价格时，有可能存在一些限制。例如，当目的在于避税时，东道国政府可能会实施限制这类行为的法律。企业的子公司之间的交易应是按"公平定价"原则进行的交易，即所定价应是买方与卖方不存在关联关系时的价格，不应仅为转移税负而做调整。但是，由于转移价格政策存在一定的弹性，各国的跨国公司大多在试图制定法律许可范围内的转移价格政策，同时又减轻税负。此外，由于转移价格掩藏了子公司的实际业绩，因此在子公司业绩计量上不能只依赖据此计算而得到的收益指标，否则会引起子公司的抵制。

编制现金流量表时公司间的转移价格项目就消失了。因为转移价格不是公司的收入，它不产生现金流量。但是，跨国公司在两个具有不同税率国家的分部之间的转移定价将会影响公司应缴纳的所得税，进而对整个公司的现金流产生影响。所以转移价格的制定，可以影响跨国资金的流向和流量，并使其对母公司和各子公司的财务成果产生积极的影响，从而实现跨国公司的总体目标。

实际上，关于国际转移价格的法律和制度非常复杂，并随国家的不同而不同。

**小资料**　　　　　　　　　　　　　**转移价格的一些结论**

转移价格通常不用现金支付，它们只是在会计账簿中记录的部门间商品和服务的流动。但若产品的转移是在两个子公司之间进行，那么转移价格可能是由现金支付的。

本质上，转移价格可以被视为提供产品的部门获得的收入和获得产品的部门花费的成本。由于一个部门的收入和另一个部门的成本是相等的，所以转移价格就对公司的总利润不产生直接影响。

# 7.6　管理会计报告

管理会计应管理而生，旨在通过一系列工具和方法，对企业数据资料进行加工、整理和报告，提供各种信息参与企业的规划、决策、控制和评价活动，助力企业更好地解析过去、控制现在、筹划未来，创造更大的企业价值。信息的载体就是管理会计报告，它是企业各级管理层决策和管理的核心依据。管理会计报告不同于法定的、规范标准化的财务会计报告，它与各个企业的业务特点、管理模式和经营目标密切相关，是企业内部的定制化管理资源，其信息质量的特征与财务会计报告是不同的。财务会计报告是标准的法定报告，而管理会计报告是满足内部管理需求的个性化报告，二者是现代企业会计报告的两大分支，既相互区别又相互融合。

随着新技术的蓬勃发展，大数据、人工智能、移动互联、云计算、物联网、区块链等新技术在会计工作中的应用场景越来越多，企业会计工作正处于变革转型的关口。国家从宏观政策层面也在不断推动这一变革，以提升企业的竞争力。2021 年年底，财政部印发的《会计信息化发展规划（2021—2025 年）》中明确要求："深入推动单位业财融合和会计职能拓展，加快推进单位会计工作数字化转型。通过会计信息的标准化和数字化建设，推动单位深入开展业财融合，充分运用各类信息技术，探索形成可扩展、可聚合、可比对的会计数据要素，提升数据治理水平。夯实单位应用管理会计的数据基础，助推单位开展个性化、有针对性的管理会计活动，加强绩效管理，增强价值创造力。"随着企业数字化转型的逐步推进，基于海量的业财数据，构建业务模型，模拟企业的商业模式和经营过程，进而作出决策的"数据驱动"的企业运营模式是未来的发展趋势，这将使得管理会计报告的应用越来越广泛，在企业管理中的作用越来越重要。

在我国关于管理会计报告的编制和使用的研究和实践起步相对较晚，至今尚未形成具有普适性的管理会计报告体系。2014 年 1 月，《财政部关于全面推进管理会计体系建设的指导意见》正式出台。2016 年 6 月，《管理会计基本指引》发布。2017 年以后，财政部陆续制定并下发了 34 项具体的管理会计应用指引，其中《管理会计应用指引第 801 号——企业管理会计报告》（以下简称"管理会计报告指引"）对企业管理会计报告的编制原则、内容、方法和流程方面予以规范。

## 7.6.1　管理会计报告分类及主要内容

管理会计报告指引中指出：管理会计报告是指企业运用管理会计方法，根据财务和业务的基础信息加工整理形成的，满足企业价值管理需要的对内报告。企业管理会计报告的内容应根据管理需要和报告目标而定，且要易于理解并具有一定的灵活性。

1. 管理会计报告分类

管理会计报告编制目标是为企业各层级进行规划、决策、控制和评价等管理活动提供有用信息。依据这一定义，企业管理会计报告的服务对象是企业内部各层级、各环节的管理者，他们需要管理会计信息提升其管理效率。而处于不同层级的管理者管理目标不同，且各层级、各环节的管理活动的特点存在较大的差异，因而为满足各层次管理者需求，企业管理会计报告体系应根据管理活动全过程进行设计，在管理活动各环节形成基于因果关系链的结果报告和原因报告。具体分类依据及管理会计报告类型包括但不限于表 7 - 13 所列示的内容。

表 7 − 13　　管理会计报告分类

| 分类依据 | 具体分类 |
|---|---|
| 服务对象管理层级 | 战略层 |
| | 经营层 |
| | 业务层 |
| 管理内容 | 综合管理会计报告 |
| | 专项管理会计报告 |
| 管理功能 | 管理规划报告 |
| | 管理决策报告 |
| | 管理控制报告 |
| | 管理评价报告 |
| 责任中心 | 投资中心报告 |
| | 利润中心报告 |
| | 成本中心报告 |
| 报告主体整体性程度 | 整体报告 |
| | 分部报告 |

资料来源：根据管理会计报告指引整理

综上所述，管理会计报告是企业内部进行分析、预测的重要管理资料，报告内容涉及企业内部管理的重要事项，也是管理者最关注的事项。虽然可以从不同视角对报告内容进行分类，但从管理会计报告使用者视角进行分类将报告的需求者与信息的内容建立了联系，而且其他分类的报告应该涵盖不同管理层级，因此下面主要详细介绍针对管理层级需求撰写的管理会计报告。

2. 管理层级管理会计报告

（1）战略层管理会计报告

战略层管理会计报告是为满足战略层进行战略规划、战略制定、战略执行、战略评价以及其他方面的管理活动提供相关信息的对内报告。战略层管理会计报告的报告对象是企业的战略层，包括股东大会、董事会和监事会等。

战略层管理会计报告包括但不限于战略管理报告、综合业绩报告、价值创造报告、经营分析报告、风险分析报告、重大事项报告、例外事项报告等。这些报告可以独立提交，也可以根据不同需要整合后提交。具体细节见表 7 − 14。

表 7 − 14　　战略层管理会计报告内容

| 报告名称 | 主要内容 |
|---|---|
| 战略管理报告 | 包括内外部环境分析、战略选择与目标设定、战略执行及其结果，以及战略评价等 |
| 综合业绩报告 | 包括关键绩效指标预算及其执行结果、差异分析，以及其他重大绩效事项等 |
| 价值创造报告 | 包括价值创造目标、价值驱动的财务因素与非财务因素、内部各业务单元的资源占用与价值贡献，以及提升公司价值的措施等 |
| 经营分析报告 | 包括过去经营决策执行情况回顾、本期经营目标执行的差异及其原因、影响未来经营状况的内外部环境与主要风险分析、下一期的经营目标及管理措施等 |

续表

| 报告名称 | 主要内容 |
| --- | --- |
| 风险分析报告 | 包括企业全面风险管理工作回顾、内外部风险因素分析、主要风险识别与评估、风险管理工作计划等 |
| 重大事项报告 | 包括针对企业的重大投资项目、重大资本运营、重大融资、重大担保事项、关联交易等事项进行的报告 |
| 例外事项报告 | 包括针对企业发生的自然灾害、管理层变更、股权变更、安全事故等偶发性事项进行的报告 |

资料来源：根据管理会计报告指引整理

（2）经营层管理会计报告

经营层管理会计报告是为经营层进行规划、决策、控制和评价等管理活动提供相关信息的对内报告。经营层管理会计报告的报告对象是经营管理层。

经营层管理会计报告包括但不限于全面预算管理报告、投资分析报告、项目可行性分析报告、融资分析报告、盈利分析报告、资金管理报告、成本管理报告、业绩评价报告等。具体细节见表7－15。

**表7－15 经营层管理会计报告内容**

| 报告名称 | 主要内容 |
| --- | --- |
| 全面预算管理报告 | 包括预算目标制定与分解、预算执行差异分析及预算考评等 |
| 投资分析报告 | 包括投资对象、投资额度、投资结构、投资进度、投资效益、投资风险和投资管理建议等 |
| 项目可行性分析报告 | 包括项目概况、市场预测、产品方案与生产规模、厂址选择、工艺与组织方案设计、财务评价、项目风险分析及项目可行性研究结论与建议等 |
| 融资分析报告 | 包括融资需求测算、融资渠道与融资方式分析及选择、资本成本、融资程序、融资风险及其应对措施和融资管理建议等 |
| 盈利分析报告 | 包括盈利目标及其实现程度、利润的构成及其变动趋势、影响利润的主要因素及其变化情况，以及提高获利能力的具体措施等。企业还应对收入和成本进行深入分析 |
| 资金管理报告 | 包括资金管理目标，主要流动资金项目如现金、应收票据、应收账款、存货的管理状况，资金管理存在的问题及解决措施等 |
| 成本管理报告 | 包括成本预算、实际成本及其差异分析、成本差异形成的原因及改进措施等 |
| 业绩评价报告 | 包括绩效目标、关键绩效指标、实际执行结果、差异分析、考评结果及相关建议等 |

资料来源：根据管理会计报告指引整理

（3）业务层管理会计报告

业务层管理会计报告是为企业日常业务或作业活动提供相关信息的对内报告。业务层管理会计报告的报告对象是企业的职能部门、业务部门及车间、班组等。

业务层管理会计报告应根据内部价值链进行构造，包括但不限于研究开发报告、采购业务报告、生产业务报告、配送业务报告、销售业务报告、售后服务业务报告、人力资源报告等。具体细节见表7 – 16。

表 7 – 16   业务层管理会计报告内容

| 报告名称 | 主要内容 |
|---|---|
| 研究开发报告 | 包括研发背景、主要研发内容、技术方案、研发进度、项目预算等 |
| 采购业务报告 | 包括采购业务预算、采购业务执行结果以及差异分析等。报告要重点反映采购质量、数量以及时间、价格等方面的内容 |
| 生产业务报告 | 包括生产业务预算、生产业务执行结果以及差异分析等。报告要重点反映生产成本、生产数量以及产品质量、生产时间等方面的内容 |
| 配送业务报告 | 包括配送业务预算、配送业务执行结果以及差异分析等。报告要重点反映配送的及时性、准确性以及配送损耗等方面的内容 |
| 销售业务报告 | 包括销售业务预算、销售业务执行结果以及差异分析等。报告要重点反映销售的数量结构和质量结构等方面的内容 |
| 售后服务业务报告 | 包括售后服务业务预算、售后服务业务执行结果以及差异分析等。报告要重点反映售后服务的客户满意度等方面的内容 |
| 人力资源报告 | 包括人力资源预算、人力资源执行结果以及差异分析等。报告要重点反映人力资源使用及考核等方面的内容 |

资料来源：根据管理会计报告指引整理

## 7.6.2   管理会计报告报送制度

企业管理会计报告由管理会计信息归集、处理并报送的责任部门编制。企业应根据报告的内容、重要性和报告对象等，确定不同的审批流程。经审批后的报告方可报出。

满足企业内部管理需要的管理会计报告信息大多属于企业经营过程中的重要数据，不宜随便公开，为保证数据及时送达到恰当责任主体，企业应建立企业管理会计报告使用的授权制度，并要求报告使用人在权限范围内使用企业管理会计报告。在允许的范围内传递和使用，相关人员应遵守保密规定。为提高信息传递效率，企业应合理设计报告报送路径，确保企业管理会计报告及时、有效地送达报告对象。可以根据报告性质、管理需要进行逐级报送或直接报送。

为提高管理会计报告质量，企业应对企业管理会计报告的质量、传递及时性、保密情况等进行评价，并将评价结果与绩效考核挂钩。同时，充分利用信息技术，强化管理会计报告及相关信息集成和共享，将管理会计报告的编制、审批、报送和使用等纳入企业统一信息平台。另外，还应定期根据企业管理会计报告使用效果及内外部环境变化对企业管理会计报告体系、内容、编制、审批、报送、使用等进行优化。

本 章 小 结

首先，明确责任会计系统的概念，它实际是一个管理控制系统。根据企业经营管理的特点可以设立各种责任中心，其权责范围大小不同。

其次，要理解企业在设立了各种责任中心后，怎样对各责任中心进行控制。需要明确标准成本的概念。标准成本有多种概念，如何选择标准成本是一个值得关注的问题。应理解现实标准成本的确定。了解如何对成本中心进行考核。明确成本差异的概念，各成本项目如何进行成本差异分析。利润中心的考核指标有多种，应如何选择。投资中心的考核指标有投资报酬率、剩余收益。

需要特别强调的是，内部转移价格的制定在企业业绩评价中具有重要意义。机会成本法通过确认销售方愿意接受的最低价格和购买方愿意接受的最高价格来满足双方的要求。但企业在这一原则指导下，还需要结合自身的实际情况采用不同的方法才能找到适合其自身特点的内部转移价格。常用的方法有以市价为基础的内部转移价格、以成本为基础的内部转移价格和以市价为基础的协商价格等。

最后，为规范管理会计信息输出，打造一个上下联通的信息沟通和控制渠道，在财政部发布的 801 号管理会计报告指引的基础上，对管理会计报告内容和报送制度进行了梳理。

## 延伸阅读

管理会计应用指引第 404 号——
内部转移定价（财会〔2018〕38 号）

管理会计应用指引第 801 号——
企业管理会计报告（财会〔2017〕24 号）

## 思 考 题

1. 什么是责任会计系统？

2. 标准成本确定后，什么情况下需要对其进行修改？

3. 生产经理对不利的材料价格成本差异和不利的材料数量成本差异所负的责任是否相同？为什么？

4. 如果一个长期处于负部门贡献毛益的责任中心关闭了，这对公司的整体营业收益有何影响？为什么？列出几个在确定是否关闭责任中心时需要考虑的其他因素。

5. 计算剩余收益的目的是什么？如何确定不同投资中心的预期最低报酬率？

6. 内部转移价格的意义是什么？为什么在两个利润中心之间转移产品时设立转移价格可能造成争议？

## 练 习 题

1. 锦江公司本月的原材料消耗情况如表 7 - 17 所示。

**表 7 - 17　原材料消耗情况**

| | |
|---|---|
| 每克原材料标准价格/元 | 1. 25 |
| 每件产品消耗的标准材料/g | 4 |
| 生产中实际采购和消耗的原材料/g | 2 800 |
| 当月实际产量/件 | 520 |
| 实际材料购买成本/元 | 3 920 |
| 正常月产量/件 | 550 |

**要求**　（1）计算公司的原材料价格成本差异。

　　　　（2）计算公司的原材料数量成本差异。

2. 良亮公司甲部门的经营数据如表 7 - 18 所示。

**表 7 - 18　良亮公司甲部门的经营数据**　　　　　　　　　　元

| 项　　目 | 金　　额 |
|---|---|
| 部门销售收入 | 12 000 |
| 已销产品变动成本和变动销售费用 | 7 000 |
| 部门可控固定性间接费用 | 900 |
| 部门不可控固定性间接费用 | 800 |
| 分配的公司管理费用 | 600 |

**要求**　（1）计算最适合评价该部门是否应该继续保留的指标。

　　　　（2）计算最适合评价部门经理的指标。

3. 立创公司的投资中心原经营资产为 300 万元，经营利润为 36 万元，现有一项业务，需要新借入资金 20 万元，可获利 2 万元，假设该公司资本成本率为 8%。

**要求**　（1）计算该公司原有的投资报酬率。

　　　　（2）若以投资报酬率作为评价和考核投资中心的依据，则该投资中心是否愿意投资这项业务？

　　　　（3）若以剩余收益作为评价和考核投资中心的依据，则该投资中心是否愿意投资这项业务？

4. 同一家公司两个部门之间的合理转移价格可以由表 7 - 19 中的相关数据来决定。

**表 7 - 19　各部门的相关数据**

| 制造部门 | |
|---|---|
| 　组件的市场价格 | 50 元 |
| 　组件的变动成本 | 20 元 |
| 　剩余生产能力（以产量计） | 1 000 件 |
| 装配部门 | |
| 　所需组件数量 | 900 件 |

请分析两部门之间的议价范围，并说明理由。

## 案例分析

你刚被任命为麒麟酒店的会计主管。酒店每月需编制责任利润表，表中所有的固定成本都被分摊到每个利润中心，分摊比率按照每个利润中心产生收入的比例确定。

酒店的餐厅经理张伦认为这种方法低估了他们部门的利润。"我们的餐厅声誉越来越好，收益也在稳步增长。但是我们获得的收入越多，我们就负担越多的酒店经营成本。而且，当酒店空房率上升时，房租收入就会下降，分摊到餐厅的经营费用相对就更多了。因此我们的良好业绩被房间出租部门较差的业绩掩盖了。"张伦建议酒店的固定费用应当按照各个利润中心的占地面积进行分摊。

大堂经理赵彦反对张伦的建议。他指出大堂占地面积很大，因为它是供酒店的客人阅读、娱乐和观赏景色使用的。虽然大堂也进行饮料销售，但这种收入与大堂的面积相比是很小的。很多客人到大堂只是为了享用免费的餐前开胃食品，很少购买饮料。张伦的建议将使大堂显得毫无利润而言，但是一个酒店必须有大堂供客人休息。

**要求**　（1）分别评论两位经理提出的意见。

（2）就酒店的费用分摊方法提出自己的意见。

# 第8章 管理层激励与业绩评价

1. 了解管理层激励体系的基本内容；
2. 了解业绩评价系统的构成要素；
3. 理解企业的财务业绩评价体系；
4. 理解企业的战略业绩评价体系。

## 本章知识结构

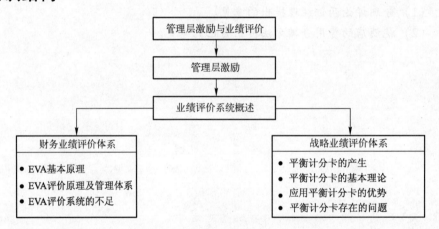

## 引言

彼得·德鲁克曾经说过："如果你不能评价，你就无法管理。"业绩评价是企业管理的基本前提，它与激励机制是同一问题的两个方面。没有业绩评价，激励机制失去基础，而没有激励机制，业绩评价形同虚设。只有将两者结合起来才能有效实现企业的发展战略。如何构建合理的业绩评价体系？企业设立恰当的激励制度时应考虑哪些因素？合理的激励体系包含哪些内容？本章将对这些问题进行深入讨论。

# 8.1　管理层激励

## 8.1.1　管理层激励目标

现代企业制度的基本特征就是所有权与经营权的"两权分离"，在两权分离的条件下，股东作为投资人，由于时间、精力和成本等因素往往无法直接参与企业的经营管理、监督企业的日常运行，企业的经营权通常掌握在代理人即管理者手中。按照经济学的基本假设，人是为实现自身利益的最大化而行事的。管理者、股东也都为自身效用最大化行事，而两者的利益是存在冲突的，两者的利益冲突产生了股东与管理者之间的委托代理关系。

现代企业内部存在的这种委托－代理关系，实际上体现在企业管理的各个层次，包括股东与董事会之间的委托－代理关系，董事会与经理之间、上层经理与中层经理及基层经理之间的委托代理关系。代理问题产生的根源在于管理者与股东之间信息的不对称。管理者对企业经营的相关信息掌握得很充分，而股东由于无法对企业的日常经营进行经常性的监控而掌握较少信息，这种信息不对称会使管理者增加自身利益而损害投资者价值的行为成为可能，产生代理成本。例如，管理者会支出更多的在职消费、占用更豪华的办公设备、乘坐更高档的轿车等。股东可以通过对管理者进行监督和设置合理的激励补偿计划来降低这种代理成本。

管理者激励的主要目标就在于使管理者的目标与股东尽量一致，同时激励管理者作出最优的决策。具体来说，管理层激励的目标在于通过建立管理层激励约束机制，使管理层的利益与股东的利益趋向一致，促使管理者充分发挥自身的能力与创造性，提高企业价值。因此，一个科学合理的管理层激励方案对提升公司的竞争能力具有重要的促进作用。

## 8.1.2　管理层激励体系

高级管理人员的激励体系由相互联系的三个方面组成，包括市场竞争机制、业绩评价体系、薪酬激励体系。

管理层激励制度受到外部市场环境的影响，包括产品市场、经理人市场、控制权市场竞争程度的影响。其中，经理人市场的竞争程度对管理层激励的作用最为直接，一个完善的、竞争充分的经理人市场可以促使管理者更加关注委托人的利益，提高其增加股东价值的动力和压力。另外，控制权市场的竞争程度也会对管理者激励产生重要影响，当控制权市场较成熟时，如果管理者不努力工作，公司价值被低估，就会面临被并购的危险，一旦公司被并购，往往要对公司原有的管理层进行更换，这种压力会促使管理者更加努力地工作。因此，良好的控制权市场对增强管理层的激励效果也具有重要作用。

构建业绩评价体系是实施管理层激励的前提。以降低代理成本为目的的管理层激励与企业经营业绩的关系是管理层激励领域研究的逻辑起点，一个有效的激励机制应该与企业经营业绩正相关。有效的管理层激励制度设计首先要界定清楚什么样的行为、业绩增加企业价值，符合企业的发展战略；什么样的行为、业绩损害了企业价值，阻碍了企业战略目标的实现。也就是要建立一套符合企业发展战略的业绩评价体系，再根据这些指标来设计管理薪酬。只有按照这个逻辑构建管理层激励机制，才能充分调动全体管理层、广大员工的积极性和创造性，同时促进企业价值提升，推进企业战略目标的实现。

薪酬激励体系是管理层激励的核心内容。薪酬激励体系包括激励的主体、激励的对象和激励的形式三个方面。从激励的主体来看，按照现代公司治理机制，应该是由投资人决定管理者的薪酬支付。企业高层管理人员的激励制度主要是由企业的权力机构如股东大会、董事会来决定的。依据我国《公司法》相关规定，董事会决定聘任或者解聘公司经理及其报酬事项，并根据经理的提名决定聘任或者解聘公司副经理、财务负责人及其报酬事项。因此，在管理层薪酬制定方面，董事会起着至关重要的作用。公司董事会下设"薪酬委员会"，薪酬委员会主要由独立董事组成，可以独立、公正地对管理者的业绩进行评价和考核，决定管理者的薪酬。激励的对象主要包括企业高层管理者。激励的形式是多样化的，通常是通过一个薪酬组合来给予管理者各种形式的报酬。这个薪酬组合一方面结合企业的战略需要，另一方面结合企业的短期业绩来确定。

企业的薪酬组合通常由各种报酬形式组成，主要包括年薪收益、股权收益、职位消费收益和保障收益等。年薪收益是以年度为单位，视经营业绩决定管理者报酬的风险激励形式。股权收益激励是长期激励的重要方式，为了使管理者的利益与股东保持一致，而向企业的管理人员支付一定的股权作为奖励。股权激励有许多表现形式，如常见的股票期权制度与虚拟股票制度等。职位消费收益是对管理者的一种特殊津贴。它是指在一个组织内担任管理职务的人员凭借制度规定或者职务支配能力，自身享有由机构负担的消费特权和额外福利。这种职位消费包括管理者的办公费用（如舒适的办公设施）、招待费用、交通和通信费用、培训费用以及带薪度假和以公司名义进行的各种消费活动。通常管理职位越高，其职位消费的金额也就越大，这种职位消费也应该看作是管理者激励的重要组成部分之一。保障收益是指管理者通过公司的各种福利计划得到的利益激励，包括养老金、保险金，以及特殊的补偿金等。这部分报酬形式一般不会在薪酬组合中占重要比例，但是由于它对管理者来说具有一定的保险保障作用，因此管理者通常也十分重视这部分收益。企业在考虑设计合理的薪酬组合时，要结合企业的实际情况和未来的发展要求，通过合理的激励组合使管理者能够更好地为企业的投资人服务。

科学的激励方案可以引导企业管理者采取有利于实现企业战略目标的行为。良好的管理层激励方案应该具有以下性质：①一个合理的管理层激励方案应该将管理层的薪酬水平与公司的经营状况联系在一起，将管理层的利益与公司和股东的利益联系在一起；②激励方案应该充分考虑管理人员的价值，给予其具有足够吸引力的奖励，以吸引并留住高素质的管理人才；③通过奖励方案，能够在公司内部营造一种重视业绩的氛围，促使企业的管理层重视业绩、注重实效。

# 8.2　业绩评价系统概述

构建业绩评价系统是建立有效管理层激励体系的前提，要设计一个合理的业绩评价系统，首先要清楚下列内容。

### 8.2.1　基本概念的界定

业绩指人们从事某项活动所取得的成果。评价是指为达到一定的目的，运用特定指标，比照统一标准，采取规定方法，对事务作出价值判断的一种认识活动。

企业的业绩评价是指人们为了实现生产经营目标，采用科学的方法和特定的指标体系，比照统一的评价标准，对企业一定时期内的生产经营成果作出客观、公正的价值判断。它具有引导企业管理行为的职能，因而会"评价什么，得到什么"。因此，企业组织想得到什么，就应该评价什么。

### 8.2.2　业绩评价对象

业绩评价对象就是指对谁进行评价。不同的评价对象，评价的要求、内容、指标等均不相同。针对企业的业绩评价对象不外乎两个方面，即以企业整体作为业绩评价对象和以企业内部的部门作为业绩评价对象。

当对企业整体进行评价时，我们主要评价其整体获利能力、贡献程度、整体价值或发展潜力；当对企业内部的部门进行评价时，由于各部门的特点不同，我们关注的重点也不同。当对各成本中心进行评价时，则主要考核其成本费用的发生和控制情况；而当对投资中心进行评价时，则会更为关注其投资收益能力等。

### 8.2.3　业绩评价主体

业绩评价主体是指由谁来进行业绩评价。一般而言，业绩评价的主体主要可以分为三个层次：一是政府管理部门，作为市场有效运行的管理者和社会公众利益的代言人，对企业的社会贡献的成果进行评价；二是出资者（包括潜在投资者和所有者），作为资本的代言人，对经营者的经营管理业绩进行评价；三是企业内部经营的管理者对其内部各管理层的业绩评价，这是企业内部控制系统的有效组成部分。不同评价主体有着不同的评价目的。

首先，政府管理部门作为评价主体从行政管理和社会公众利益代表的角度对企业业绩进行的评价，其评价目的在于其作为社会管理者对企业为社会所做的整体贡献进行业绩评价，其评价对象通常是企业整体，评价的内容往往包括企业所提供的税金、就业机会，以及对职工的社会福利保障、环境保护等责任义务的履行情况，因此其核心评价指标可能就会包含诸如社会贡献率、人均利税率、就业增长率等指标。其指标的计算也可以利用统计数据，往往不需要针对特定企业来设计评价系统。

其次，企业组织两权分离后，出资者从投资决策角度对企业业绩进行评价，并且作为企业所有者对受托的经营者进行业绩评价。此时，投资者或所有者作为评价主体，其评价目的是对企业潜在的投资价值及经营者的受托责任履行情况进行评价，评价对象则是企业整体及其高层决策者，前者要对备选投资对象的经营成果、财务状况、未来发展能力进行全面衡量、比较，即进行企业价值分析。后者则从委托人角度对其所投入企业资源的保值增值情况进行关注，是对作为代理人的企业经营者在企业价值创造中的贡献的评价，其评价目的还在于协调所有者和经营者之间的利益，引导经营者的行为，激发经营者为所有者利益最大化而努力的积极性。此时，前者可以利用各种财务模型计算企业价值，通过企业价值和现行股价的比较判断投资价值；后者则注重于评价经营者在特定时期的工作业绩，如净资产收益率、每股收益等。

　　企业内部经营的管理者对企业自身业绩进行的评价，包括两种不同的评价目的。第一，是管理者作为受托人对于投资者和所有者所关注业绩的必然关注，从而对企业价值及其发展潜力进行的自我评价，以满足外部市场对企业发展战略的要求。此时，管理者所关注的也是企业价值，以及企业关键成功因素对企业价值提升的影响。第二，是由于组织内部各层关系所导致的管理者对企业内部各责任中心的业绩评价。较高层管理者需要考虑其下属管理部门的权限和责任来选择适当的业绩评价方式，以形成有效的约束和激励机制。这一层面的业绩评价作为企业内部管理控制系统的有效组成部分，一直受到企业管理者的高度关注。在这一层面上，任何上一级的管理者都可能成为业绩评价的主体，而任何下一级的责任中心及其管理者均可能成为业绩评价的对象，其中还包括对企业基层员工的业绩评价，它使得业绩评价系统更为丰富、更为有用，同时也更为复杂。

　　本章侧重讨论的是企业管理者对企业自身业绩评价中第一层次的问题，即企业整体业绩评价。因为第二层次已经在责任会计系统有关各责任中心的业绩评价中讨论过了。

## 8.2.4　业绩评价方法

　　业绩评价方法在系统中包含两个最重要同时也是最基本的要素，即指标和标杆。

　　1. 指标

　　业绩评价指标是指就评价对象的哪些方面进行评价。一个良好的业绩评价指标应该满足以下几个方面的要求：与组织的总目标相关联；平衡长期和短期的利益；能反映企业的战略重点；对被评价者行为的影响结果；易于为被评价者所理解；可用于评价与激励被评价者；合理、客观且易于计量；保持一致性。选择业绩评价指标是构建业绩评价方法的首要环节。从目前的理论和实务看，可供选择的业绩评价指标包括会计指标与市场指标、财务指标与非财务指标、单一指标与综合指标。

　　（1）会计指标与市场指标

　　会计指标是指能从会计信息系统直接获取数据，或者通过会计信息系统计算确定的指标，如利润、投资报酬率等。会计指标作为业绩评价指标的主要优点是指标直观、容易理解；其影响因素较为明确，经营者的可控程度强，取数方便等。其缺点则主要表现在两个方面：一是指标由内部会计信息系统生成，容易受会计政策选择的影响，在评价者和被评价者之间存在信息不对称时，会计指标容易受被评价者操纵而不能如实反映其经营业绩；二是会计指标通常属于短期指标，作为评价指标，特别是单一评价指标时，容易导致被评价者的短期行为，因而损害企业的长期发展能力。

　　（2）财务指标与非财务指标

　　财务指标是指可以用货币单位表示的指标，它可以包括会计指标和市场指标，常用的有利润、投资报酬率、股价和经济增加值等。传统的业绩评价大多采用财务指标。采用财务指标评价业绩，是将生产经营活动过程视为"黑箱"，仅仅以结果来推测被评价者的行为。因此，财务指标在具有综合性、可比性的同时，其缺陷也是显而易见的：财务指标大多以一定期间已实现的会计收益为基础计算，作为考核指标极易导致决策者的短期行为；财务指标只是对于结果的评价，而难以实现对过程的控制。

　　非财务指标是指不能用货币单位表示的生产技术性指标，如市场占有率、废品率、交货速度等，非财务指标的应用是近年来业绩评价发展的一个重要趋势。由于财务指标有诸多局限，如上述的短期性、可操纵性和重结果性等，而非财务指标更强调过程性和"前瞻性"，因而企业进行业绩评价时，通常需要用非财务指标作为财务指标的重要补充。

调查表明，非财务指标应用非常广泛，因为它具有财务指标所没有的优点，具体表现在：一是非财务指标包含过程信息，而正是这些过程导致了财务结果；二是非财务指标不易受被评价者的操纵；三是非财务指标能够反映企业的非财务资产价值和长期发展能力；四是非财务指标容易将业绩评价和业绩管理相结合，从而推动企业价值的增加。

显然，大多数责任中心都有多重目标，其中只有一部分能从财务角度进行表述，如经营预算、利润目标或投资报酬率等。而其他具体目标从本质上看是非财务指标，但非财务指标一般不具有综合性，因而不能作为单一指标采用。为此，有效的业绩评价指标通常应兼顾财务指标和非财务指标。有时候，会计师和经理们会过多强调利润或费用差异这类财务指标，因为它们很容易从会计系统中得到。但是，经理们还可以考虑用非财务业绩指标改善经营控制。这类指标更为及时，更易于受组织的较下层，也就是生产产品和提供服务的那一层员工的影响。非财务指标往往更容易量化和理解，因此员工能更容易受到激励去实现业绩目标。例如，用来评价顾客查询处理结果的平均回答速度、放弃率和申请处理周期等指标基层员工更易于理解和接受。

从实践的情况看，企业对其非财务业绩进行监管已有多年历史了。销售企业对顾客跟踪访问以确保顾客满意；制造商对制造缺陷和产品性能进行追踪记录；政府卫生组织对疾病的发病率和治愈率进行精确统计，以反映在疾病控制方面所付出的努力（如教育、卫生和接种疫苗）的有效性。近些年来，绝大多数企业都对质量、周期和生产率等非财务业绩有了新的认识，而且由此也产生了很多新的先进的管理理念。比如全面质量管理思想的不断推广就是企业对质量问题关注的结果。

（3）单一指标与综合指标

业绩评价可以采用单一指标。尤其是在对企业整体及其高层决策者进行评价时，由于管理者具有较大的经营管理权，对于生产经营活动的可控程度较高，其责任往往是企业的整体生产经营活动，因此可以采用综合性较强的关键指标来衡量其业绩，如利润、投资报酬率、股价、经济增加值等指标。单一评价指标的优点是简单明了，同时由于指标所具有的综合性，也能在一定程度上反映企业价值。但由于单一指标毕竟涉及面有限，从而使其在各方利益协调上不容易做到"天衣无缝"，在对企业关键因素的体现上不可能做到"十全十美"，从而有可能加大被评价者的投机行为。

综合指标是一系列指标的组合，指标之间相互配合，能更好地反映被评价者行为和企业战略、企业经营目标之间的关系。非财务指标的大量应用与综合指标体系的设计密切相关。很明显，单一指标很难同时满足良好的业绩评价指标应该达到的上述要求。因此，设计综合性的指标体系往往是众多企业的现实选择，如8.4节介绍的平衡计分卡等就是关注了影响企业经营的几乎所有的关键成功因素，综合了财务指标和非财务指标的综合评价指标体系。

总之，各类业绩评价指标各有利弊，企业应结合业绩评价的原则要求，设计适用于特定组织的业绩评价指标。

## 2. 标杆

业绩评价结果是否公正、公平、公开，需要有参照物，这一参照物即为评价标杆。业绩评价标杆即业绩评价标准，是指判断评价对象业绩优劣的基准。评价标杆的选取取决于评价的目的。标杆的选用与评价对象密切相关，且直接影响着评价的功能。为全面发挥业绩评价系统的功能，企业既可依据其管理需要选择不同标杆，也可在同一系统的不同层次中分层使用不同的标准。理论或实务中常用的标杆可以是预测值、预算值、相对业绩标准等。

（1）以预测值为标杆

预测值是指针对所评价指标进行预测而确定的目标值。这种方式能充分考虑被评价者所面临的企业内外环境，给予被评价者合理的目标期望，从而有助于调动其实现目标的积极性。但预测值标杆过于强调客观，不能充分反映外部市场或评价主体对于被评价者的要求；并且由于信息不对称，预测值往往变成被评价者自定，既难以保证评价的客观公正，也影响目标激励作用的发挥。

（2）以预算值为标杆

预算值即将全面预算系统中的有关预算和责任预算数据确定为评价指标的目标值。预算不同于预测，它是企业结合外部市场和企业外部评价主体对企业的要求而进行的事前规划，是企业战略的分阶段实施保障。它体现了民主与集中的管理原则，既考虑客观情况，也考虑企业战略所要求的企业年度目标。这一方式相对于预测值更充分地体现了企业经营目标和战略的要求，而且与预算管理系统相结合也更有助于将业绩评价和业绩管理相结合，以及对于经营过程中不可控因素的处理，从而使整个管理控制系统更为完善。

（3）以相对业绩标准为标杆

相对业绩标准既可以是采用行业平均或先进水平等外部标杆，也可以是以本企业平均或历史最好水平等企业内部标杆来作为评价指标的目标值。这种标杆方式可以过滤系统性不可控因素的影响，增强业绩评价对员工努力的促进作用。这种标杆方式可以用于综合性的财务指标，也可以用于技术性的非财务指标，而且它既可以用于企业整体的业绩评价，也可以用于企业内部、不同责任中心之间的业绩指标的比较。

至于是采用企业内部标杆还是采用外部标杆，也各有利弊。采用内部标杆的好处在于标杆容易获取，其制定成本较低；内部标杆的缺陷则在于容易受企业自身的束缚，使评价过程和结论有如"井底之蛙"。采用外部标杆的最大优点在于可以充分激励和鞭策被评价者，开阔其眼界，但外部标杆的获取成本相对较高，而且有时由于环境的影响，其有效性也受到一定质疑。

显然，何种标杆为好，也不能一概而论。判断标杆好坏应从以下几个方面考虑。

① 可靠且可计量。好标杆应该对行为过程与行为结果用客观的方式加以计量。

② 内容有效。好标杆在反映或进行比较时必须与业绩活动具有合理的联系，不能用一些无关的标杆来衡量业绩本身。

③ 范围明确。好标杆应该能够涵盖所要评价的业绩活动的行为与结果的全部。

④ 独立公正。重要的业绩行为与结果必须要用独立公正的标杆来衡量。

⑤ 不交叉重复。好标杆不得相互交叉重复，以避免业绩评价指标间的相互作用抵消。

⑥ 易于取得。好标杆的获取成本应该较低。

⑦ 与企业目标与文化兼容。好标杆必须与被评价的企业或组织在目标与管理文化等方面具有适应性。离开特有的企业背景，从企业或行业之外寻找标杆来评价管理者业绩，有时是不合适的。

⑧ 要不断更新。好标杆必须随着企业组织的变化与外在环境的发展而不断地更新调整，以适应评价的需要。

教学视频：
业绩评价概述

# 8.3　财务业绩评价体系

在 19 世纪以前，业绩评价基本采用观察性业绩评价方法；19 世纪工业革命以后，业绩评价基本采用统计性业绩评价方法，设置了一些指标，但基本上与财务会计无关，只是统计性的。从 20 世纪开始，业绩评价基本上采用财务性业绩评价方法，由此进入了财务业绩评价时代。

早期财务业绩评价比较有代表性的方法是杜邦公司创立的杜邦评价系统。这一体系选择净资产收益率作为核心指标，运用因素分析法从三条路径（销售利润率、总资产周转率和权益乘数）分析净资产收益率变化的原因。但是这种方法只能较好地总结过去决策的执行结果，不能全面地、动态地反映过程中的问题，是面向企业内部的、注重战术性反馈的业绩评价体系。

由于传统业绩评价存在种种局限，而随着新经济时期的到来，新的竞争环境对企业业绩评价系统提出了新要求。国际资本市场在"自由浮动汇率"制度下流动性增强，而世界经济一体化的趋势也日益凸显，再加上以互联网通信技术为核心的新技术革命浪潮的推动，使得资本具有了"史无前例"的流动性和竞争性，资本市场对企业的压力越来越直接、越来越显著，以致股东权益和股东价值在公司业绩管理中成为举足轻重的因素。国际学术界对业绩评价理论的研究越来越关注评价指标对企业价值管理的影响，经济增加值（EVA）就是在传统财务指标体系基础上进行适当修正，设计出的与企业价值相关度较高的新的财务评价体系。财富 500 强中有一半企业在应用该指标。

**背景资料**

目前，国际上已有400多家知名企业应用了 EVA 管理模式。我国也在积极推动以价值为导向的 EVA 考核。国资委从 2007 年开始在部分中央企业试行经济增加值考核。到 2009 年已达到 100 户，超过中央企业总数的 3/4。三年的试点也在一定程度上证明了 EVA 考核在引导企业科学决策、控制投资风险、提升价值创造能力方面可发挥积极作用。例如，中冶集团将所属企业负责人业绩薪酬与资本占用规模以及资本回报率直接挂钩，有效遏制了盲目要资源的冲动，资金闲置较多的企业甚至主动上缴分红。中央企业全面推进 EVA 考核工作已经具备相应条件。

2009 年年底，国资委下发了《中央企业实行经济增加值考核方案（征求意见稿）》，同年 12 月 28 日，国资委公布了新修订的《中央企业负责人经营业绩考核办法》。与原有考核办法相比，主要变化是将年度经营业绩考核基本指标中的利润总额指标保持不变，EVA 取代了原有的净资产收益率成为业绩考核的核心指标，并占到 40% 的考核权重。这意味着国资委对中央企业的考核"指挥棒"的导向从重利润到重价值的重大变化，也意味着中央企业必须从以规模为导向的发展模式逐步向以价值创造为导向的发展模式的转化。

2013 年 2 月，国资委公布修订后的《中央企业负责人经营业绩考核暂行办法》中，将中央企业 EVA 考核指标权重提高到 50%，利润总额指标权重下降为 20%；而且规定通过变卖企业主业优质资产所取得的非经常性收益将被全部扣除。

2016 年 12 月，国资委正式公布了《中央企业负责人经营业绩考核办法》。新办法突出经济增加值考核，重点是在分类和差异化上下功夫，根据国有资本的战略定位和发展目标，将纳入考核范围的中央企业分为主业处于充分竞争行业和领域的商业类企业，主业处于国家安全、国民经济命脉的重要行业和关键领域，主要承担国家重大专项任务的商业类企业和公益类企业。根据企业经营性质、发展阶段、管理短板和产业功能，设置有针对性的差异化考核指标。通过考核经济增加值，着力引导企业资本投向更加合理，资本结构更加优化，资本效率进一步提高，完善以价值创造为基础的业绩评价指标体系。

2019 年 3 月 1 日，国资委为维护所有者权益，落实国有资产保值增值责任，建立健全有效的激励约束机制，引导中央企业实现高质量发展，加快成为具有全球竞争力的世界一流企业，制定发布了《中央企业负责人经营业绩考核办法》，要求于 2019 年 4 月 1 日开始施行。财政部于 2017 年 9 月 29 日发布了《管理会计应用指引第 602 号——经济增加值法》。

## 8.3.1　EVA 基本原理

20 世纪后期，美国 Stern Stewart 公司提出一种新的评价指标——经济增加值（economic value added, EVA）。EVA 是指调整后的税后净营业利润（NOPAT）扣除企业现有资产经济价值的机会成本后的余额，用公式可表示为

$$EVA = NOPAT - C \times K_w$$

其中：NOPAT——调整后的税后净营业利润；

　　　　$C$——全部投入资本的经济价值（包括权益资本和债权资本）；

　　　　$K_w$——企业加权平均资本成本。

NOPAT 与税后净营业利润不同。首先，NOPAT 为经调整的税后净营业利润，它不同于会计报表上列示的税后净利润，而是对税后净利润进行一系列的调整后得到的。Stern Stewart 公司列示了 160 多项调整事项，但并非所有的企业计算 EVA 都必须如此麻烦。一般而言，企业只需进行 5～15 项调整就可得到较为准确的数据。

其次，NOPAT 的计算未扣除债务的资本成本（利息），更确切地说，NOPAT 是一种经调整的息前税后营业利润。这是因为，投入资本的成本已经包括了债务的利息支出，如果计算 NOPAT 时再扣除这一部分，就会导致利息支出的重复扣除，从而使 EVA 的计算不准确。

**小提示**　NOPAT 与税后净营业利润的不同的根本原因，在于两者提供信息的目的不同。会计信息提供者的目标是保守地评估资产的价值和公司的经营状况，确定在最糟糕的状况下企业的残余价值。本质上而言，会计信息提供者的工作是为了保证公司的债权人的利益，使债权人大概知道如果公司破产他们可以收回多少，因而计量上更倾向于谨慎性原则。例如，

对于研究阶段的投入，由于无法预计是否会成功，因此全部将此作为费用处理。

业绩评估目标是揭示与股东相关的价值信息，能评估公司潜在的能达成的经济指标。简单地说，股东想知道他从公司得到的现金能否大于他投入公司的现金，而他从公司得到多少现金是来自市场的价值而不是会计上的账面价值。所以对于上述研究阶段的投入，从长远看会影响公司的获利能力，所以它要资本化处理。

## 8.3.2 简化的 EVA 计算方法

为了方便企业能够相对准确地计算 EVA，国资委出台的《中央企业负责人经营业绩考核暂行办法》对 EVA 的计算给出了简化的计算方法。

1. EVA 的计算公式

经济增加值＝税后净营业利润－资本成本＝税后净营业利润－调整后资本×

平均资本成本率

税后净营业利润＝净利润＋（利息支出＋研究开发费用调整项）×（1－25%）

企业通过变卖主业优质资产等取得的非经常性收益在税后净营业利润中全额扣除。

调整后资本＝平均所有者权益＋平均负债合计－平均无息流动负债－平均在建工程

2. 会计调整项目说明

① 利息支出是指企业财务报表中"财务费用"项下的"利息支出"。带息负债是指企业带息负债情况表中带息负债合计。

② 研究开发费用调整项是指企业财务报表中"期间费用"项下的"研发费用"和当期确认为无形资产的开发支出。对于勘探投入费用较大的企业，经国资委认定后，将其成本费用情况表中的"勘探费用"视同研究费用调整项予以加回。

③ 无息流动负债是指企业财务报表中"应付票据""应付账款""预收款项""应交税费""应付利息""应付职工薪酬""应付股利""其他应付款"和"其他流动负债（不含其他带息流动负债）"；对于"专项应付款"和"特种储备基金"，可视同无息流动负债扣除。

④ 在建工程是指企业财务报表中的符合主业规定的"在建工程"。

⑤ 对从事银行、保险和证券业务且纳入合并报表的企业，将负债中金融企业专用科目从资本占用中予以扣除。基金、融资租赁等金融业务纳入国资委核定主业范围的企业，可约定将相关带息负债从资本占用中予以扣除。

⑥ 企业经营业务主要在国（境）外，25%的企业所得税税率可予以调整。

3. 资本成本率的确定

① 对主业处于充分竞争行业和领域的商业类企业，股权资本成本率原则上定为 6.5%，对主业处于关系国家安全、国民经济命脉的重要行业和关键领域、主要承担重大专项任务的商业类企业，股权资本成本率原则上定为 5.5%，对公益类企业股权资本成本率原则上定为 4.5%。对军工、电力、农业等资产通用性较差的企业，股权资本成本率下浮 0.5 个百分点。

② 债权资本成本率＝利息支出总额/平均带息负债

利息支出总额是指带息负债情况表中"利息支出总额"，包括费用化利息和资本化利息。

③ 资产负债率高于上年且在65%（含）至70% 的科研技术企业、70%（含）至75%的工业企业或75%（含）至80%的非工业企业，平均资本成本率上浮 2 个百分点；资产负债率高于上年且在70%（含）以上的科研技术企业、75%（含）以上的工业企业或80%（含）以上的非工业企业，平均资本成本率上浮0.5 个百分点。

4. 其他重大调整事项

发生下列情形之一，对企业经济增加值考核产生重大影响的，国资委酌情予以调整：

① 重大政策变化；

② 严重自然灾害等不可抗力因素；

③ 企业重组、上市及会计准则调整等不可比因素；

④ 国资委认可的企业结构调整等其他事项。

## 8.3.3　EVA 评价原理及管理体系

EVA 在数量上是企业经营所得收益扣除全部要素成本之后的剩余价值。根据经济增加值的概念人们可以解释 "为何投资者要把钱投入其他企业，而不是自己营运"。因为投资者期望企业能够做投资者自己所不能做的事情，获得投资者自己所不能获得的报酬率。利用EVA 进行业绩评价的基本原理就是把 EVA 指标值与股东财富的创造联系起来：

① 当 EVA >0 时，企业当期为股东创造了财富，在满足股东期望收益的基础上获得了超额收益；

② 当 EVA <0 时，企业获得的收益不足以弥补股东自己投资的机会成本，股东若把这部分资金投资于资本市场上相同风险的项目，可以获得更高的收益，因此企业损耗了股东财富；

③ 当 EVA =0 时，企业只获得了金融市场一般的预期收益率，即企业只做了投资者自己就能做的事情，还谈不上创造价值。

相对于传统财务指标，EVA 指标从股东利益角度为资本管理者设定了资本回报底线，即加权资本成本。对于企业来说，只有超过它才能真正给股东带来财富，否则相当于毁损股东价值。显然，该指标能更真实地反映企业的资本使用效率和价值创造能力，真正将为股东创造价值这一理财目标落到实处。

EVA 作为一种衡量全要素生产率的综合业绩评价指标，具有丰富的内涵，它形成了一种集评价指标、管理体系、激励制度和理念体系于一体的管理评价体系。

EVA 观念克服了传统业绩评价指标的缺陷，考虑了企业所有资本的成本，在扣除全部债务和权益资本成本的基础上衡量投资收益，站在股东的立场考察企业的经济价值，能够比较合理地反映在一定时期内为股东创造的财富，能综合反映企业管理业绩的所有方面。

在 EVA 观念下，企业增加价值有 3 条基本路径：第一，更有效地经营现有的业务和资本，提高经营收入；第二，投资预期报酬率超出企业资本成本的项目；第三，出售对别人更有价值的资产或通过提高资本运用效率，如加快流动资金周转、加速资本回流，以达到把资本沉淀从现存营运中解放出来的目的。在这些理念的指导下，将逐步改变部分企业在发展过程中重投资轻产出、重规模轻效益、重速度轻质量的现象。经理人会对经济业务发生的所有资产考虑资金占用成本，如关注库存、应收账款及机器设备的成本，更为谨慎地使用资产，快速处理不良资产，减少无效资产的占用量等。

**小讨论** 目前，我国上市公司存在股权融资偏好现象，还存在利用"债转股"或"配股资金"置换债务的方式来创造财务业绩，你认为当企业引入 EVA 业绩评价体系后这种现象是否还会存在并阐述理由。

EVA 管理模式的核心在于明确规定公司管理者的报酬与 EVA 挂钩，从而把管理者与股东的利益捆绑在一起。基于 EVA 观念的激励机制可以让经理人知道他们增进自己利益的唯一方式就是为股东创造更多的财富，因为他们可以分享自己创造的财富。这也就解决了现代企业制度委托–代理关系中存在的经理人背离所有者利益即所谓"道德风险"问题。

激励制度的核心是建立 EVA 改善的目标和时间表。EVA 目标不是每年经过漫长的谈判确定，而是经过公司最高管理层研究以后，向外部有关专家进行技术咨询，提前三年或五年确定，以避免每年奖金计划中常见的讨价还价现象。此目标被称为"预期改善"。如果完成了，管理者可以拿到目标奖金的 100%；如果未达到要求，只完成了目标的 60% 或 70%，则奖金同比例减少；如果不足之数太大，就什么奖金都得不到了；如果比预期做得还要好，有权获得"超额奖金"。这笔钱的金额很大，通常首席执行官的目标奖金为薪金的 100%，底层员工为 10%，大多数管理者为 50%。

这种激励制度的特点体现在三个方面。首先，改变了薪酬的构成，与业绩相关的变动报酬高于固定报酬。公司高管的报酬主要取决于公司的业绩；各事业部首席执行官报酬的 25% 依据公司业绩，75% 依据事业部的业绩；一般管理人员依据其所在单位或事业部的业绩。其次，只要业绩好，奖金是不封顶的。最后，可以实行奖金"银行"制度，即将大量的或全部的年度奖金先存放起来，根据业绩水平，这些奖金在以后年度里再陆续发放。一般情况下，将"超额"奖金的 1/3 存入奖金银行账户，2/3 以现金的形式分配。如果下一年度的 EVA 下降了，则从余下的账户中扣减，但是逐年派发余额的 1/3。这样意味着经理们总有一些以往的收益处于风险中，从而有利于扼制他们以牺牲未来为代价来提高某一年业绩的博弈思维。所有设计都着眼长期考虑，可以避免一些经理人员的短期行为倾向。

## 8.3.4 EVA 评价系统的不足

虽然经济增加值引入了资本成本观念，对于推进价值管理、促进企业迈向价值增值具有重要的理论和现实意义。然而，它毕竟只是一种财务业绩评价指标，其自身不可避免地具有一系列的不足，从而也导致了其实施与运用的局限性。

第一，经济增加值依然存在可操纵因素。EVA 的计算结果取决于税后净经营利润、资本投入额及综合资本成本 3 个基本变量。这 3 个量尤其是税后净经营利润存在可操纵空间。

第二，EVA 受规模差异影响。规模大的公司即使获利能力比规模小的公司差，资本回报率低，但由于其资本总额大，EVA 值可能比规模小的公司要大，这显然不能用来比较它们的获利能力。因此，EVA 不能有效地解决公司之间规模差异因素对评价结果的影响。

第三，经济增加值评价系统使复杂的企业管理系统过度地简单化和理性化，其治理结构所利用的只是一种事后的财务业绩信息。EVA 的评价系统夸大了经理人的作用和能力，经理人被假设为具有洞察未来的能力，能够发现和实施所有能够产生经济增加值的项目，忽略了对员工业绩的评价。

第四，对非财务资本重视不够，认为驱动企业成长的只是财务资本。无法提供诸如产品、员工、创新等方面的信息。EVA 所设计的股东与经理之间的关系是以财务理论中理想的组织形式为基础，所关心的是决策的结果，而不是驱动结果的过程因素，因此无法揭示财务业绩指标与企业经营、运作和战略之间的关系。

第五，经济增加值不适于处于不同发展阶段的公司进行比较。例如，处于成长阶段的公司经济增加值较少，而处于衰退阶段的公司经济增加值可能较高。

第六，在计算经济增加值时，对于税后经营业利润应作哪些调整以及资本成本的确定等，尚存在许多争议。这些争议不利于建立一个统一的规范。而缺乏统一性的业绩评价指标，只能在一个公司的历史分析以及内部评价中使用。

教学视频：
EVA 计算基本原理

# 8.4 战略业绩评价体系

信息社会使得信息的传递更加迅速，获取信息的成本更加低廉，信息加工和分析技术更加完善，因而市场竞争程度迅速提高，产品服务更新换代的周期缩短，而单一的财务业绩评价系统在信息经济时代往往给出的是令人误解的信号。在信息经济时代，能够给企业带来持续竞争优势的不再是有形资产的数量和质量，而是企业的无形资产，而财务信息是无法揭示无形资产的价值的，因而必将带来企业业绩评价重心的转移，非财务指标得到了前所未有的重视。

一些经理逐渐认识到改善经营之后自然会有好数字。因而放弃了权益报酬率、每股收益之类的财务业绩评价指标，但经理们并不一定非在财务指标与非财务指标中作出选择。事实上，没有哪种单一的方法能够提供一个完美业绩评价方案。只有各种评价方法结合在一起使用，才能同时从不同角度对公司业绩进行考察。这就如同驾驶员为了操纵和驾驶飞机，需要掌握关于飞行的众多方面的详细信息，诸如燃料、飞行速度、高度、方向、目的地，以及其他说明当前和未来环境的指标，只依赖一种仪器可能会引发致命的误导信息。企业进行业绩评价时，需要将企业的长远发展战略与目前的经营业绩相结合，利用非财务指标考量企业长期发展的原动力，摆脱原有财务业绩评价体系的束缚，建立一个整合的源于战略目标的业绩评价体系。平衡计分卡就是这种业绩评价体系的典型代表。

## 8.4.1 平衡计分卡的产生

平衡计分卡（balanced score card，BSC）是由美国哈佛大学的卡普兰（Robert S. Kaplan）教授和诺顿（David D. Norton）教授率先提出，是他们经过与在业绩评价方面处于领先地位的 12 家公司进行为期一年的项目研究而获得的研究成果。这种业绩评价系统将企业的战略分解为财务、顾客、内部经营过程及学习和成长 4 个维度。财务维度反映其他三个维度采取行动所产生的经济后果，而涉及的顾客满意度、内部流程及组织的学习和提高能力三个非财务维度事实上是推动未来财务业绩的驱动器。

平衡计分卡将企业战略目标转化为4个维度的业绩指标（见图8-1），由于兼顾了战略和战术业绩、短期和长期目标、财务和非财务指标、前瞻和滞后指标、内部和外部指标的平衡，所以成为信息时代的一种战略管理工具。这一业绩评价系统与公司传统的评价系统在三个方面有所不同。

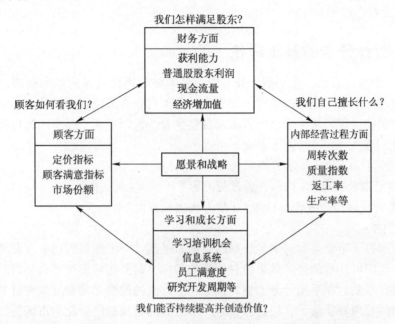

图8-1 平衡计分卡将企业战略目标转化为4个维度的业绩指标

首先，平衡计分卡强调业绩指标与企业战略相联系。不是简单地将财务指标与非财务指标结合起来，而是紧密围绕公司的战略和使命设计一套彼此联系、反映公司长期战略目标及实现这些目标的业绩指标。这样，与许多公司选择的一些来自特定程序、自下而上产生的业务指标有着本质的不同，平衡计分卡中的指标来源于组织的战略目标和竞争的需要。而且平衡计分卡要求经理从4个维度——选择数量有限的关键指标，因而有助于将注意力集中到战略愿景上来。

其次，传统的财务指标只能报告上期完成的情况，不能提供下期如何改善业绩的信息。而利用平衡计分卡系统，企业管理者可以计量企业如何为现在和未来的客户创造价值、如何提高内部生产能力，以及如何为提高未来生产经营而对人员和信息系统进行投资。

最后，平衡计分卡使员工理解财务指标和非财务指标的因果关系。一线员工可以从他们的决策和行动中理解财务结果，高级管理者可以理解财务结果成功的主要动因。平衡计分卡实现了企业将其任务和策略转化为有形的目标和具体评价指标计量的转换。平衡计分卡体现了4个方面的平衡：外部评价指标（如股东和客户对企业的评价）和内部评价指标（如内部经营过程、新技术学习等）的平衡；成果评价指标（如利润、市场占有率等）和导致成果出现的驱动因素评价指标（如新产品投资开发等）的平衡；财务评价指标（如利润等）和非财务评价指标（如员工忠诚度、客户满意程度等）的平衡；短期评价指标（如利润指标等）和长期评价指标（如员工培训成本、研发费用等）的平衡。

**小提示** 传统的业绩评价系统往往将这些评价指标看作一个用来评价过去业绩的工具，

进行业绩评价的目的是要使实际经营结果达到计划水平，即是一个控制行为。但平衡计分卡业绩评价系统设计的目的是将业绩评价与企业战略结合在一起，传达企业战略，将个人、企业和各部门的积极性联系起来达到一个共同战略目标。也就是说，平衡计分卡不是用来使个人和企业服务于一个事先制订好的计划即传统的控制系统的目标，而是用来交流、通知和学习的系统。

## 8.4.2  平衡计分卡的基本理论

从图 8-1 中可以看到，在平衡计分卡中，处于核心地位的是愿景和战略，并通过各种目标和指标的设计来描述企业的使命。即平衡计分卡将企业战略目标转化为 4 个维度的业绩指标，应用它能使经理们从 4 个重要方面来观察企业，为以下 4 个基本问题提供了答案：

- 我们怎样满足股东？（财务方面）
- 顾客如何看我们？（顾客方面）
- 我们自己擅长什么？（内部经营过程方面）
- 我们能否持续提高并创造价值？（学习和成长方面）

1. 财务方面

财务指标回答了企业是如何满足股东的问题。平衡计分卡保留有财务方面的内容，是因为财务指标是反映可计量的经济后果最有价值的指标，财务指标能反映出公司的战略是否对提高企业价值有帮助。在平衡计分卡里，其他三个方面的改善必须要反映在财务指标上。财务数据可以提醒管理者质量、客户满意、生产率的提高必须最终转化为市场份额的扩大、收入的增加、经营费用的降低等财务成果，否则做得再好对企业毫无价值。因此，财务方面是其他三个方面的出发点和归宿。

典型的财务指标是和获利能力连在一起的，获利能力的指标有：利润、投资报酬率、经济增加值等，另外也要考虑与业务发展相关的销售增长的快慢指标和与企业生存状况相关的现金流量指标。在具体操作上企业应结合自身生命周期不同阶段的特点来重点关注不同的指标。

2. 顾客方面

顾客方面回答了顾客是如何看待企业的问题。只有了解顾客，不断地满足顾客的需求，才能获得收入，产品的价值才能够得以实现，企业才能获得持续增长的经济源泉。因而可以说，企业是以顾客为中心开展生产经营活动的。企业怎样从顾客的角度运作，已经成为管理层首先需要考虑的问题。所以在平衡计分卡中要求企业把自己为顾客服务的声明转化为具体的测评指标，这些指标应能反映真正与顾客相关的各种因素。一般企业典型的指标包括顾客满意程度及新顾客获得率、老顾客留住率及目标市场中的市场份额等。

这些指标通常在各种类型的企业中都会出现。然而，为了适合不同的决策和获得预期的财务效益，指标应该根据企业预计能快速增长和获利的目标客户群而制定。制定这些指标的总原则是能使企业吸引和保留住客户。虽然在不同企业具体如何达到目的的途径不同，但在许多制造业和服务业中仍存在一些共同的特点。

首先，要概括性地描述出顾客对企业的看法，一般会涉及存在因果关系的 5 个指标：市场份额、新顾客获得率、老顾客留住率、顾客满意度及顾客盈利率。市场份额反映企业目标市场的渗透程度，说明所实施的战略是否在目标市场取得预期效果，扩大市场份额的方法是留住现有顾客和增加新的顾客，而为了增加顾客只有提高顾客满意程度。另外，企业不仅要使顾客满意，获得市场份额同时还要获利，才能保证财务成功，所以还必须考虑顾客盈利率。

其次，企业还要考虑增加顾客价值的驱动因素是什么，即如何能提高上述5个指标。尽管在不同行业、同一行业中的不同市场区域内增加顾客价值的具体驱动因素有所不同，但仍然存在一些共同特征，这些特征可以归纳为三类：一是产品或服务特征；二是顾客关系；三是形象和声誉。产品或服务特征包含产品或服务的功能及其价值和质量，反映其产品的属性，具体表现为产品的价格和质量；顾客关系里包括交送产品或服务给顾客，也包括市场反应和交货时间及顾客购买公司产品的感觉；形象和声誉可以使公司主动地在其顾客前定义自己，是企业在深层次上吸引顾客的无形因素。例如，一些企业通过诚实守信或提高产品和服务的全面质量来确立形象和声誉，并保持顾客对企业的忠诚度，这种效果往往好于某些广告和促销造成的一时轰动效应带来的效果。

总之，顾客方面可以使营业单位的管理者把他们的重要客户和市场策略结合起来考虑，产生更好的未来财务收益。这些顾客方面的指标的关系，以及各个指标间的因果关系参见图8-2。

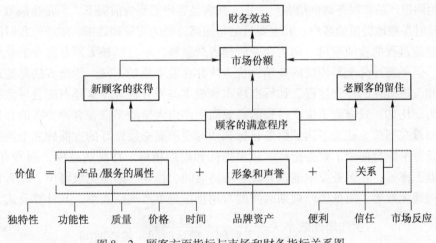

图8-2　顾客方面指标与市场和财务指标关系图

### 3. 内部经营过程方面

内部经营过程是指以顾客需求为起点，从企业投入各种原材料到生产出对顾客有价值的产品和服务的一系列活动，是增加顾客价值的手段。回答了企业必须擅长什么的问题。它是企业改善其经营业绩的重点，顾客满意、股东价值的实现都要从内部过程中获得支持。自然经理要关注这些使他们能满足顾客需要的关键的内部经营活动。

平衡计分卡的内部经营测量指标是那些能对顾客满意度有重大影响的业务程序，即企业要确认哪些环节是企业必须做好的关键内部过程。事实上，企业的每一项经营活动都是其一系列独特的为客户创造价值和产生财务结果的过程。同时，每个企业的价值链模型都有自己的特点，但对于一般企业来说价值链模型中都包含三个最主要的经营过程：创新、经营和售后服务。企业内部经营过程可用图8-3来描述。

（1）创新循环。在内部经营过程的价值链中，创新过程是企业发现客户显露出来的和潜

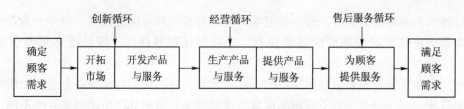

图 8 - 3   企业内部经营过程图

在的需要，然后创造产品和服务来满足这种需要。其目标是增加新产品数量、增加专利产品收入的百分比和缩短开发新产品的周期，它是企业创造价值的关键所在。创新表现为企业开拓和培育新的市场、新的顾客，开发新的产品和服务。企业只有不断创新，才能保持旺盛的生命力。

衡量此阶段的指标包括新产品销售额占总销售额的比重、专利产品销售额占总销售额的比重、开发新产品所用的时间、开发费用占营业收入的比重、第一次设计出的产品中可全面满足顾客要求的产品所占的比重、在投产前对设计进行修改的次数和开发下一代新产品的时间等。

（2）经营循环。经营过程是指把现有产品和服务生产出来并支付给客户的过程。从接受客户订单开始到把产品和服务提供给客户为止，在满足客户需要的前提下，尽量提高效率，把产品和服务及时足额地提供给客户。其主要目的是提高流程的质量和效率，缩短流程时间。

生产制造过程的业绩衡量一向为企业管理者所重视，早已经被大部分企业的业绩评价系统所强调。但平衡计分卡与传统的业绩评价方法存在着本质的不同。传统方法是通过财务指标来监督和改进现在的经营过程，如标准成本和成本差异分析等。这样可能会导致高度的职能失调行为。比如，只强调了生产过程的高效而生产出大量的不符合客户要求的存货。而平衡计分卡则是在那些企业为了达到财务目标和顾客要求而必须做好的方面确立全新的过程。

平衡计分卡综合使用了财务指标、质量指标和周期指标。在制造业中，通常有成品率、次品率和返工率等；在服务业中通常有顾客等待时间、拖延、未能完成订单、顾客目标值没有达到、沟通无效等。衡量生产周期时间的常用指标是生产周期效率，其计算公式为

$$生产周期效率 = \frac{加工时间}{加工时间 + 搬运时间 + 检查时间}$$

由于产品的质量和成本均与生产周期有关，生产周期延长，意味着加工、检查、搬运和存储的成本随之增加，而服务和质量也相应地下降。因此，考虑生产周期效率尤为重要，这一指标越高，表明在非增值作业上所花的时间成本越少，企业为顾客创造的价值越多。

（3）售后服务循环。内部价值链中的第三个也是最后一个阶段是在销售产品服务和支付产品服务之后给客户提供的服务。售后服务包括提供担保、修理、退货和换货服务及帮助客户结算的过程。在考虑环境因素时，这一过程还包括了安全处置废弃物的工作。

售后服务的业绩衡量可以从时间、质量和成本几方面着手，可以采用的指标包括：公司对产品故障反应的速度（从接到顾客请求到最终解决问题的时间）、用于售后服务的人力和物力成本、售后服务一次成功的比例等。

4. 学习和成长方面

学习和成长是指公司创新、提高和学习的能力，回答企业是否能继续提高并创造价值的问题。学习和成长维度是实现其他三个维度目标的能力源泉。企业必须在资产和开

发之外（体现在创新流程中）增加对人员、信息系统和组织程序等基础设施方面的投资，这样才能保证企业长期的发展和改进。平衡计分卡的顾客和内部经营过程方面确立了现在和未来成功的关键因素，但在激烈的全球性竞争环境下，企业必须不断地改进现有的产品和程序，持续不断地开发出新产品、为顾客提供更多价值并提高经营效率，才能不断壮大，从而增加股东价值。也就是说，学习和成长方面，确立了企业长期的成长和进步的基础结构。

企业的学习和成长来自三个方面：人员、信息系统和企业的程序。强调员工的能力是以人为本的管理思想的结果。激发员工的士气和创新、参与能力是企业取得长期竞争优势最重要的智力资源。这方面的指标有：员工满意度、员工保留率、员工生产率、培训支出等，其中核心指标是员工满意程度、员工保留率、员工生产率。员工满意度反映员工的士气及员工对工作的整体满意度。员工感到满意是提高生产率、反映速度、质量和客户服务的必要前提。员工保留率反映企业对员工的吸引力，任何企业人员的流失都代表企业人力资源一定程度上的流失，更严重的是企业商业机密的泄露。企业需要大量忠诚的长期员工才能更好地运作。员工生产效率表示员工给企业带来收入的多少。

要使员工为企业做出最大的贡献，除了提高他们的技能以外，还必须使他们获得足够的信息，包括客户信息和内部经营信息等。信息系统能力方面的目标是建立一个完善的信息系统，使员工能够得到关于客户和内部经营等方面的信息反馈。信息系统的有效性可以通过及时准确地把关键客户和内部经营的信息传递给制定决策和工作的一线员工所用的时间来计量。可用的指标包括战略信息的可取得性、拥有实时反馈信息流程的百分比等。

员工的能力只有经过激励才能发挥出来。企业程序可以检查员工激励与企业成功因素及内部经营效率提高结合情况。主要指标有员工建议数、员工建议被采纳的次数、员工参与度及参与质量等。

**小提示** 特别需要说明的是，平衡计分卡的四个方面并不是相互独立的，而是一条因果链，展示了业绩和业绩动因之间的关系。比如，为了改善财务业绩，公司必须使自己的产品或服务赢得顾客的满意；而在时间上、质量上、成本上赢得顾客的满意就需要对内部过程进行改进，如降低返工产品，提高售后服务的质量，引进新的流程等；而上述三个方面的持续改善又要求公司投资于雇员的培训和学习，开发新的信息系统。平衡计分卡从财务与非财务两个方面揭示了业绩和业绩动因之间的关系，为企业的战略管理实施提供了保证。

## 8.4.3 应用平衡计分卡的优势

为适应企业经营环境的变化，企业经营业绩评价的重心已从事后评价转到为实现企业战略经营目标服务，业绩评价已经成为企业战略管理过程的重要一环。平衡计分卡的设计思路充分体现了这一点，将企业战略置于中心位置，然后将战略转化为具体的、可测评的目标和指标。企业应用平衡计分卡进行业绩评价具有如下优势。

首先，平衡计分卡将目标与战略具体化，加强了企业内部沟通。平衡计分卡的设计首先要分析企业目标和基本战略对于经营活动各方面的基本要求，并由此确定各方面工作的重点，有利于保证目标与战略在具体经营活动中的体现；另外，由于在业绩评价体系构建的过程中加强了内部沟通，也就使各个层次的具体职员能更好地理解企业的目标和战略，从而有助于促进内部决策目标的一致。

其次，平衡计分卡以顾客为重，重视竞争优势的获取和保持。平衡计分卡将顾客的满足和满意程度作为单独的一个方面加以考核，并通过内部作业过程、学习与创新来保证和促进这种业绩，不仅从观念上促进了企业内部各个层次对于顾客"价值"的重视，而且提供了贯彻企业竞争战略的具体方式。

再次，平衡计分卡重视非财务业绩考量，促进了结果考核和过程控制的结合。它在业绩评价体系中综合运用财务指标和非财务指标，有效地促进了结果考核和过程控制的结合，使业绩评价更具业绩改进意义。

最后，平衡计分卡利用多方面考核所具有的综合性，促进了短期利益和长期利益的平衡。企业战略目标往往具有长期性，而财务业绩评价，特别是采用单一指标进行业绩评价时，往往容易使具体的经营管理人员更多地关注短期利益。平衡计分卡利用非财务指标与财务指标的结合，以及多方面综合评价所具有的相互制衡作用，促进了短期利益和长期利益的平衡。

总之，在平衡计分卡中，兼顾了长期与短期、财务与非财务指标、滞后与先行指标、外部与内部业绩指标，既强调了结果，也对获得结果的动因、过程进行了分析，能全面、客观、及时地反映企业经营业绩状况和战略实施的效果，同时为企业战略的制定、调整提供了依据，使企业的所有者能够快速、全面地了解掌握企业的现状和未来。同时企业的经营者能够将精力集中于那些对企业生存、发展有关键作用的信息和数据，并且迫使高级经理将所有的重要业绩测评指标放在一起考核，从而使其注意到，某一方面的改进是否以牺牲另一方面为代价，防止了次优化行为。但这并不是说平衡计分卡已经完美无缺。

## 8.4.4 平衡计分卡存在的问题

使用平衡计分卡的公司在实行过程中发现了几个问题。首先，组织不能确定在业绩评估中各个角度的重要性或权数；其次，衡量、量化和评估平衡计分卡的某些定性指标存在着明显的技术障碍；再次，是来自四个维度的大量指标导致缺乏清晰度和方向感；最后，平衡计分卡的用户发现维持一个完善的平衡计分卡系统要花费大量的资源和时间。

组织可以减少每个角度中涉及的指标数量，从而避免上面提到的问题。具体来说，当管理层选择平衡计分卡系统中的指标时，他们应当选择那些最直接反映业绩原因和对战略有显著影响的指标。任何时候，平衡计分卡的不同策略目标之间都可能存在某种权衡。

**课程思政元素** 　　　　　**数据使用中的职业道德**

近年来高管薪酬增长与公司业绩增长不匹配、管理层薪酬增长与职工工资增长不协调，成为社会各界热议的话题。将公司业绩与管理者薪酬挂钩是解决这一问题的有效方式，同时委托人对代理人进行监督与评价，并设计激励合约对代理人进行激励。但不容忽视的是，这一机制的有效运行是建立在管理会计人员守住职业道德底线，客观采集与使用与业绩评价相关数据，不做为了迎合高管的要求而粉饰数据的事情。

小测试　　　　　　　　　　**如果你是采购经理**

假设你是蓝天公司的采购经理，你被要求参与一个平衡计分卡系统的设计。你需要提出用来评估采购活动的指标。看到咨询顾问的报告后，你认识到你选择的指标将和你每年的奖金密切相关。你的部门一直在搜集其他公司类似采购部门对供应商评估的对比信息。你认识到你的部门选择的是价格较高的供应商，因为你认为材料质量是至关重要的。你会提出采用哪些指标？

教学视频：
平衡计分卡基本原理

# 本 章 小 结

科学合理的管理层激励方案对提升公司的竞争能力具有重要的促进作用，它由相互联系的三个方面组成：市场竞争机制、业绩评价体系、薪酬激励体系。

构建业绩评价体系是实施管理层激励的前提。不同的业绩评价主体具有不同的评价目标，其评价对象和评价方法也存在一定的差异，因此业绩评价体系必须建立在特定的评价主体和目标的基础上。本章侧重讨论的是企业管理者对企业自身业绩评价中第一层次的问题，即企业整体业绩评价。这是企业管理者对企业发展的潜力进行客观的自我评价，并结合企业的关键成功要素的分析评价，以最终达到提升企业价值、巩固企业地位的目的。

从20世纪开始，业绩评价基本采用财务性业绩评价方法。早期财务业绩评价比较有代表性的方法是杜邦评价系统，随着新经济时期的到来，新的竞争现实对业绩评价系统提出了新要求，经济增加值就是在传统财务指标体系基础上进行适当修正，设计出的与企业价值相关度较高的新的财务评价体系。

然而单一的以财务指标为主体的业绩评价体系已经越来越不适应经济环境的变化。平衡计分卡是适应当前经济环境，将财务指标与非财务指标结合起来的一种新型业绩评价体系。平衡计分卡将企业战略目标转化为4个维度的业绩指标即财务、顾客、内部经营过程、学习和成长，由于兼顾了战略和战术业绩、短期和长期目标、财务和非财务指标、前瞻和滞后指标、内部和外部指标的平衡，所以平衡计分卡成为信息时代的一种战略管理工具。

 **延伸阅读**

管理会计
应用指引第100号
——战略管理
（财会〔2017〕24号）

管理会计
应用指引第101号
——战略地图
（财会〔2017〕24号）

管理会计
应用指引第405号
——多维度盈利能力分析
（财会〔2018〕38号）

管理会计
应用指引第600号
——业绩管理
（财会〔2017〕24号）

管理会计
应用指引第 601 号
——关键业绩指标法
（财会〔2017〕24 号）

管理会计
应用指引第 602 号
——经济增加值法
（财会〔2017〕24 号）

管理会计
应用指引第 603 号
——平衡计分卡
（财会〔2017〕24 号）

管理会计
应用指引第 604 号
——业绩棱柱模型
（财会〔2018〕22 号）

## 思 考 题

1. 国资委对大型央企实施 EVA 考核后，对这些企业的决策会带来哪些影响？

2. 请简要阐述平衡计分卡中 4 个维度之间的关系。

3. 力拓国际公司是一家跨国公司，其年销售额达 100 亿元。为了更好地管理各分部，公司总部开发了一系列关键业绩评价指标来评价和激励分部及其经理的业绩。其主要指标是：年度送货及时率、员工满意度、经营活动现金净流量、权益报酬率、新客户销售额、顾客满意度、新产品开发周期、产品生产周期、新产品上市数量、雇员离职率、产品售后服务成本、员工培训时间。力拓国际公司目前开始尝试引入平衡计分卡，以保证公司战略管理的成功。请把上述关键业绩指标分别归类到平衡计分卡财务、顾客、内部经营过程及学习和成长 4 个层面。

## 练 习 题

顺达公司是一家央企上市公司，正在对 20×1 年的业绩进行计量和评价，有关资料如下。

（1）顺达公司 20×1 年的销售收入为 2 500 万元，营业成本为 1 340 万元，销售及管理费用为 500 万元（其中研发支出 200 万元），利息费用为 236 万元。

（2）顺达公司 20×1 年的平均总资产为 5 000 万元，平均经营负债为 100 万元，平均股东权益为 2 000 万元，平均在建工程 300 万元。

（3）目前资本市场上等风险投资的权益成本为 12%，税前净负债成本为 8%；20×1 年顺达公司董事会对顺达公司要求的目标权益净利率为 15%，要求的目标税前净负债成本为 8%。

（4）顺达公司适用的企业所得税税率为 25%。

要求：

（1）计算顺达公司的经济增加值。

（2）与传统的以盈利为基础的业绩评价相比，经济增加值基础业绩评价主要有什么优缺点？

## 案例分析

　　随着市场竞争的日益激烈，明天酒店客户收入减少，餐饮和康乐项目的收入入不敷出。酒店目前考核指标基于预算，以财务指标为唯一考核依据，员工并不清楚自己的工作对酒店的贡献，公司对员工所关注的高业绩回报没有客观的评价标准。员工对酒店的业绩考核体系不满，业绩考核流于形式。该酒店总经理王满参加了某商学院的 EMBA 培训课程，课程中的平衡计分卡的内容让他茅塞顿开。他终于明白酒店业绩考核失败的原因了，于是召集酒店管理层开会，经过会议讨论，决定尝试使用平衡计分卡。

　　酒店首先成立了业绩考核小组，该小组对酒店目前的经营环境进行了 SWOT 分析（见图 8-4）。

| 优势（S）: | 劣势（W）: |
|---|---|
| ● 基础设施完备，可以满足客户各种不同需要; <br> ● 管理层执行力较强; <br> ● 多年的酒店管理经验 | ● 员工流动性大，远高于全国平均水平; <br> ● 激励机制简单; <br> ● 营销手段单一; <br> ● 收入构成不合理，主要依赖大客户收入 |
| 机会（O）: | 威胁（T）: |
| ● 城市每年中高端游客100万人次，连年增加; <br> ● 城市旅游收入连年增加; <br> ● 城市酒店人才丰富，有利于引进高素质人才 | ● 竞争对手数量逐渐增加; <br> ● 客户对服务质量要求越来越高; <br> ● 新业务增长点市场压力逐渐增大 |

图 8-4　SWOT 分析

　　据此，考核小组根据平衡计分卡的4个维度，总结了酒店的关键成功要素，如图 8-5 所示。

　　财务方面：利润的增长主要在于收入的增加和成本控制。客户创造价值的增加、康体项目的转型都会带来新的收入，对酒店资产的使用效率也是关键。

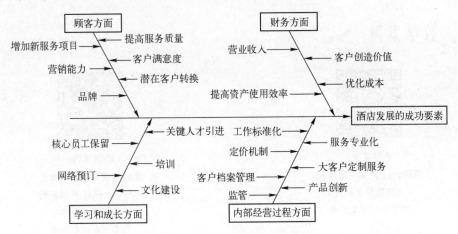

图 8-5　酒店的关键成功要素图

　　顾客方面：通过顾客的视野来看酒店，从质量、服务、成本等几个方面关注顾客需求。酒店品牌建设也有利于引入新顾客。

　　内部经营过程方面：对顾客满意度影响最大的流程在于工作标准化、服务专业化。根据竞争对手的经验，灵活的定价机制和大客户定制服务也可以提高酒店产品的竞争力。

学习和成长方面：酒店运营人才是关键，既要留住核心人才，也要加强关键人才的引进，同时注重通过培训不断提高现有员工素质。信息化建设方面，重点在于网络预订系统。

根据上述关键成功因素，考核小组绘制了酒店的战略地图，如图 8-6 所示。

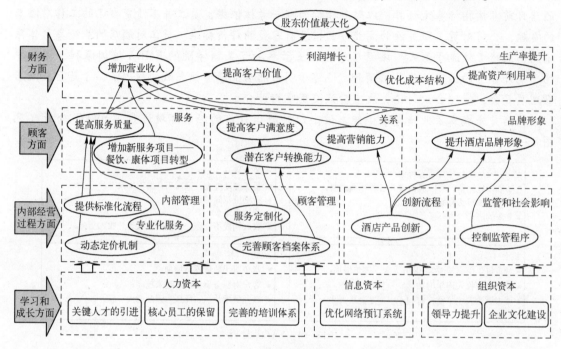

图 8-6　酒店的战略地图

**要求**　根据上述信息，请为该酒店重新设计一套关键业绩考核指标体系，并说明这些指标之间的关系。

## 教学案例

教学案例：
平衡计分卡 端平考核秤
－力拓软件公司员工
绩效考核探索之路

教学案例：
业绩考核如何避免水土
不服？——以 M 铁路局
M 车辆段业绩考核
动态演进过程为例

# 第5篇 成本管理——战略视角

## 第9章 战略成本管理

## 本章知识结构

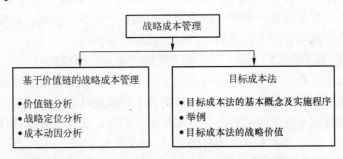

## 引言

我们正处在一个"唯一不变的就是变化的时代"，变化带来了社会和企业组织的进步。在现代市场经济中，信息技术日新月异，生产手段日益自动化，企业的内外部经营环境瞬息万变，这就要求管理方法也必须不断革新以与之相适应，因此，经营环境的变化推动了管理科学的发展。为顺应这一趋势，企业必须从长远发展考虑，将成本管理与企业的发展战略结合起来，实施战略成本管理，即企业的成本管理应服务于企业战略的开发和实施，这样才能在日益激烈的竞争中站稳脚跟，并取得优势。战略成本管理已成为新的成本管理方法与模式，本章主要介绍基于价值链的战略成本管理模式以及目标成本法这一战略成本管理工具。

# 9.1   战略成本管理概述

随着以经济全球化、信息化、网络化为特征的新经济时代的到来，企业管理从经营管理向战略管理转变。传统成本管理方法暴露出越来越多的弊端，无法满足企业战略管理的需要，为适应这种外部环境变化，企业的成本管理从注重内部成本管理向注重外部成本等战略成本信息转变。

## 9.1.1   战略管理对成本信息的需求[①]

1. 传统成本管理注重局部环节，战略成本管理注重整体环节

传统成本管理局限于对生产与销售这一局部环节的成本管理，注重对制造费用及销售费用的核算和控制。战略成本管理则注重对筹资与投资、研发与设计、采购与物流、生产与销售及售后服务这一整体环节的成本管理。战略成本管理从整体性和长期性的角度考虑，注重对各环节成本的协调与配置，以达到从整体上控制成本的目的。

2. 传统成本管理注重生产者成本，战略成本管理注重消费者成本

社会总成本＝生产者成本＋消费者成本。生产者成本包括筹资与投资、研发与设计、采购与物流、生产与销售及售后服务环节的成本，消费者成本包括产品在消费过程中的使用成本、维护成本、环境成本及回收成本。在倡导"资源节约，环境友好"的经营环境下，仅注重生产者成本不具有长远性，不利于企业获取市场竞争优势。因此，战略成本管理强调达到社会总成本最低，成本管理不仅要前移到位，也要后移到位。

3. 传统成本管理注重成本改良，战略成本管理注重商业模式创新

传统成本管理主要是在现有成本结构基础上，通过分析产品的成本结构，发现其不合理之处并对其进行重点管理，是成本的改良。战略成本管理则从商业模式变革的角度进行成本管理，从根本上颠覆成本发生的基础条件，如技术、制度、文化及外部协作关系等，采取改革而非改良的手段，以达到成本降低的目的。

4. 传统成本管理与战略管理相分离，战略成本管理与战略管理相融合

传统成本管理的目标是就成本论成本，未能与企业发展战略相结合，不利于企业竞争力的形成，甚至会损害企业现有的竞争力。其主要表现在：追求成本的绝对下降，企业容易采取一些立竿见影的但损害企业竞争力的成本降低措施；主要关注企业内部生产经营活动的价值耗费，对企业外部环境的分析则很少；过多地把目光集中于为降低成本而降低成本上，没有很好地将成本管理与竞争优势联系起来。

战略成本管理是要将成本管理与战略管理相融合，在战略的高度进行成本总体企划，该加则加，该减则减，某些环节"增肥"，某些环节"减肥"，以此提高企业的核心竞争力。

5. 传统成本管理注重在企业内部降低成本，战略成本管理注重到企业外部降低成本

传统成本管理主要在企业内部寻求降低成本的途径，这种在内部降低成本的做法，层次

---

① 李海舰，孙凤娥. 战略成本管理的思想突破与实践特征. 中国工业经济，2013（2）：91 – 103.

较低，受到自身资源、能力的限制，所能带来的成本降低有限。在网络化、信息化时代，企业已全方位融入社会当中，应到企业外部去降低成本并实现借力发展。

综上所述，战略成本管理与传统成本管理比较起来，有如表9－1所示的不同之处。

**表9－1 战略成本管理与传统成本管理比较表**

| | 战略成本管理 | 传统成本管理 |
|---|---|---|
| 成本管理理念 | 创新 | 控制 |
| 成本管理对象 | 企业全局及其外部环境 | 企业内部的生产过程 |
| 成本管理宗旨 | 取得长期持久的成本优势 | 降低成本 |
| 成本管理形式 | 事前行动式 | 事后反应式 |
| 成本管理信息 | 大量提供非货币信息 | 很少提供非货币信息 |
| 成本管理方法 | 通过人们的行为来实施 | 通过标准成本来实施 |
| 成本管理结果 | 实现企业的长期经营目标 | 实现企业的短期经济效益目标 |
| 成本管理过程 | 注重无形的成本动因 | 忽视无形的成本动因 |

## 9.1.2 战略成本管理的主要内容

战略成本管理是企业为了获取和保持长期的核心竞争力，运用专门的方法分析企业的竞争对手及其价值链的成本资料，获取企业在战略管理整个循环进程中成本优势的信息。

目前，有关战略成本管理的相关理论在学术界和实务界并未形成共识，处于不断的发展阶段。比较具有代表性的内容主要有以下4个方面。

1. 目标成本管理

目标成本管理起源于日本丰田汽车公司。该模式是从事物的最初点开始，实施充分透彻的分析，来减少或者消除非增值作业，使成本达到最低。其本质是一种对企业未来的利润进行战略性管理的成本管理模式。其成本管理的思路以市场为导向，将技术与经济相结合，从传统的生产现场转移到开发设计阶段，具有超前意识；从成本管理的方法技术看，不把成本看成是单纯的账簿产物，而是从工程学、技术领域去掌握处理成本信息，以工程学的方法和技术对成本进行监控和管理。

2. 作业成本管理

1998年，一向推崇实施作业成本法的英国教授 Robin Gooper 提出了以作业成本制度为核心的战略成本管理模式，这种模式的实质是在传统的成本管理体系中全面引入作业成本法，关注企业竞争地位的变化，从而构成一种战略管理会计系统。它建议从企业内部、各部门、企业外部、竞争对手等方面，全面运用 ABC，使企业管理者和各级人员把自身的工作与企业的战略地位联系起来，以准确的成本核算资料，达到在降低成本的同时提高企业的竞争力的目的（相关内容见第3章，本章不再赘述）。

3. 产品生命周期成本

产品生命周期成本既包括产品制造者发生的成本，也要把消费者购入产品后发生的使用成本、维修成本、废弃处置成本包括在内。考察的是产品整个生命周期的完全成本，极大地拓展了成本管理的时空观，将成本管理的对象从单纯关注产品的设计、制造一直延伸至从采购原材料开始到把最终产品提供给消费者的所有活动，甚至超出了企业边界向前延伸至供应商，向后延伸至销售商，充分挖掘降低成本的潜力，是面向未来、长期性的，以保持竞争优势为目的。

4. 基于价值链的战略成本管理

1993 年，美国管理会计学者 Jack Shank 将战略成本管理定义为在战略管理的一个或多个阶段对成本信息的管理性运用。其主要内容包括战略价值链分析、战略定位分析、战略成本动因分析。这种战略成本管理模式得到了西方的专家、学者和企业界的普遍认可，并得到了广泛采用。

企业竞争环境瞬息万变，新的需求、理念及组织形式不断出现，实践远远走在了理论的前面，这些将对战略成本管理不断提出新的要求，如随着国际分工不断深化，外包成为企业降低成本的有效途径，外包决策的复杂性对企业的会计信息系统提出了新的要求，从而促使"跨组织的成本管理"的产生；网络组织的出现使得价值创造的基本逻辑发生了深刻变化，价值网络整体的成本管理逐渐成为战略成本管理新的研究领域。因此，战略成本管理的理论将不断完善与发展。

# 9.2　基于价值链的战略成本管理

基于价值链的战略成本管理为了获取成本优势信息，运用价值链分析、战略定位分析、成本动因分析完成这一目标。这三个分析工具之间具有内在的逻辑性。首先，要从战略的角度，应用价值链分析工具，分析这个行业链上成本产生于哪里，了解成本的结构与链接；其次，从行业、市场和产品等不同层面进行企业战略定位分析，确定企业成本管理的方向；最后，进行战略成本动因分析，从战略上找出引起战略成本变化的动因，以寻求降低成本的途径，配合企业实现其竞争战略。图 9-1 展示了价值链分析、战略定位分析、成本动因分析的关系。

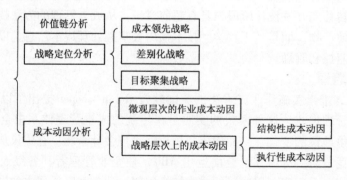

图 9-1　基于价值链的战略成本管理

## 9.2.1　价值链分析

价值链分析源于哈佛商学院迈克尔·波特教授在 1985 年提出的价值链的思想。他认为，每个企业都是用来进行设计、生产、营销、交货和对产品起辅助作用的各种作业的集合。所有这些作业活动可以用一个价值链来表明。这个概念成为后来的价值链系统中的内部价值链

（企业价值链）概念。而企业的价值链并不是处在一个真空地带，它与外界具有不可分割的价值联系。企业的价值链上接供应商价值链，下联客户价值链，同时还受到市场价值链与竞争对手价值链的影响，它们共同构成了一个价值链系统，包括横向价值链、纵向价值链和内部价值链。三大价值链相互联系、相互作用，构成有机的整体。

1. 纵向价值链分析

纵向价值链是指企业价值链与供应商价值链之间的联系可以通过采购活动等多个接触点实现，与顾客价值链之间的联系则通过销售和服务活动等多个接触点实现。由此将企业、供应商和顾客视为一个相互联系和相互作用的整体。这种联系可以向上延伸至原材料的最初生产者（或供应者），向下延伸至使用产成品的最终用户，形成一条从原材料投入到产成品提供给最终用户之间的所有价值转移和增值环节构成的纵向链条。举例如图 9-2 所示。

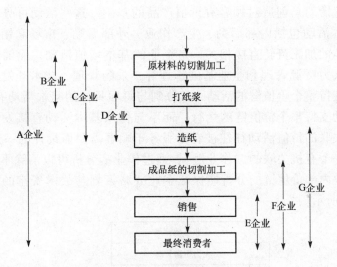

图 9-2　造纸行业纵向价值链示意图[①]

单个企业一般占有纵向价值链上一个或若干个价值链节，但并非所有的价值链节都能提供同等的盈利机会，一个企业的获利能力既要受到其所处价值链节固有获利能力的影响，同时自身战略活动的选择也会对该价值链节的获利能力施加一定的作用。纵向价值链分析旨在确定企业在哪一个或哪几个价值链节中参与竞争，具体包括以下两个方面。

①产业进入和产业退出的决策。企业可以通过对某一产业（可能包括若干价值链节）在整个纵向价值链利润共享情况的分析，以及对该产业未来发展趋势的合理预期作出进入或者退出该产业的战略决策。②纵向整合的决策。企业可以在某一产业范围内对企业现有生产过程进行扩张或收缩。纵向价值链分析不仅突破了传统只在企业内部决策的思路，而且考虑到更广泛的有关整合和利用市场之间的战略问题，使投资决策有了新的内容。对纵向价值链的分析能保证企业准确确定市场定位。

---

① 夏宽云. 战略管理会计：用数字指导战略. 上海：复旦大学出版社，2007.

### 2. 横向价值链分析

某一最终产品的生产可以通过多种途径和组合方式来完成，在整个社会空间上必然存在一系列互相平行的纵向价值链，所有在一组互相平行的纵向价值链上的企业之间就形成了一种相互影响、相互作用的内在联系（横向价值链）。这种横向价值联系实际上是一个产业的内部联系，相互影响和相互作用的结果决定了产业内部各企业之间的相对竞争地位，并对企业价值最大化的实现产生重要影响。横向价值链分析就是对一个产业内部的各个企业之间相互作用的分析，通过对自身和竞争对手的分析，确定企业与竞争对手之间的差异，创造或识别产品的差异性，并最大限度地利用这种差异性为实现企业经营目标服务，从而确定能够为企业取得相对竞争优势的战略。因此，对横向价值链的分析能保证企业准确地确定竞争定位。

### 3. 内部价值链分析

企业内部价值活动是创造对顾客有价值产品的基础，这些活动可分为基本活动和辅助活动两类，基本活动包括内部后勤、生产作业、外部后勤、市场和销售、服务等，这些活动与商品实体的加工流转直接相关，是企业的基本增值活动；而辅助活动则包括采购、技术开发、人力资源管理和企业基础管理等，采购管理、技术开发、人力资源管理三种支持活动既支持整个价值链的活动，又分别与每项具体的基本活动有着密切的联系。企业基础管理活动支持整个价值链的运行，而不与每项基本活动直接发生联系。这些互不相同但又相互关联的价值活动往往被看作服务于顾客需要而设计的一系列"作业"的集合体，并形成一个有机关联的"作业链"，通过作业链分析可以消除不增值作业，提高增值水平。对企业内部价值链的分析能保证企业战略策划与战术安排的有机结合。内部价值链如图 9 - 3 所示。

图 9 - 3　内部价值链示意图

企业内部价值链分析是纵向价值链分析和横向价值链分析的交叉点。纵向价值链分析的结果在于确定企业应该生产什么，横向价值链分析则指出企业生产该种产品的竞争优势所在和相关的限制条件。这两方面分析的结果要通过企业内部价值链的优化去落实，没有生产经营的合理组织和有效安排，纵向价值链分析和横向价值链分析就失去了意义；没有对企业内部价值链分析的总体认识，纵向价值链分析和横向价值链分析就缺乏分析的基础，无法做到有的放矢。

## 9.2.2　战略定位分析

战略定位分析就是对企业内外部环境进行分析，帮助企业选择适合自己的竞争战略。波特认为，战略定位是企业竞争战略的核心内容，企业能否获得成功取决于企业是否有一个有价值的相对竞争地位，而有价值的相对竞争地位来源于企业相对于竞争对手的持续竞争优势，选择何种竞争优势类型是企业战略定位的一个重要内容。最为著名的竞争战略是波特提出的三种竞争战略：成本领先战略、差异化战略和目标聚集战略。

1. 成本领先战略

成本领先战略也称低成本战略，是力求使企业的某项业务成为行业内所有竞争者中成本最低者，以低成本的优势取得竞争优势的战略。成本领先要求积极地建立起达到有效规模的生产设施，在经验基础上全力以赴降低成本，以及最大限度地减少研究与开发、服务、推销、广告等方面的成本费用，在管理上要高度重视成本控制，贯穿于整个战略的主题是使成本低于竞争对手。邯钢集团是成功实施该战略的典型。

2. 差异化战略

差异化战略是将企业提供的产品或服务差异化，树立起一些在产业范围内具有独特性的东西，以独特产品或服务满足不同需求顾客的竞争战略。实现差异化战略可以有许多方式：品牌形象、技术、性能特点、顾客服务、商业网络等。差异化战略的核心是追求与创造特色，是一种"人无我独有"的战略，重在创新。当然，差异化战略并不意味着企业组织可以忽视成本，只是此时低成本不是企业组织的首要战略目标。美国西南航空公司是成功实施该战略的典型。

3. 目标聚集战略

目标聚集战略是介于前两种战略之间的一种折中战略。由于受资源和能力的限制，只能对选定的细分市场进行专业化服务，即企业将经营重点集中在某一特定的顾客群体、某产品系列或某一特定的地区市场上，力争在局部市场取得竞争优势。该战略同前两种战略的不同之处在于它的注意力集中于整个市场的一个狭窄的部分。由于集中精力于局部市场，需要的投资较少，因此这一战略多为中小型企业所采用。目标聚集战略的最大特点是：不追求大市场的小份额，而是追求小市场的大份额。此外，目标集聚战略一方面能满足某些消费者群体的特殊需要，具有与差异化战略相同的优势；另一方面因可以在较窄的领域里以较低的成本进行经营，又兼有与成本领先战略相同的优势。

## 9.2.3  成本动因分析

1. 战略成本动因的概念及分类

Cooper 与 Kaplan 两位教授将隐藏在间接成本之后的推动力，称为成本动因。成本动因可分为两个层次：一是微观层次上的与企业具体生产作业相关的成本动因即生产经营成本动因，如物耗、作业量等；二是战略层次上的成本动因即战略成本动因，如规模、技术多样性、质量管理等。战略成本动因与生产经营成本动因不同，它是从企业整体的、长远的宏观战略高度出发所考虑的成本动因。从战略的角度看，影响企业成本态势主要来自企业经济结构和企业执行作业程序，因此，战略成本动因分为结构性成本动因和执行性成本动因两大类。两类成本动因的划分，为企业改变其成本地位提供了能动的选择，为企业有效进行成本管理与控制、从战略意义上作出成本决策开辟了思路。另外，成本动因还可分为有形的成本动因（如产出数量和消耗数量等）和无形的成本动因（如企业的规模、整合程度、地理位置等）两种。传统成本管理注重有形成本动因，战略成本管理注重无形成本动因。

战略成本动因具有以下特点：与企业的战略密切相关，如企业的规模、整合程度等；它们对产品成本的影响更长期、更持久、更深远；这些动因的形成与改变均较为困难。

2. 结构性成本动因分析

结构性成本动因是指与决定企业基础经济结构如长期投资等相关的成本动因，其形成常常需要较长时间，但一经确定往往很难变动；同时，这些因素往往发生在生产开始之前，这些因素既决定了企业的产品成本，也会对企业的产品质量、人力资源、财务、生产经营等方面产生极其重要的影响。因此，对结构性成本动因的选择将决定企业的成本态势。结构性成本动因主要有以下几个。

（1）企业规模

企业规模是一个重要的结构性成本动因，它主要通过规模效应来对企业成本产生影响。当规模较大时可以提高作业效率，使固定成本分摊在较大规模的业务量之上，从而降低单位成本。但当企业规模扩张超过某一临界点时，固定成本的增加会超过业务规模的增加，并且生产复杂性的提高和管理成本的上升也会带来不利影响，这时，单位成本会出现升高的趋势，形成规模报酬递减，出现规模的不经济。

（2）业务范围

业务范围是影响成本的又一结构性动因。企业为了提高其竞争优势，可能会使自己所经营的业务范围更广泛、更直接，从企业现在的业务领域出发，向着行业价值链中的两端延伸，直到原材料供应和向消费者销售产品。这种业务范围的扩张也称之为纵向整合。企业纵向整合可以对成本造成正反两方面的影响。企业应通过成本动因分析，对整合进行评价，确定选择或解除整合的策略。如果整合后的市场体系（包括供应市场与销售市场）僵化，破坏了与供应商和客户的关系，导致成本上升，对企业发展不利时，就应当降低市场的整合程度或解除整合。

（3）经验

经验是影响成本的综合性基础因素，它是一个重要的结构性成本动因。经验积累，即熟练程度的提高，不仅带来效率提高、人力成本下降，同时还可降低物耗、减少损失。经验积累程度越高，操作越熟练，成本降低的机会就越多，经验的不断积累和发挥是获得经验－成本曲线效果，形成持久竞争优势的动因。

（4）技术

运用现代科学知识不断进行技术创新是企业在日趋激烈的市场竞争中保持竞争优势的重要前提。从成本角度说，借助先进的技术手段对企业的产品设计、生产流程、管理方式等进行改造，可以有效地持续降低成本，并使得这种降低呈现出连动的态势。传统的成本管理一直忽视技术对成本的决定性影响。但日本的成本管理人员却与工程技术人员一起，运用价值工程的方法，进行成本企划，将技术与成本有机地融为一体。

（5）厂址选择

众所周知，厂址选择将会对企业的成本造成重要的影响。如果企业将厂址选择在远离原料产地或者远离销售地的地方，必然会导致企业将要花费大量的运输成本。在这种条件下，难以形成企业的竞争优势，并且厂址一旦选定，许多成本便成了沉没成本，难以降低也难以改变了。因此，厂址选择也是一项重要的结构性成本动因，在企业进行战略决策时必须给予足够重视。

由上述分析可见，结构性成本动因可以归结为一个"选择"的问题。这种选择决定了企业的"成本定位"，这样的取舍与权衡决定了企业的产品或特定产品群体（围绕作业链或部门）的可接受成本额的高低及其分布，因此其属性无疑是企业在其基础经济结构层面的战略性选择。结构性成本动因分析所要求的战略性选择针对的是怎样才是"最优"的问题。选择当然意味着配置的优化，在配置优化上加大投入力度，这个"多"并不能直接导致成本业绩的"好"，也就是说投入与绩效不具有直接的关联性。成本管理应立足于适当、合理的投入配置，而不是一味追求大的投入。

3. 执行性成本动因分析

执行性成本动因是指决定企业作业程序的成本动因，是在结构性成本动因决定以后才建立的，这类成本动因多属非量化的成本动因，其对成本的影响因企业而异。这些动因若能执行成功，则能降低成本，反之则会使成本提高。因此企业必须以执行性成本动因分析来引导成本管理的方向和重点，用执行性成本动因分析的结果作为成本改善的立足点更加有利于企业确立竞争优势。执行性成本动因主要有以下几个。

（1）员工参与

人是执行各项作业活动的主体，企业的各项价值活动都要分摊成本，因此人的思想和行为是企业成本降低改善的重要因素，在战略成本管理中起着至关重要的作用。员工参与的多少及责任感对企业成本管理的影响是很明显的，如果企业人人都具备节约成本的思想，并以降低成本为己任，那么企业的成本管理效果自然就会好；反之，企业的成本管理则会彻底地失去意义，变成无源之水。因此，在战略成本管理过程中强调全员参与，通过建立各种激励制度，培养员工以厂为家的归属感和荣辱感，同时在建立企业文化的同时培育企业的成本文化。

（2）全面质量管理

质量与成本密切相关，质量与成本的优化是实现质量成本最佳、产品质量最优这一管理宗旨的内在要求。全面质量管理的宗旨是以最少的质量成本获得最优的产品质量，并且最低的质量成本可以在缺点为零时达到。因为对错误的纠正成本是递减的，所以总成本会保持下降的趋势，直至最后的差错被消除，故全面质量管理的改进总是能降低成本。这项成本动因要求企业大力推行全面质量管理，树立强烈的质量意识，从企业的整个范围，设计、生产过程的各阶段着手来提高产品质量，降低产品成本，真正做到优质高效。

（3）生产能力利用率

在企业规模既定的前提下，生产能力的利用程度是影响企业成本的一个重要动因。生产能力利用主要通过固定成本影响企业的成本水平，由于固定成本在相关的范围内不随产量的增加而改变，当企业的生产能力利用率提高时，单位产品所分担的固定成本减少，从而引起企业单位成本的降低。因此，寻求建立能够使企业充分利用其生产能力的经营模式，将会带来企业的成本竞争优势。

（4）联系

所谓联系，是指各种价值活动之间彼此的相互关联。联系可分为两类：一类是企业内部联系，企业内部各种价值活动之间的联系遍布整个价值链，针对相互联系的活动，企业可以采取协调和最优化两种策略来提高效率或降低成本；另一类是企业与供应商（上游）、客户（下游）间的垂直联系，如供应商供料的频率和及时性会影响企业的库存，销售渠道推销或促销活动可能降低企业的销售成本。企业的所有价值活动都会互相产生影响，如果能够确保他们以一种协调合作的方式开展，将会为总成本的降低创造机会。

由上述分析可见，执行性成本动因分析是在已有所选择的前提下试图进行某种"强化"，只有强化，方能改善业绩。因此，执行性成本动因分析的属性应该定位为针对业绩目标的成本态势的战略性强化。执行性成本动因分析所要求的战略性强化则针对"最佳"的效果目标，强化意味着实施制度上的完善，在为完善制度及改善制度运作效率上加大投入力度，这个"多"必然能带动成本业绩的"好"，也就是说投入与绩效是相关联的。

综上所述，结构性成本动因分析解决配置的优化问题是基础，而执行性成本动因分析解决绩效的提高问题是使其持续，两者互为连贯配合。倘若优化问题处理不当，那么针对绩效的持续执行就会出现反方向性的错误，或者说后者的"强化"是一种徒劳的浪费；另外，即使结构的优化配置是基本合理的，但如果缺乏强有力的执行性投入，那么达成革新控制所要求的效果目标也属枉然。

# 9.3　目标成本法

**引例**

目标成本法起源于 20 世纪 60 年代初期的日本丰田汽车公司。丰田汽车公司成立于1933 年。在成立之初，日本还是个不太富裕的国家，只有 3 家小规模的汽车制造厂，年产量仅区区几百辆，而美国福特公司每天下线就达 1 万辆轿车，当时与福特公司并肩的还有美国的通用汽车公司，面对两家行业巨头，丰田汽车公司可谓是在夹缝中生存。在这种情况下，丰田汽车公司运用目标成本法，以较低的成本生产出被消费者青睐的小型车。而缺少小型车生产技术的美国汽车厂家并没有嗅出市场的风向，这为丰田汽车公司的发展提供了难得的契机，丰田公司的成功也使得目标成本法得到广泛应用。

## 9.3.1　目标成本法的基本概念

目标成本法是一种以市场为导向，对企业未来成本进行战略管理的方法，是基于全生命周期对产品进行利润计划和成本管理的方法。企业从市场需求出发，在产品开发与设计时，便设定出符合顾客需求的产品功能、质量、价格等，并根据目标售价及目标利润倒推目标成本，利用源流管理，达成各部门、各环节乃至与供应商的通力合作，共同实现倒推出产品目标成本的一种成本管理方法。其主要特点是以市场为导向，将技术与经济相结合，其计算公式为

$$目标成本 = 目标价格 - 期望利润$$

目标成本法同时强调整个价值链中的利润和成本计划，关注价值链的不同部分之间的协作。首先要根据企业的战略和经营目标明确产品的目标利润，其次，从市场需求出发确定"用户满意"的价格，最后，采用综合性的价值工程方法倒逼成本，达成终极的利润管理的目的。与传统成本管理最大的不同是在产品生命周期的研发及设计阶段设计好产品的成本，而不是试图在制造过程降低成本，是一种基于企业战略，由客户驱动，侧重于设计阶段建立成本降低目标，从而致力于在产品生命周期各阶段实现成本降低及确保产生足够利润的综合

性战略成本管理工具。

在产品开发阶段就开始考虑成本问题，以避免在后续制造过程中无效作业耗费成本是目标成本法的主要创新之处。研究显示80%的生产相关费用在生产过程开始时就必须发生，生产开始后再对这些资源消耗进行改变势必造成很大的损失。研发阶段对成本的重大影响主要体现在：① 研发设计决定了产品功能、材料、技术标准、外观、质量等多方面，这些都在一定程度上决定了产品成本。比如，产品功能不到位会提高企业销售成本，产品功能多余会导致多余部分成本无法从收入中得到弥补，造成资源浪费。② 研发设计部门与其他部门的脱节会造成产品成本的上升。例如，与生产部门相脱节，可能导致企业在产品设计中过于追求外观、质量、功能的完美，而忽视制造过程复杂而引发的成本增加。

## 9.3.2 目标成本法的实施程序[①]

由于产品的开发是企业内部事宜，这决定了企业在运用目标成本法时可以存在许多不同的具体做法。通常目标成本法的实施包括三个阶段。

1. 以市场为导向设定目标成本——市场驱动的成本规划

目标成本法中的目标成本是指在新产品开发设计过程中，为实现目标利润所必须达到的成本目标值。这个目标值也是产品全生命周期成本下的最大允许值，是必须达到的目标。即：产品目标成本等于其目标售价与目标利润的差额。

2. 实现目标成本

在目标成本法的第二个阶段，产品设计者应千方百计地在可允许成本的水平上开发能满足顾客需求的产品。它主要包括两方面内容。

1）计算成本差距

产品目标成本确定后，可与企业目前的相关产品的估计成本（在现有技术等水准下，不积极从事降低成本活动下会产生的成本）相比较，确定成本差距。目标成本与估计成本的差额为成本规划目标，即：估计成本－目标成本＝成本差距（成本规划目标），而这一差距就是设计小组的成本降低目标，也是其所面临的成本压力。设计小组可把这一差距从不同的角度进行分解，如可分解为各成本要素（原材料、配件、人工等）或各部分功能的成本差距，也可按上述设计小组内的各部门（包括零部件供应商）来分解，以使成本压力得以分配和传递，并为实现成本降低目标指明具体途径。

2）组建团队寻求最佳产品设计

这一步主要进行的是零部件层次的目标成本规划。首先，要将产品层次的目标成本分解到产品的主要功能层次上，如汽车的主要功能部分包括引擎、冷却系统、空调系统、传动系统及音响系统等。具体实施时，需要注意产品的成本与多样化之间存在一定的矛盾。产品多样化可吸引顾客，增加收入，但同时增加了研发设计成本。企业在设计产品架构时，可将核心功能组件设计为通用型部件，使其可以应用到不同功能与外观的产品中，从而实现核心部件的大规模生产与终端产品的个性化定制，以此协调成本与多样化之间的矛盾。例如，手机、平板电脑、照相机等其核心部件是相同的，但这些产品却功能各异。然后，再由总工程师负责设立每一个主要功能部分的目标成本。各功能部分目标成本的确定通常是通过总工程

---

① 余恕莲，李相志，吴革．管理会计．北京：对外经济贸易大学出版社，2013.

师与设计小组成员进行广泛的协商而完成的。

缩小成本差距这一工作需要由包括市场营销、开发与设计、采购、工程、财务与会计，甚至供应商与主要顾客在内的设计小组或超部门团队方式来进行。在目标成本法下，为了最大限度地减少产品层次的目标成本和市场可允许成本的差距，企业不但常常把技术与生产程序推向一个极限的位置，还必须在其他方面最大限度地降低成本，如与供应商建立竞合关系，实现 JIT 存货管理等。

3. 持续改善以达到设定的目标成本

与目标成本法的第一、二阶段不同，持续改善成本法立足现有的产品或服务设计，集中精力设法降低制造成本和传递成本，主要是指通过作业的小步优化来实现连续和逐渐改善，而不是通过技术上的革新或大量投入来实现大的或激进的改善。该方法的原理很简单，改进是每个员工的目标和职责，从 CEO 到一线工人，在每天、每时每刻都应牢记这一点。

这个阶段又分为以下两部分。

1）成本改善阶段

这是指在大量生产过程中的成本降低过程。同改进生产效果一样，目标成本应与在某确定预算期内（丰田公司是 6 个月）的标准成本分阶段进行比较。为使标准成本逼近目标成本，企业所有阶层各部门的职工与管理人员应经常性地提出能降低成本的技术的方案并加以实施。经理人员和管理会计师必须深刻洞察生产经营的各个环节，连续不断地取消非增值作业，消除浪费以及改进生产流程。另外，所有员工提出的改进建议都应该被认真考虑，并在合适的时候实行，这样，生产过程才能持续变得更有效率、更节省成本。

## 小案例　丰田公司①

丰田公司的成本计划主要是努力在设计阶段减少成本。丰田公司为成本降低设定目标，然后试图通过改变设计来实现这些目标。丰田公司通过重新设计生产过程，实现了成本的大幅度下降。例如，在 5 年的时间里，丰田公司把 800 t 冲压机的准备时间由 1 h 缩短到了 12 min 以下，像这样的时间节约大大降低了成本。

除了在设计阶段实现成本节约，丰田公司还在制造阶段大力推行持续改善成本法来降低成本。在 1 月和 7 月，为实现目标，工厂经理提交半年计划。实现这些目标的方法包括削减单位产品材料成本以及改进标准操作程序。这些是基于员工建议而采取的改进措施。因为改进要涉及具体工业工程，需要技术人员的积极参与。在高层管理人员设定了持续成本改善目标后，为了完成成本改善计划，公司激励员工们在日常工作中发掘有利于持续成本改善的方法。仅仅在一年的时间里，丰田公司就收到了大约 200 万条员工建议（每个员工大约 35 条）。其中的 97% 被采纳。同时这也是员工授权概念的一个好例子。员工授权就是鼓励员工发挥自身创造性来改进经营、降低成本、提高产品质量和改善客户服务。

2）成本维持阶段

这是指将上一期成本水准当作这一期的标准成本，至少要维持这一期的实际成本不超过该标准成本。

目标成本规划是在产品开发设计阶段的成本管理，设计部门占有重要角色；而成本

---

① 希尔顿. 管理会计学：在动态商业环境中创造价值. 5 版. 北京：机械工业出版社，2002.

改善则是在产品进入生产阶段的成本管理活动，是以制造部门为中心所展开的活动。经目标成本规划过程达到目标成本的新产品，进入生产阶段后并非放手不管，在其产品生命周期内为维持竞争力仍需对其成本加以不断的改善管理，即需进行成本改善。经改善后的成本即成为标准（在丰田内部，每6个月改订其成本标准），实施以此为前提的"改善预算"，以后至少要将成本维持在该标准之下，等再经改善再达到较低成本目标时，较低的成本又再成为新的标准。所以，目标成本规划、成本改善、成本维持三者宛如车轮，互相关联、互相补充。

**课程思政元素** 目标成本法成功的关键在于公司员工全员参与，协同工作，为了一个共同目标持续努力创新，提高工作效率，以达到降低成本的目的。告诉我们在日常工作中需要有坚持不懈的探索精神，勇于尝试，从细微处着手，养成工匠精神，具有团队合作精神。

## 9.3.3 目标成本法举例[①]

以立达公司为例。立达公司的其中一种产品是纸包装产品。公司为洗衣粉、饼干等订做外包装。图9-4显示了纸板箱的价值链。在立达公司营销和计划部门最近的一次对洗衣粉包装盒市场的调查中，客户表达了对目前包装的不满。更进一步的分析显示洗衣粉制造商认为包装太重，提高了他们的运输成本。洗衣粉消费者也对包装上使用的墨水不满意，因为当洗衣粉盒沾水时，印刷的图案就会褪色。

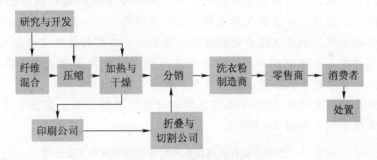

图9-4 纸板箱的价值链图

公司组成了一个跨部门、跨组织的团队来设计一种能满足客户需求的产品。在价值链中有两个重要的利益相关者：洗衣粉制造商和洗衣粉消费者。产品设计团队由来自立达公司、印刷公司和洗衣粉公司的营销人员、设计工程师、会计和生产工程师组成。团队的责任是为纸板洗衣粉盒设计能满足客户需要的新纸板。价值链的所有成员都应当参加到新产品的设计中来。

营销部门的成员提供关于客户需求的信息，设计工程师负责将这些需求与纸板的功能联系起来。表9-2列出了立达公司部分纸板需求和功能。"高"和"低"分别说明功能满足客户需求方面的重要程度。

① 迈格斯，威廉姆斯，哈卡，等. 会计学：企业决策的基础：管理会计分册. 沈磊，魏江，刘华，译. 12版. 北京：机械工业出版社，2003.

表9-2　立达公司部分纸板需求和功能表

| | 纸板功能 | | |
| --- | --- | --- | --- |
| | 需求 | 折叠和切割能力 | 吸收能力 |
| 洗衣粉消费者需求 | 易于倾倒 | 高 | 低 |
| | 墨水不易掉色 | 低 | 高 |
| 洗衣粉制造商需求 | 重量轻，易于运输 | 高 | 高 |
| | 硬度高 | 高 | 低 |

从表9-2可看出，纸板的折叠和切割能力对于纸盒是否易于倾倒、纸盒的重量和强度是很重要的。不幸的是，目前的技术表明，尽管重量轻的纸板易于折叠和切割，易于消费者使用，但是它的强度无法满足洗衣粉制造商的要求。如果纸盒的强度能够更高，同时保持较轻的重量和较好的吸收能力，就能够满足客户的需求。当然，同时也必须考虑较轻的纸板带来的附加成本的问题。

团队中的营销部门成员应当确定消费者为获得需要而愿意付出的目标价格。经过市场调查，发现洗衣粉消费者不愿意为新包装付出高于目前洗衣粉价格的费用，目前洗衣粉的价格为每盒4.50元；洗衣粉制造商也不愿意为新包装向立达公司支付高于目前价格的费用，目前纸板价格为每盒2.30元。

进一步的调查发现，竞争对手正在研制可以解决一些上述问题的新型包装——塑料瓶。塑料瓶重量较轻，强度高，并且采用标签解决了印刷掉色问题。虽然这种新的包装方式不会引起洗衣粉售价的上涨，但是立达公司的营销人员和设计工程师怀疑这种包装是否能被消费者接受，因为它存在不易倾倒的问题。塑料瓶狭窄的瓶颈使消费者在倾倒洗衣粉时比较麻烦。但是很明显，竞争对手正在试图解决这个问题。

设计工程师在与负责收集ABC成本信息的会计共同工作之后，提出了可能满足客户需求的纸板成本工作方案，如表9-3所示。

表9-3　立达公司可能满足客户需求的纸板成本工作方案　　　　　　　元

| 解决方法 | 平均每盒纸板成本 | | |
| --- | --- | --- | --- |
| | 当前ABC成本 | 初始目标成本 | 价值工程法得出的目标成本 |
| 采用混合纤维 | 0.52 | 0.55 | 0.55 |
| 轧制费用 | 0.08 | 0.05 | 0.05 |
| 脱水时间 | 0.04 | 0.06 | 0.05 |
| 折叠和切割——外部 | 0.33 | 0.33 | 0.30 |
| 印刷——外部 | 0.75 | 0.78 | 0.77 |
| 合计 | 1.72 | 1.77 | 1.72 |

设计工程师提出的初始成本为1.77元。采用降低纸板中木质纤维的含量，使用能减轻重量和提高硬度的塑料纤维等措施形成了该初始成本。新的混合材料在滚轧之前需要一定的压力处理，而且需要更长的脱水时间，干燥处理过程中需要更高的热度。之后纸板才能用于印刷。但是印刷公司认为，由于新纸板含有的塑料纤维产生的吸收问题，需要新的技术进行印刷。新纸板将提高印刷成本0.03元/盒，每盒总成本将比目前提高0.05元。

由于 1.77 元的初始成本对于保持利润来说太高了，这时就需要进行价值工程分析。必须从价值链中剔除一部分成本，否则提出的工作方案是不可行的。迄今为止尚未讨论的一个价值链过程是生产纸盒的折叠和切割过程。立达公司与负责折叠和切割公司进行了谈判，立达公司要求降价 0.03 元，因为新的纸板更易于折叠和切割。该公司同意了这个要求。然后立达公司提议与印刷公司分摊剩下的 0.02 元成本，以达到目标成本 1.72 元。印刷公司同意了该建议。立达公司又在脱水处理过程中找到一种新方法，节省了 0.01 元的成本。这样，通过遍布整个价值链的价值工程，供应商和生产商共同达成了目标成本。另外，如果新的混合纸板产生了消费者额外的废品处理费用，这些成本也必须考虑进来。

### 9.3.4　目标成本法的战略价值

从目标成本法的本质来看，它是将企业经营战略与市场竞争机制有机结合的全面成本管理系统。目标成本法根据企业的战略规划和市场的顾客需求，确定目标利润和市场价格，并提出成本差距作为企业努力的方向。目标成本法既体现了市场的导向，又反映了企业的战略要求；同时又结合价值工程，剔除过剩的功能，补足欠缺的功能，优化了成本结构，提高了效益，在保证产品质量的前提下，以较少的投入获得了较大的产出，它是适应现代化大生产和市场经济要求的有效的成本管理方法。

在使用目标成本法时，应注意它有以下几个特点。

（1）在进行成本规划的过程中涉及了整个价值链。

（2）对生产过程的理解是目标成本法的基础。对生产过程的关键部分和相关成本分析，是业务与财务结合，需要采取适当的价值工程分析方法。

（3）目标成本法需要把重点放在产品的功能特点以及它们对客户的重要程度上。

（4）目标成本法的一个重要目标是减少开发时间。跨组织、跨部门的团队使得各个部门或组织能够同时而不是依次考虑可能的解决方案，从而加快了新产品的开发过程。

（5）在决定为了达到目标成本，哪一个过程需要改进时，使用 ABC 成本法的信息是非常有用的。

总之，目标成本法中的目标成本来源于市场，按照这种目标成本进行产品设计和成本控制，对增强企业竞争地位十分有利。从目标成本法的范围来看，它包含了产品的整个寿命周期，从全流程角度实施成本跟踪和控制，不仅重视产品制造成本，而且关注研究开发和客户服务的成本，所有这些都突破了传统成本管理的视野，有助于增强企业的竞争优势。目标成本法充分体现了战略成本管理的外向、目标、竞争理念，将其用于长期的规划时，可以认为是从成本的角度服务于企业的战略管理。所以，从某种角度上可以说，目标成本法是战略成本管理的有机组成部分。

## 本 章 小 结

随着以经济全球化、信息化、网络化为特征的新经济的到来，企业管理从经营管理向战略管理转变。传统成本管理方法暴露出越来越多的弊端，无法满足企业战略管理的需要，为适应这种外部环境变化，企业的成本管理从注重内部成本管理向注重外部成本等战略成本信息转变。

战略成本管理是企业为了获取和保持长期的核心竞争力，运用专门的方法提供企业的竞争对手及其价值链的成本资料，获取企业在战略管理整个循环进程中成本优势的信息。

战略成本管理的主要内容包括目标成本管理、作业成本管理、产品生命周期成本管理、基于价值链的战略成本管理等。

目标成本法是在设计阶段建立成本降低目标，从而致力于在产品生命周期各阶段实现成本降低的综合性成本管理工具。它由客户驱动，侧重于设计，并且遍布整个生产全过程。

## 延伸阅读

管理会计应用指引
第 301 号 ——目标成本法
（财会〔2017〕24 号）

## 思考题

1. 简述战略成本管理的主要内容和主要方法。
2. 简述价值链分析的内容及作用。
3. 简述不同的竞争战略的运用条件。
4. 结构性成本动因与执行性成本动因的区别是什么？请为每种动因举出一个例子。
5. 请根据本章图 9 - 2 所示的价值链图对该产业的价值链进行分析，并讨论图中的 A 企业至 G 企业这 7 个竞争者可能采取的竞争战略。

## 案例分析

### 盈久来福公司成本领先战略案例

盈久来福家电有限公司（简称盈久来福公司）创办于 1993 年。近 20 年来，盈久来福公司运用成本领先战略，迅速提高市场占有率，在国内外享有较高的知名度。

盈久来福公司集中全部资源，重点发展厨具小家电产品。公司利用与发达国家企业 OEM 合作方式获得的设备，进行大批量生产，从而获得规模经济优势。在此基础上，公司多次主动大幅度降低产品价格，使得生产该种产品的企业都无利可图，在市场上既淘汰了高成本和劣质企业，又令新进入者望而却步。

盈久来福公司实行 24 h 轮班制，设备的利用率很高。因而其劳动生产率同国外同类企业基本持平。同时，由于国内劳动力成本低，公司产品成本中的人工成本大大低于国外家电业的平均水平。

对于一些成本高且盈久来福公司自身有生产能力的上游资源，如集成电路等。公司通过多种形式自行配置生产，这样，一方面可以大幅度降低成本，确保质量，降低经营风险；另一方面还可以获得核心元器件的生产和研发技术。而对于一些成本高、自身还不具备生产能力的上游资源，公司由于在其他各环节上成本低于竞争对手，也能够消化这些高成本投入的价格。

近几年来，我国小家电的销售数量每年递增30%左右，吸引了众多国内外大型家电企业的加入。这些企业放弃了原有在大家电市场走的高端产品路线，以中低端的价格进入市场。这些企业认为，在厨具小家电市场，企业销售的都是标准化的产品，消费者大都对价格比较敏感，价格竞争是市场竞争的主要手段。

**要求** （1）分析盈久来福公司在我国小家电市场采用成本领先战略的优势。

（2）从市场情况和企业资源能力两个方面，分析盈久来福公司在我国小家电市场实施成本领先战略的条件。

# 参 考 文 献

[1] 李来儿．现代管理会计．北京：经济管理出版社，2001.

[2] 王平心．作业成本计算理论与应用研究．大连：东北财经大学出版社，2001.

[3] 希尔顿．管理会计学：在动态商业环境中创造价值．5 版．北京：机械工业出版社，2002.

[4] 潘飞．管理会计应用与发展的典型案例研究：预算管理与绩效评估案例．北京：中国财政经济出版社，2002.

[5] 潘爱香．管理会计学．2 版．北京：经济科学出版社，2002.

[6] 迈格斯，威廉姆斯，哈卡，等．会计学：企业决策的基础：管理会计分册．沈磊，魏江，刘华，译．12 版．北京：机械工业出版社，2003.

[7] 余绪缨．管理会计：理论·实务·案例·习题．北京：首都经济贸易大学出版社，2004.

[8] 汉森，莫文．管理会计．王光远，译．4 版．北京：北京大学出版社，2005.

[9] 亨格瑞，森登，斯特尔顿．管理会计教程．潘飞，译．12 版．北京：人民邮电出版社，2006.

[10] 宋献中，胡玉明．管理会计：战略与价值链分析．北京：北京大学出版社，2006.

[11] 吕长江．管理会计．上海：复旦大学出版社，2006.

[12] 刘志远，王志红，陆宇建，等．管理会计．北京：北京大学出版社，2007.

[13] 夏宽云．战略管理会计：用数字指导战略．上海：复旦大学出版社，2007.

[14] 胡玉明，刘运国．管理会计研究．北京：机械工业出版社，2008.

[15] 马元驹，李百兴．管理会计模拟实验教程．北京：中国人民大学出版社，2011.

[16] 卡普兰，阿特金森．高级管理会计．吕长江，译．3 版．大连：东北财经大学出版社，2012.

[17] 许金叶．管理会计．北京：清华大学出版社，2012.

[18] 冯巧根．管理会计．2 版．北京：中国人民大学出版社，2013.

[19] 李海舰，孙凤娥．战略成本管理的思想突破与实践特征．中国工业经济，2013（2）：91 – 103.

[20] 余恕莲，李相志，吴革．管理会计．3 版．北京：对外经济贸易大学出版社，2013.

[21] 温素彬．管理会计：理论·模型·案例．3 版．北京：机械工业出版社，2019.

[22] 孙茂竹，支晓强，戴璐．管理会计学．9 版．北京：中国人民大学出版社，2020.

[23] 刘运国．管理会计学．4 版．北京：中国人民大学出版社，2021.

[24] 田高良，杨娜．海尔共赢增值表实践与管理会计报告创新．中国管理会计，2022（1）：44 – 57.

[25] 中国注册会计师协会．财务成本管理．北京：中国财政经济出版社，2022.

[26] 蒋盛煌．基于企业数字化的管理会计报告体系优化研究．管理会计研究．2022（2）：83 – 90.